Michael Ahrens **Staatshaftungsrecht**

JURIQ Erfolgstraining

Herausgegeben von JURIQ® Juristisches Repetitorium, Köln

Staatshaftungsrecht

von

Michael Ahrens

3., neu bearbeitete Auflage

Bibliografische Information der Deutschen Nationalbibliothek
Die Deutsche Nationalbibliothek verzeichnet diese Publikation in der Deutschen Nationalbibliografie; detaillierte bibliografische Daten sind im Internet über <http://dnb.d-nb.de> abrufbar.

ISBN 978-3-8114-4822-3

E-Mail: kundenservice@cfmueller.de
Telefon: +49 89/2183-7923
Telefax: +49 89/2183-7620

www.cfmueller.de
www.cfmueller-campus.de

Satz: TypoScript, München
Illustrationen: Mattfeldt & Sänger, München
Druck: Westermann Druck, Zwickau

Liebe Leserinnen und Leser,

die Reihe „JURIQ Erfolgstraining" zur Klausur- und Prüfungsvorbereitung verbindet sowohl für Studienanfänger als auch für höhere Semester die Vorzüge des klassischen Lehrbuchs mit meiner Unterrichtserfahrung zu einem umfassenden Lernkonzept aus Skript und Online-Training.

In einem ersten Schritt geht es um das **Erlernen** der nach Prüfungsrelevanz ausgewählten und gewichteten Inhalte und Themenstellungen. Einleitende Prüfungsschemata sorgen für eine klare Struktur und weisen auf die typischen Problemkreise hin, die Sie in einer Klausur kennen und beherrschen müssen. Neu ist die **visuelle Lernunterstützung** durch

- ein nach didaktischen Gesichtspunkten ausgewähltes Farblayout
- optische Verstärkung durch einprägsame Graphiken und
- wiederkehrende Symbole am Rand

= Definition zum Auswendiglernen und Wiederholen

= Problempunkt

= Online-Wissens-Check

Illustrationen als „Lernanker" für schwierige Beispiele und Fallkonstellationen steigern die Merk- und Erinnerungsleistung Ihres Langzeitgedächtnisses.

Auf die Phase des Lernens folgt das **Wiederholen und Überprüfen** des Erlernten im **Online-Wissens-Check**: Wenn Sie im Internet unter **www.juracademy.de/skripte/login** das speziell auf das Skript abgestimmte Wissens-, Definitions- und Aufbautraining absolvieren, erhalten Sie ein direktes Feedback zum eigenen Wissensstand und kontrollieren Ihren individuellen Lernfortschritt. Durch dieses aktive Lernen vertiefen Sie zudem nachhaltig und damit erfolgreich Ihre Kenntnisse im Staatshaftungsrecht!

Frage 1 (Punkte: 1)

Was setzen sowohl der Anspruch aus enteignungsgleichem als auch der Anspruch aus enteignendem Eingriff tatbestandsmäßig voraus?

Antwort

Aussagen	Antwort	Aussagerichtigkeit und Kommentar
a) Eingriff in eine Rechtsposition i.S.d. Art. 14 Abs. 1 GG	☑ ✓	Richtig. Der Eingriff in Leib, Leben und Freiheit der Person (vgl. Art. 2 Abs 2 S. 1 GG) wird vom aufopferungsgleichen und vom aufopfernden Eingriff erfasst.
b) Maßnahmen von Ordnungs- oder Polizeibehörden	☐ ✓	Falsch. Das ist der besondere Fall der § 39 OBG NRW, § 67 PolG NRW.
c) Hoheitliches Handeln	☑ ✓	Richtig. Ansonsten gilt das allgemeine Zivilrecht, z.B. §§ 280 Abs. 1 S. 1, 823 Abs. 1 BGB.
d) Unmittelbarkeit	☑ ✓	Richtig. Nur die unmittelbaren Eingriffsfolgen sind von beiden Ansprüchen erfasst.
e) Verschulden	☐ ✓	Falsch. Beide Ansprüche sind verschuldensunabhängig!

→ **Richtig**
Punkte für diese Antwort: 1/1.

Schließlich geht es um das **Anwenden und Einüben** des Lernstoffes anhand von Übungsfällen verschiedener Schwierigkeitsstufen, die im Gutachtenstil gelöst werden. Die JURIQ **Klausurtipps** zu gängigen Fallkonstellationen und häufigen Fehlerquellen weisen Ihnen dabei den Weg durch den Problemdschungel in der Prüfungssituation.

Das **Lerncoaching** jenseits der rein juristischen Inhalte ist als zusätzlicher Service zum Informieren und Sammeln gedacht: Ein erfahrener Psychologe stellt u.a. Themen wie Motivation, Leistungsfähigkeit und Zeitmanagement anschaulich dar, zeigt Wege zur Analyse und Verbesserung des eigenen Lernstils auf und gibt Tipps für eine optimale Nutzung der Lernzeit und zur Überwindung evtl. Lernblockaden.

Das Skript Staatshaftungsrecht befasst sich in erster Linie mit den Staatshaftungsansprüchen aus nationalem Recht und konzentriert sich auf die examensrelevanten Ansprüche.

Ansprüche aus europarechtlichen Normen werden insoweit berücksichtigt, als sie durch das Verhalten der Mitgliedstaaten der Europäischen Union (EU) begründet werden können. Unmittelbare Ansprüche gegen die EU und ihre Organe und Bedienstete werden aufgrund ihrer Sachnähe im Skript „Europarecht" behandelt. Ansprüche im Zusammenhang mit polizei- und ordnungsrechtlichem Handeln werden im Skript unter Hinweis auf die jeweils einschlägigen Normen des Bundespolizeirechts bzw. des Polizei- und Ordnungsrechts der Länder dargestellt.

Die Darstellung der einzelnen Ansprüche orientiert sich an der Prüfungsfolge eines Klausurfalles.

Auf geht's – ich wünsche Ihnen viel Freude und Erfolg beim Erarbeiten des Stoffs!

Und noch etwas: Das Examen kann jeder schaffen, der sein juristisches Handwerkszeug beherrscht und kontinuierlich anwendet. Jura ist kein „Hexenwerk". Setzen Sie nie ausschließlich auf auswendig gelerntes Wissen, sondern auf Ihr Systemverständnis und ein solides methodisches Handwerk. Wenn Sie Hilfe brauchen, Anregungen haben oder sonst etwas loswerden möchten, sind wir für Sie da. Wenden Sie sich gerne an C.F. Müller GmbH, Waldhofer Straße 100, 69123 Heidelberg, E-Mail: kundenservice@cfmueller.de. Dort werden auch Hinweise auf Druckfehler sehr dankbar entgegen genommen, die sich leider nie ganz ausschließen lassen.

Stuttgart, im September 2018 *Michael Ahrens*

JURIQ Erfolgstraining – die Skriptenreihe von C.F. Müller mit Online-Wissens-Check

Mit dem Kauf dieses Skripts aus der Reihe „**JURIQ Erfolgstraining**" haben Sie gleichzeitig eine Zugangsberechtigung für den Online-Wissens-Check erworben – ohne weiteres Entgelt. Die Nutzung ist freiwillig und unverbindlich.

Was bieten wir Ihnen im Online-Wissens-Check an?

- Sie erhalten einen individuellen Zugriff auf **Testfragen zur Wiederholung und Überprüfung des vermittelten Stoffs**, passend zu jedem Kapitel Ihres Skripts.
- Eine individuelle **Lernfortschrittskontrolle** zeigt Ihren eigenen Wissensstand durch Auswertung Ihrer persönlichen Testergebnisse.

Wie nutzen Sie diese Möglichkeit?

Online-Wissens-Check

Registrieren Sie sich einfach für Ihren kostenfreien Zugang auf **www.juracademy.de/skripte/login** und schalten sich dann mit Hilfe des Codes für Ihren persönlichen Online-Wissens-Check frei.

Ihr persönlicher User-Code: 563334820

Der Online-Wissens-Check und die Lernfortschrittskontrolle stehen Ihnen für die **Dauer von 24 Monaten** zur Verfügung. Die Frist beginnt erst, wenn Sie sich mit Hilfe des Zugangscodes in den Online-Wissens-Check zu diesem Skript eingeloggt haben. Den Starttermin haben Sie also selbst in der Hand.

Für den technischen Betrieb des Online-Wissens-Checks ist die JURIQ GmbH, Unter den Ulmen 31, 50968 Köln zuständig. Bei Fragen oder Problemen können Sie sich jederzeit an das JURIQ-Team wenden, und zwar per E-Mail an: info@juriq.de.

Inhaltsverzeichnis

Literaturverzeichnis

Baldus/Grzeszick/Wienhues	Staatshaftungsrecht, 5. Aufl. 2018
Burmann/Heß/Hühnermann/ Jahnke	Straßenverkehrsrecht, 25.Aufl. 2018
Detterbeck/Windthorst/Sproll	Staatshaftungsrecht, 2000
Götz	Allgemeines Polizei- und Ordnungsrecht, 16. Aufl. 2017
Hesse	Grundzüge des Verfassungsrechts der Bundesrepublik Deutschland, 20. Aufl. 1999
Katz	Staatsrecht, 18. Aufl. 2010
Kopp/Schenke	VwGO, 23. Aufl. 2017
Maunz/Dürig/Herzog, u.a. (Hrsg.)	Grundgesetz Kommentar, 2017
Maurer	Allgemeines Verwaltungsrecht, 19. Aufl. 2017
Münchener Kommentar	BGB, Bd. 6, 7. Aufl. 2017 (zitiert: *Bearbeiter* in: MüKo)
Ossenbühl/Cornils	Staatshaftungsrecht, 6. Aufl. 2013
Palandt	Bürgerliches Gesetzbuch, 77. Aufl. 2018 (zitiert: *Bearbeiter* in: Palandt)
Peine	Allgemeines Verwaltungsrecht, 11. Aufl. 2015
Pieroth/Schlink/Kniesel	Polizei- und Ordnungsrecht, 9. Aufl. 2016
Schenke	Polizei- und Ordnungsrecht, 10. Aufl. 2018
Schweitzer/Dederer	Staatsrecht III, 11. Aufl. 2016
Schwerdtfeger/Schwerdtfeger	Öffentliches Recht in der Fallbearbeitung, 15. Aufl. 2018
Wolff/Bachof/Stober/Kluth	Verwaltungsrecht, Bd. I, 13. Aufl. 2017; Bd. II, 7. Aufl. 2010
Zippelius/Würtenberger	Deutsches Staatsrecht, 32. Aufl. 2008

Tipps vom Lerncoach

Warum Lerntipps in einem Jura-Skript?

Es gibt in Deutschland ca. 1,6 Millionen Studierende, deren tägliche Beschäftigung das Lernen ist. Lernende, die stets ohne Anstrengung erfolgreich sind, die nie kleinere oder größere Lernprobleme hatten, sind eher selten. Besonders juristische Lerninhalte sind komplex und anspruchsvoll. Unsere Skripte sind deshalb fachlich und didaktisch sinnvoll aufgebaut, um das Lernen zu erleichtern.

Über fundierte Lerntipps wollen wir darüber hinaus all diejenigen ansprechen, die ihr Lern- und Arbeitsverhalten verbessern und unangenehme Lernphasen schneller überwinden wollen.

Diese Tipps stammen von *Frank Wenderoth,* der als Diplom-Psychologe seit vielen Jahren in der Personal- und Organisationsentwicklung als Berater und Personal Coach tätig ist und außerdem Jurastudierende in der Prüfungsvorbereitung und bei beruflichen Weichenstellungen berät.

Wie lernen Menschen?

Die Wunschvorstellung ist häufig, ohne Anstrengung oder ohne eigene Aktivität „à la Nürnberger Trichter" lernen zu können. Die modernen Neurowissenschaften und auch die Psychologie zeigen jedoch, dass Lernen ein aktiver Aufnahme- und Verarbeitungsprozess ist, der auch nur durch aktive Methoden verbessert werden kann. Sie müssen sich also für sich selbst einsetzen, um Ihre Lernprozesse zu fördern. Sie verbuchen die Erfolge dann auch stets für sich.

Gibt es wichtigere und weniger wichtige Lerntipps?

Auch das bestimmen Sie selbst. Die Lerntipps sind als Anregungen zu verstehen, die Sie aktiv einsetzen, erproben und ganz individuell auf Ihre Lernsituation anpassen können. Die Tipps sind pro Rechtsgebiet thematisch aufeinander abgestimmt und ergänzen sich von Skript zu Skript, können aber auch unabhängig voneinander genutzt werden.

Verstehen Sie die Lerntipps „à la carte"! Sie wählen das aus, was Ihnen nützlich erscheint, um Ihre Lernprozesse noch effektiver und ökonomischer gestalten zu können!

Lernthema 2
Arbeitsplatz und Arbeitsbedingungen

In jedem Beruf ist der Arbeitsplatz ein sehr wichtiger Einflussfaktor auf unsere Leistung, natürlich auch während des Studiums. Günstige oder ungünstige Arbeitsbedingungen entscheiden mit darüber, wie wohl wir uns fühlen, ob wir uns gut konzentrieren können oder schnell ermüden. Vielleicht wird es jetzt etwas unbequem für Sie, weil Sie sich an bestimmte Grundregeln gewöhnen müssen, Ihren Schreibtisch aufräumen, Ihre Arbeitsplatzergonomie verändern. Alle Tipps und Hinweise werden Ihnen aber das Lernleben erleichtern.

Lerntipps

Arbeiten Sie immer an einem festen Arbeitsplatz!

Wenn Sie einmal am Schreibtisch, dann auf dem Sofa und später im Bett lernen, dann ist das zwar bequem und abwechslungsreich, nur es wird Ihnen schwer fallen, die richtigen Funktionen zu erkennen. Was ist Arbeit, was ist Freizeit, was lenkt mich ab etc.? Bei Pausen- und Freizeittätigkeiten wird der Schreibtisch verlassen. Dies sollten Sie konsequent auch beim Essen, Telefonieren mit Freunden, Musik hören, Computer spielen einhalten. Der Freizeitbereich wird dadurch für Sie attraktiver.

Machen Sie einen Arbeitsplatz-Check bevor Sie loslegen!

Der Schreibtisch ist nur für die Arbeit bestimmt. Überprüfen Sie Ihren Arbeitsplatz vor Arbeitsbeginn auf sachfremde Gegenstände – die können ablenken, Sie an Ihr Hobby erinnern. Sie möchten dann am liebsten das tun, was mehr Spaß macht und Sie von den vermeintlich unangenehmen Dingen abhält. Suchen Sie erst alle arbeitsrelevanten Unterlagen zusammen, damit Sie Ihre Arbeit nicht immer wieder unterbrechen. Sie fangen sonst die Arbeit stets wieder neu an. Das hört sich alles sehr diszipliniert an. Es verbessert aber Ihre Arbeitsmoral und damit gleichzeitig Ihren raren Freizeitausgleich.

Unterscheiden Sie konsequent Arbeit und Freizeit!

Der Freizeitbereich sollte so abgeschirmt sein, dass Sie dort nur die angenehmen, entspannenden und ausgleichenden Dinge tun – und das mit gutem Gewissen. Sie haben es sich ja mit Disziplin verdient. Auch hier bitte konsequent bleiben. Falls Ihnen z. B. ein Fachbuch in die Hände fällt, so sollten Sie es von dort entfernen. Entscheiden Sie sich bewusst – entweder weiter auf dem Sofa entspannen oder an den Schreibtisch gehen und es dort lesen. Ein Fachbuch im Bett zu lesen, führt nicht selten zu schlechterem Behalten oder sogar Schlafstörungen.

„Ergonomisieren" Sie Schreibtisch und Schreibtischstuhl!

Richten Sie Ihre Büromöbel so ein, dass Sie gesundheitliche Schäden vermeiden und vorzeitige Ermüdungen verhindern. Dazu folgende Hinweise:

- Arbeitsplatte ca. 75 cm hoch einstellen, so dass Unterarme im aufrechten Sitz locker aufliegen können.
- Sitzhöhe so einstellen, dass bei aufgestellten Füßen, die Oberschenkel waagerecht ausgerichtet sind und ohne Druck aufliegen.
- Wählen Sie einen Stuhl mit fester Rückenlehne, damit Sie sich häufig anlehnen können, das Gesäß weit nach hinten.
- Licht von vorne oder seitlich, d. h. bei Rechtshändern von links.
- Arbeitsmittel wie Schreibgeräte liegen für den direkten Zugriff bereit.
- Gleiches gilt für Gesetzestexte, Lehrbücher und Nachschlagewerke.
- Am besten in Reichweite eine Pin-Wand für Merkzettel mit Regeln, Terminen, Notizen.

Optimieren Sie auch den PC-Arbeitsplatz!

- Monitor so aufstellen, dass sich weder Licht noch Fenster darin spiegeln.
- Möglichst wenig Helligkeitsunterschiede zwischen Raumlicht und Monitorhelligkeit.
- Höhe des Monitors: Mittelachse des Monitors knapp unter Augenhöhe des Betrachters.
- Entfernung zwischen Monitor und Auge mindestens 30 cm, Schriftgröße auf 120 bis 150% anpassen
- Brillenträger benötigen eventuell eine sog. „Computerbrille", also eine Lesebrille für eine etwas größere Distanz.

Multimedia kann das Lernen beeinträchtigen!

PC oder Notebook sind aus Lernsituationen kaum wegzudenken und stellen eine große Hilfe dar. Bitte beachten Sie aber auch folgende Hinweise:

- Aus (heruntergeladenen) Texten am Bildschirm zu lernen, ist ungünstig, da die jeweils vorherigen Seiten und die folgenden nicht sichtbar sind. Damit fehlt uns eine Gesamtorientierung zum Beispiel zum schnellen Vor- und Zurückblättern wie in einem Skript oder Buch.
- Wenn z. B. bei einer Lernsoftware stets neue Seiten aufgerufen werden, dann ist das zwar interessant und animierend, das Kurzzeitgedächtnis wird aber zu stark beansprucht. Uns fehlt die manchmal zwar langweilige, aber lerntechnisch wichtige Redundanz der Inhalte.
- Die Augenermüdung am Bildschirm ist insgesamt größer als beim Buchlesen, deshalb sind spezielle sehr einfache Augenentspannungsübungen (z. B. mit Akupressur) sinnvoll.
- Viele nutzen den PC dazu, um sich in einer Pause abzulenken oder sich zu belohnen. Problematisch ist, dass sich das frisch gelernte Material noch im Kurzzeitspeicher des Gehirns befindet und noch nicht verankert ist. Für ein PC-Spiel wird jetzt dort sehr viel Arbeitspeicher in Anspruch genommen und das „alte" Lernmaterial rausgeworfen. Schade, oder? Aber etwa 30 Minuten nach der Lerneinheit geht es wieder, die Lerndaten sind dann auf der „Lernfestplatte gespeichert".
- Auch Hintergrundmusik belegt den Arbeitsspeicher. Werden unterschiedliche Sinneskanäle bedient, konkurrieren sie miteinander. Lesen erfolgt zum Beispiel über inneres Mitsprechen und Musik hindert an diesem Mitsprechen.
- Also schalten Sie ab, auch wenn Musik angenehme Emotionen auslöst und grundsätzlich motivierend und lernförderlich wirken kann. Am besten hören Sie Musik in Ihrer Erholungspause.

Die Bibliothek: Eine weitere Möglichkeit zwischen Arbeit und Freizeit zu differenzieren!

Es gibt natürlich Ausnahmen, wenn der Wohnbereich beengt ist und eine Differenzierung durch verschiedene Räume schwer möglich ist. Denken Sie daran, dass das Lernen nicht auf Ihren Wohnbereich beschränkt sein muss. In einem Lesesaal oder einer Bibliothek lässt es sich vielleicht sogar besser lernen, wenn man dazu neigt, sich von der Arbeit abzulenken – hier herrscht eher „Arbeitsatmosphäre".

Auch in der Bibliothek abschirmen!

Die Universitätsbibliothek verfügt meist über stille Arbeitsbereiche, Sie können auch in öffentliche Bibliotheken gehen. Meist sind dort auch Getränkeautomaten, Kopierer etc. vorhanden. Falls Sie viele Freunde und Bekannte haben, sollten Sie die Institutsbibliothek vielleicht meiden. Ein Schwätzchen ist gut, zu viel Ablenkung addiert sich aber schnell zu einem Nachmittag ohne Lernen – und das kann frustrieren. Suchen Sie sich einen entlegenen und schwer einsehbaren Bereich. Setzen Sie sich mit dem Rücken zum Zugangsbereich.

Lernen Sie, arbeitshemmende Kontaktmöglichkeiten zu vermeiden. Man kann sich für einen gemeinsamen Kaffee, ein gemeinsames Essen verabreden. Das hat die angenehme Nebenwirkung, dass Sie eine schöne Perspektive für die anstehende Arbeitspause haben. Also fleißig arbeiten und sich dann für sein Lernverhalten belohnen.

Das „Kleinbüro" in die Bibliothek mitnehmen und einrichten!

Wählen Sie möglichst stets den gleichen Arbeitsplatz, damit Sie sich nicht immer wieder eingewöhnen müssen und Sie das Gefühl bekommen „das ist mein Arbeitsplatz". Richten Sie sich ein transportables „Kleinbüro" ein, das in Ihre Aktentasche oder einen Rucksack passt. In diesem mobilen Büro sollten enthalten sein: Schreibbuch oder Ringbuch mit diversen Einlagen, Schreibgeräte nebst Ersatz, diverse Karteikarten, Schnellhefter mit Unterlagen, Schmierzettel für Zwischennotizen, falls zulässig und vorhanden, ein Notebook. Auch Kleingeld für Automaten, Schließfächer, Snacks.

1. Teil
Einleitung und Überblick

A. Prüfungsrelevanz

Das Staatshaftungsrecht stellt eines der weniger beliebten Themen im Bereich des Öffentlichen Rechts dar. Deshalb wird es häufig nur oberflächlich behandelt oder ganz gemieden. Damit verbindet sich zugleich die Hoffnung, dass dieses Thema nicht Gegenstand einer Prüfungsaufgabe ist. 1

Darauf können Sie sich aber nicht verlassen.

In einer Klausur bietet sich das Staatshaftungsrecht an, um z.B. Fragen des Allgemeinen und Besonderen Verwaltungsrecht zu prüfen.

Beispiel Ein Amtshaftungsanspruch verlangt eine Amtspflichtverletzung, die z.B. in einer rechtswidrigen Ordnungsverfügung gesehen werden kann. Das hat dann eine Inzidenterkontrolle dieser Ordnungsverfügung auf ihre formelle und materielle Rechtmäßigkeit zur Folge. ■

Recht häufig ist das Staatshaftungsrecht auch nur als Zusatzfrage anzutreffen.

Beispiel Nach der Prüfung einer verwaltungsgerichtlichen Klage gegen eine Ordnungsverfügung wird der Fall weitergeführt mit der Information, dass der Kläger durch die zuvor geprüfte Ordnungsverfügung einen Schaden erlitten hat.

Die Zusatzfrage lautet dann, welche rechtlichen Möglichkeiten bestehen, den Schaden ersetzt zu bekommen. ■

Die Zurückhaltung gegenüber dem Staatshaftungsrecht hat natürlich ihren Grund: Beim Staatshaftungsrecht handelt es sich um eine äußerst unübersichtliche Materie, die auf verschiedenen Quellen beruht. Das Staatshaftungsrecht wird einerseits durch gesetzliche Vorgaben und andererseits durch gewohnheits- und richterrechtliche Einflüsse geprägt. Es stellt kein geschlossenes System dar.[1]

Hinweis

Lassen Sie sich davon bitte nicht abschrecken, denn auch das Staatshaftungsrecht folgt bestimmten Grundprinzipien, deren Beherrschung letztlich ausreicht, um eine staatshaftungsrechtliche Aufgabe zu lösen. Insbesondere ist es nicht erforderlich, die einzelnen Voraussetzungen der Staatshaftungsansprüche auswendig zu lernen.

1 Vgl. *Maurer* § 25 Rn. 1: „Mehrschichtige, lückenhafte und unübersichtliche Materie".

B. Allgemeine Aufgabe des Staatshaftungsrechts

2 Gegenstand des Staatshaftungsrechts ist ganz allgemein betrachtet die Gewährung von öffentlich-rechtlichen Ersatzleistungen für ein ausgleichspflichtiges Verhalten des Staates, das in Rechte des Bürgers eingreift.

Möglich ist auch die Situation, dass der Staat seinerseits Anspruchsteller ist, sei es wegen einer Schädigung durch einen anderen Hoheitsträger, sei es wegen einer Rückforderung von zu Unrecht an den Bürger gewährten Leistungen.

Staatliche Eingriffe in Rechte des Bürgers sind zunächst vorrangig durch einen dagegen gerichteten Rechtsbehelf abzuwehren.

Hinweis

Damit ist der sog. Primärrechtschutz gemeint, der über eine verwaltungsgerichtliche Klage bzw. im Eilrechtsschutz über einen Antrag erfolgt.

Es kann jedoch eine Situation vorliegen, in der ein Rechtsbehelf ohne Erfolg bleibt oder die Folgen des staatlichen Handelns bereits eingetreten sind. Dann stellt sich die Frage nach einem Ausgleich.

C. Formen der Staatshaftung und ihre einzelnen Institute

3 Das Recht der einen Ausgleich gewährenden staatlichen Ersatzansprüche lässt sich nach vier großen Bereichen differenzieren:

- **Ausgleich für ein rechtswidriges schuldhaftes Fehlverhalten eines Amtsträgers – Schadensersatzansprüche.** Hierzu zählen die Haftung aus Amtshaftung, § 839 BGB i.V.m. Art. 34 GG und aus öffentlich-rechtlichen Schuldverhältnissen.
- **Ausgleich für ein rechtmäßiges oder rechtswidriges schuldloses Verwaltungshandeln – Entschädigungsansprüche.** Davon werden erfasst die Ansprüche auf Entschädigung wegen Enteignung, ausgleichspflichtige Inhalts- und Schrankenbestimmung, enteignungsgleichem und enteignendem Eingriff sowie aus Aufopferung wegen eines Eingriffs in immaterielle Rechte.
- **Ausgleich für ein rechtswidriges Verwaltungshandeln, das rückgängig zu machen bzw. zu beseitigen ist – Wiederherstellungsansprüche.** Dazu zählen der Folgenbeseitigungsanspruch, der öffentlich-rechtliche Abwehr- und Unterlassungsanspruch sowie im weitesten Sinne der öffentlich-rechtliche Erstattungsanspruch.
- **Ausgleich für besondere Fallkonstellationen, die sich nicht eindeutig den drei vorgenannten Bereichen zuordnen lassen, z.B. die Gefährdungshaftung im Öffentlichen Recht.**

D. Verfassungsrechtliche Vorgaben

4 Für das Staatshaftungsrecht ergeben sich aus dem GG lediglich ausdrückliche Regelungen in Art. 34 GG und Art. 14 Abs. 3 GG.

5 Die zentrale Vorgabe folgt aus dem Rechtsstaatsprinzip, Art. 20 Abs. 3 GG. Danach ist der Staat aufgrund der Gesetzesbindung verpflichtet, Rechtsverletzungen zu unterlassen. Kom-

men sie dennoch vor, so ist es rechtsstaatlich geboten, sie zu beseitigen bzw. auszugleichen. Das erschließt sich auch aus der Rolle der Grundrechte, die nicht nur Abwehr- und Unterlassungsansprüche gegen den Staat beinhalten, sondern wegen ihrer umfassenden Schutzwirkung zugleich einen Ausgleichsanspruch gegen ihn begründen. Der Abwehr- und Unterlassungsanspruch der Grundrechte stellt sich im Falle seiner Verletzung als Anspruch auf Beseitigung bzw. Entschädigung dar.[2]

Hinweis

Diese verfassungsrechtlichen Vorgaben stellen nur eine inhaltliche Erklärung für den Staatshaftungsanspruch dar, nicht hingegen eine konkrete Anspruchsgrundlage. Konkrete Anspruchsgrundlagen sind nur die unter Rn. 3 dargestellten konkreten Institute des Staatshaftungsrechts.

2 *Maurer* § 25 Rn. 9; *Zippelius/Würtenberger* S. 385.

2. Teil
Amtshaftung, § 839 BGB i.V.m. Art. 34 GG

6 Der Anspruch aus Amtshaftung lässt sich nach dem folgenden Schema prüfen:

PRÜFUNGSSCHEMA

Amtshaftungsanspruch

I. Beamter/Amtswalter
- Haftungsrechtlicher Beamtenbegriff Rn. 20 ff.
- Private, die mit der Aufgabenwahrnehmung betraut werden Rn. 24 ff.

II. Ausübung einer hoheitlichen Tätigkeit
- Innerer und äußerer Zusammenhang Rn. 29 ff.
- Nicht bei Gelegenheit Rn. 29 ff.

III. Amtspflichtverletzung
- Verkehrssicherungspflicht Rn. 35 f.
- rechtsw. bestandskr. VA als Amtspflichtverletzung? Rn. 43 ff.
- Weisung/Verwaltungsvorschrift Rn. 38 ff.

IV. Gegenüber einem Dritten (Drittbezogenheit)
- Normatives Unrecht Rn. 55 ff.
- Hoheitsträger als Dritte Rn. 65 ff.

V. Verschulden
- Fehlerhafte Rechtsanwendung Rn. 74 ff.
- Fehlerhaftes Verhalten von Gemeinderatsmitgliedern Rn. 78

VI. Kausaler Schaden

VII. Haftungsausschluss und -beschränkungen
Subsidiaritätsklausel
Richterspruchprivileg
Versäumnis von Rechtsmitteln
Mitverschulden

VIII. Verjährung

IX. Anspruchsgegner

X. Rechtsweg

A. Einführung

I. Inhalt des Anspruchs

7 Die Amtshaftung gemäß § 839 BGB i.V.m. Art. 34 GG deckt die Folgen rechtswidrigen und schuldhaften Verwaltungshandelns ab und begründet einen Schadensersatzanspruch.

Der Amtshaftungsanspruch ist das zentrale Institut des Staatshaftungsrechts. Er verfügt aufgrund des § 839 BGB und Art. 34 GG über eine klare Prüfungsstruktur. Die Amtshaftung beinhaltet zunächst die persönliche Haftung der für den Staat handelnden und zu diesem Zwecke vom Staat bestellten Person – Amtswalter. Diese Haftung wird dann gemäß Art. 34 GG auf den Staat übergeleitet.

Für eine logische Sekunde haftet der Amtswalter also selbst und wird anschließend durch den Staat entlastet. Das Fehlverhalten des Amtswalters gilt damit nicht als staatliches Fehlverhalten. Der Staat übernimmt lediglich die Schuld des Amtswalters.[1] Er tritt als Schutzschild an die Stelle des eigentlich Haftenden und leistet dem betroffenen Bürger Schadensersatz.

Bei der Amtshaftung handelt es sich mithin nicht um eine unmittelbare, sondern lediglich um eine mittelbare Staatshaftung.[2]

Diese Konstruktion hat Konsequenzen: sie verlangt als Voraussetzung das Merkmal Verschulden und begrenzt den Inhalt der Haftung grundsätzlich auf Geldersatz.

II. Historische Entwicklung

Struktur, Inhalt und Funktion dieser Konstruktion der Amtshaftung lassen sich nur historisch 8
erklären.[3]

Ihren Ausgangspunkt findet sie in der Mandatstheorie, nach der zwischen dem Landesherrn und dem einzelnen Staatsdiener ein privatrechtlicher Vertrag geschlossen wird. Dieser Vertrag überträgt bestimmte hoheitliche Aufgaben zur rechtmäßigen Erfüllung auf den Amtswalter. Rechtmäßiges Amtswalterhandeln wird sodann dem Staat zugerechnet, rechtswidriges Handeln führt hingegen zu einer persönlichen Haftung des Amtswalters.

Die Mandatstheorie fand ihren Niederschlag in §§ 88, 89 II 10 Preußisches ALR[4] und Eingang in § 839 BGB.

Neben dieser Eigenhaftung des Amtsträgers für hoheitliches Handeln, sieht das BGB in 9
§§ 823, 31, 89 eine unmittelbare Haftung des Staates vor, wenn er privatrechtlich handelt.[5]

Bereits zur Zeit des Inkrafttretens des BGB wurde eine unmittelbare Haftung des Staates auch für das Fehlverhalten seiner Amtsträger gefordert, die sich aber wegen fehlender Kompetenz des Gesetzgebers auf nationaler Ebene nicht umsetzen ließ.

Die Überleitung der Haftung auf den Staat und damit die mittelbare Staatshaftung wurde für 10
die gesamte hoheitliche Verwaltung mit Art. 131 WRV etabliert. Art. 34 GG setzt diese Konstruktion ohne grundsätzliche inhaltliche Änderung bis heute fort.[6]

Die Haftungsübernahme des Staates erfolgte aus zwei Gründen. Zum einen dient sie dem 11
geschädigten Bürger, der mit dem Staat einen leistungsfähigen Schuldner als Anspruchsgegner erhält. Sie setzt damit rechtsstaatliche und bei Grundrechtsverletzungen auch grund-

1 *Peine* § 17 Rn. 1085.
2 Vgl. zu anderen theoretisch möglichen, aber nicht praxisrelevanten Haftungsmodellen: *Maurer* § 26 Rn. 1.
3 *Baldus/Grzeszick/Wienhues* Rn. 98; *Sauer* JuS 2012, 695, 696 f.
4 Lies: §§ 88, 89 des 10. Titels des zweiten Teils des Preußischen Allgemeinen Landrechts.
5 Hierzu: *Papier* in MüKo, 839, Rn. 142 ff.
6 Zur Geschichte der Amtshaftung vgl. *Maurer* § 26 Rn. 2 ff.; *Wolff/Bachof/Stober/Kluth* § 67 Rn. 1 ff.; *Windthorst* JuS 1995, 791; ausführlich auch *BVerfGE* 61, 149, 178 ff.

rechtliche Schutzpflichten um. Zum anderen, aber erst in zweiter Linie, bezweckt sie den Schutz des Amtswalters. Er soll frei von drohenden persönlichen Haftungsrisiken seine Aufgabe entschluss- und handlungsfreudig erfüllen. Auf diese Weise wird mittelbar die Verwaltungseffizienz gefördert.[7]

III. Anspruchsgrundlage

12 § 839 BGB und Art. 34 GG sind untrennbar miteinander verbunden, aber nicht identisch. § 839 BGB bezieht sich auf das hoheitliche und privatrechtliche Handeln des Amtswalters. Art. 34 GG ist dagegen enger und betrifft allein den hoheitlichen Bereich des Staatshandelns.

13 § 839 BGB spricht personal nur von Beamten, während Art. 34 GG den Personenkreis über den Begriff „jemand" erweitert.

14 Beide Normen ergänzen und beschränken sich zugleich. Sie bilden deshalb eine einheitliche Anspruchsgrundlage.

15 Das Verhältnis der beiden Normen zueinander wird unterschiedlich beurteilt. Aus rechtshistorischer Sicht kann in § 839 BGB die haftungsbegründende Norm und in Art. 34 GG die haftungsverlagernde Vorschrift gesehen werden.[8] Wird auf den rechtsdogmatischen Aspekt abgestellt, so ist Art. 34 GG die eigentliche Anspruchsnorm, die durch § 839 BGB ausgestaltet wird.[9]

JURIQ-Klausurtipp

In einer Klausur sind beide Zitierweisen zulässig: § 839 BGB i.V.m. Art. 34 GG oder Art. 34 GG i.V.m. § 839 BGB. Entscheiden Sie sich für eine Schreibweise und halten Sie diese während der Klausur durch.

Auf die Diskussion über eine korrekte rechtsdogmatische Zuordnung ist dabei zu verzichten.

Die einheitliche Anspruchsgrundlage hat zur Folge, dass eine zweistufige Prüfung (1. Liegen die Voraussetzungen des § 839 BGB vor? und 2. Greift die Haftungsübernahme nach Art. 34 GG ein?) unterbleiben sollte.

16 Die Amtshaftung umfasst ausschließlich die Haftung für rechtswidrig öffentlich-rechtliches Verwaltungshandeln.

17 Eine Verdrängung dieser Haftung ist durch Sonderregelungen ausnahmsweise möglich. Sie schließt die Prüfung des § 839 BGB i.V.m. Art. 34 GG von vornherein aus, wenn mit der Sonderregelung ein spezielles geschlossenes deliktisches Haftungssystem besteht.[10] Das ist für den Bereich der Notarhaftung mit § 19 BNotO z.B. der Fall.

---

7 *Windthorst* JuS 1995, 792; *Maurer* § 26 Rn. 5.

8 So *BVerfGE* 61, 149, 198.

9 Siehe vertiefend hierzu: *Detterbeck/Windthorst/Sproll* § 8 Rn. 2 ff.; *Windthorst* JuS 1995, 792; *Zippelius/Würtenberger* S. 385.

10 *Detterbeck/Windthorst/Sproll* § 8 Rn. 12 f.; *Windthorst* JuS 1995, 793; zur früheren durch die Privatisierung hinfällig gewordenen speziellen Posthaftung: *Maurer* § 26 Rn. 64.

JURIQ-Klausurtipp

Die Frage nach einem Geltungsausschluss der Amtshaftung durch spezielle gesetzliche Regelungen spielt bei der Klausurbearbeitung grundsätzlich keine Rolle. Beachten Sie aber bitte den Unterschied zwischen Haftungsausschluss und Haftungsbeschränkung innerhalb des Anspruchs nach § 839 BGB i.V.m. Art. 34 GG. Diese Haftungsbeschränkungen können durchaus in einer Klausur zu prüfen sein.

IV. Regressansprüche des Staates gegen den Amtswalter

§ 839 BGB i.V.m. Art. 34 GG gestaltet die Haftung des Amtswalters durch ihre Überleitung auf **18**
den Staat und betrifft das Außenverhältnis zum Bürger. Art. 34 S. 2 GG sieht im Innenverhältnis des Staates zu seinem Amtswalter einen Rückgriff/Regress vor, soweit der Amtswalter vorsätzlich oder grob fahrlässig gehandelt hat. Da der Amtswalter in den meisten Fällen den Schadensfall allenfalls leicht fahrlässig verursacht hat und dann keinem Rückgriff ausgesetzt ist, sind die Fälle des Regresses eher selten.[11] Art. 34 S. 2 GG selbst ist keine Anspruchsgrundlage für einen Regress. Vielmehr ergeben sich derartige Anspruchslagen im Innenverhältnis zwischen Amtswalter und Staat aus speziellen gesetzlichen Vorschriften.

Für die Beamten der Länder, Gemeinden und Gemeindeverbände sowie der sonstigen der Aufsicht eines Landes unterstehenden Körperschaften, Anstalten und Stiftungen des öffentlichen Rechts gelten § 48 BeamtStG,[12] i.V.m. mit den ergänzenden Vorschriften des jeweiligen Landesrechts, z.B. § 81 LBG NRW oder § 59 LBG BW. Für die Beamten des Bundes, für die das BeamtStG nicht anwendbar ist, § 1 BeamtStG, gilt § 75 BBG. Für die Angestellten und Arbeiter gelten die allgemeinen zivil- und arbeitsrechtlichen Vorschriften. Zu beachten sind dabei tarifvertragliche Regelungen. Nach Außerkrafttreten des § 14 BAT gilt der inhaltsgleiche § 3 Abs. 7 TVL, der die Schadenshaftung für die Angestellten im Regress durch die entsprechende Anwendung der für die Beamten geltenden Vorschriften regelt.[13]

Ein Regressanspruch des Staates besteht auch gegen einen Amtswalter, der aufgrund einer Beleihung oder als Verwaltungshelfer tätig wird. Auch in dieser Konstellation ist eine gesetzliche Grundlage für einen Regressanspruch erforderlich. Allerdings entfällt in diesen Fällen eine Begrenzung des Rückgriffs auf Vorsatz und grobe Fahrlässigkeit nach Art. 34 S. 2 GG. Art. 34 S. 2 GG ist auf Private, die als Amtsträger handeln, mithin nicht anzuwenden. Das ergibt sich aus dem Zweck des Art. 34 S. 2 GG, der einerseits in einer Stärkung der Entschlussfreude des Amtsträgers und der damit verbundenen Förderung der Effektivität hoheitlichen Staatshandelns liegt. Andererseits soll Art. 34 S. 2 GG auch der Fürsorgepflicht des Dienstherrn gegenüber seinen Bediensteten Rechnung tragen. Zumindest der letzte Aspekt liegt nicht vor, wenn ein Privater als Amtsträger tätig wird.[14]

---

11 Bzgl. einer Beschränkung des Haftungsrückgriffs auf einen Beliehenen, *BVerwG* DVBl. 2010, 1434 = *Ehlers* JK 6/11, GG Art. 34/37.

12 Bis 31.3.2009 : § 46 Abs. 1 BRRG.

13 Vgl. *Maurer* § 26 Rn. 10 u. 63.

14 *BGHZ* 161, 6, 11f. = *Ehlers* JK 3/06, GG Art. 34/30; *BGH* DVBl. 2010, 1434, 1435.

Da Art. 34 S. 2 GG zur Ausgestaltung eines Regressanspruchs gegenüber einem privaten Amtsträger nicht herangezogen werden kann, muss der Umfang des Regresses in der entsprechenden gesetzlichen Regelung selbst enthalten sein.[15]

JURIQ-Klausurtipp

Machen Sie sich keine allzu großen Sorgen! Fragen nach einem Regress sind in Klausuren äußerst selten. Und wenn sie wider Erwarten doch auftauchen, dann gilt: Nennen Sie die Anspruchsgrundlage und prüfen Sie dann, wie die Norm es von Ihnen verlangt, ob eine Amtspflichtverletzung vorliegt.

Diese Prüfung erfolgt nach den Vorgaben des § 839 BGB i.V.m. Art. 34 GG – siehe Prüfungsschema zu Beginn dieses Teils.

Lediglich beim Verschulden findet eine Begrenzung auf Vorsatz und grobe Fahrlässigkeit statt, soweit es sich um öffentlich-rechtliche Bedienstete handelt, Art. 34 S. 2 GG. Geht es um einen Privaten, der als Beliehener oder Verwaltungshelfer agiert hat, so ist die Nichtanwendbarkeit des Art. 34 S. 2 GG zu thematisieren.

B. Die materiell-rechtlichen Voraussetzungen

19 Der Amtshaftungsanspruch nach § 839 BGB i.V.m. Art. 34 GG setzt voraus, dass ein Amtswalter in Ausübung eines ihm anvertrauten öffentlichen Amtes die ihm gegenüber einem Dritten obliegende Amtspflicht schuldhaft verletzt und dadurch einen Schaden verursacht, sofern keine Haftungsbeschränkung vorliegt.

I. Beamter/Amtswalter

1. Regelfall

20 Nach dem Wortlaut des § 839 BGB muss ein Beamter die verletzende Handlung begangen haben. Der Begriff **„Beamter"** in § 839 BGB wird durch die Formulierung **„jemand"** in Art. 34 GG erweitert. Diese Erweiterung führt dazu, dass der Beamtenbegriff in § 839 BGB nunmehr im Sinne eines **Amtswalters** zu verstehen ist, **sog. haftungsrechtlicher Beamtenbegriff.**

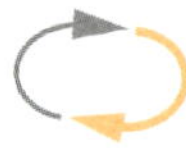

Beamter im haftungsrechtlichen Sinn ist, wer in seiner Funktion mit der Wahrnehmung einer öffentlichen Aufgabe betraut ist.

Beamter im statusrechtlichen Sinn ist, wer durch förmliche Ernennungsurkunde zum Beamten ernannt wurde und in einem öffentlich rechtlichen Dienstverhältnis steht.

Beamter im strafrechtlichen Sinn ist, wer zu dem in § 11 Abs. 1 Nr. 2–4 StGB genannten Personenkreis zählt.

Gemeint ist also nicht mehr nur derjenige, der im statusrechtlichen Sinne, d.h. durch förmliche Ernennungsurkunde Beamter ist, sondern darüber hinaus jeder, der hoheitlich tätig

15 Vgl. *BVerwG* DVBl. 2010, 1434, 1437 = *Ehlers* JK 6/11, GG Art. 34/37.

wird. Daraus folgt, dass nicht mehr an den Status des Handelnden anzuknüpfen ist. Vielmehr kommt es allein auf die Rechtsnatur seines Handelns im Verhältnis zum Bürger an.[16]

Die Rechtsnatur des Handelns bestimmt sich nach den allgemeinen Kriterien der Abgrenzung zwischen Öffentlichem Recht und Privatrecht.[17]

Kurz: **Amtshaftung** ist grundsätzlich keine Status-, sondern **Funktionshaftung**. Abzustellen ist auf das ausgeübte Amt, nicht auf die Form seiner Übertragung. Nicht das Innenverhältnis des Amtswalters zu seinem Dienstherrn/zum Staat, sondern das Außenverhältnis zum Dritten/Bürger ist entscheidend.[18]

» Wiederholen Sie bitte die Stichworte der Abgrenzung: Subordinations-, modifizierte Subjekts- und Interessentheorie. Die Abgrenzung erfolgt also nach den gleichen Kriterien wie Sie sie aus der Prüfung des Rechtsweges bei § 40 VwGO kennen. «

Amtswalter sind danach unproblematisch alle Personen, die in einem öffentlich-rechtlichen Amtsverhältnis stehen,[19] also: 21

- Beamte im statusrechtlichen Sinne,
- Angestellte und Arbeiter des Öffentlichen Dienstes,
- Richter,
- Soldaten,[20]
- Zivildienstleistende.[21]

Darüber hinaus Personen, die in einem besonderen öffentlich-rechtlichen Amtsverhältnis stehen: 22

- Minister,[22]
- Mitglieder des Bundestages, Bundesrates und des Landtages,[23]
- Gemeinderäte[24]
- und Mitglieder des Kreistages.[25]

Auch Personen, die längerfristig, vorübergehend oder einmalig hoheitliche Aufgaben wahrnehmen, werden vom Amtswalterbegriff des § 839 BGB umfasst, sprich: 23

- Beliehene und Verwaltungshelfer[26] sowie behördlich zertifizierte sachverständige Stellen.[27]

Dazu zählen als Beliehene z.B. der TÜV,[28] der Prüfingenieur für Baustatik[29] und der Impfarzt.[30]

Bei einer behördlich zertifizierten Stelle kommt es darauf an, ob sie im Pflichtenkreis einer Behörde tätig wird. Das ist dann der Fall, wenn sie eine Tätigkeit vornimmt, die Bestandteil der hoheitlichen Tätigkeit der Behörde ist, die sie zertifiziert hat.[31]

---

16 *Peine* § 17 Rn. 1093 f.; *Detterbeck/Windthorst/Sproll* § 9 Rn. 5.
17 Vgl. dazu nur: *Maurer* § 3 Rn. 14 ff.
18 *BGHZ* 147, 169, 171.
19 *Ossenbühl/Cornils* S. 15.
20 *Papier* in: Maunz/Dürig/Herzog/Scholz, Art. 34 Rn. 107.
21 *BGHZ* 152, 380, 382, siehe auch Fallbearbeitung, *Thiele* JuS 2006, 534, 538.
22 *BGHZ* 63, 319, 322.
23 *Detterbeck/Windthorst/Sproll* § 9 Rn. 12.
24 *BGHZ* 106, 323, 330.
25 *BGHZ* 11, 192, 197 f.
26 *Detterbeck/Windthorst/Sproll* § 9, Rn. 14; zu den Begriffen „Beliehener" und „Verwaltungshelfer" siehe *Maurer* § 23 Rn. 56 ff.
27 Vgl. *BGH* NVwZ 2012, 381, 382 = *Ehlers* JK 9/12, GG Art. 34/38.
28 *BGHZ* 122, 85, 87, 90.
29 *BGHZ* 39, 358, 362.
30 *BGHZ* 126, 386, 387.
31 *BGHZ* 181, 65, 67 ff. ; NVwZ 2012, 381, 383 f. = *Ehlers* JK 9/12, GG Art. 34/38.

Beliehene oder beliehene Unternehmer sind Private (Einzelpersonen oder juristische Personen der Privatrechts), denen die Kompetenz zur selbstständigen hoheitlichen Wahrnehmung bestimmter Verwaltungsaufgaben im eigenen Namen übertragen worden ist.

Verwaltungshelfer sind z.B. Schülerlotsen,[32] Schüler als Pausenaufsicht[33] oder als Helfer im Sportunterricht.[34]

Verwaltungshelfer ist derjenige, der die Verwaltungsbehörde bei der Durchführung von bestimmten Verwaltungsaufgaben in Form von unselbstständigen Hilfstätigkeiten im Auftrag und nach Weisung der Behörde unterstützt.

2. Beteiligung Privater

24 Problematisch sind die Fälle, in denen eine Privatperson aufgrund eines privatrechtlichen Vertrages zur Erfüllung einer öffentlich-rechtlichen Aufgabe herangezogen wird. Für den Amtswalterbegriff kommt es, wie bereits gezeigt, nicht auf den Charakter der Beziehung zwischen Staat und Amtswalter an, sondern nur auf die im Verhältnis zum Bürger zu qualifizierende Tätigkeit. Das Handeln einer Privatperson lässt sich als solches aber nicht zwingend dem Öffentlichen Recht zuordnen. Eine hierfür sprechende Vermutung aus einem öffentlich-rechtlichen Amtsverhältnis besteht in diesem Fall gerade nicht. Die Frage lautet, wie lässt sich das Handeln der Privatperson dem Staat zurechnen?

25 Die Rechtsprechung des *BGH* hat zunächst in Anlehnung an § 831 BGB das Handeln von Privatpersonen dem Staat zugerechnet, wenn dessen Tätigkeit vollständig weisungsgebunden ist. Der Private wird dann wie ein bloßes Werkzeug des Staates tätig,[35] **sog. Werkzeugtheorie**.

26 Diese Position hat der *BGH* nunmehr modifiziert. Danach kommt es nicht mehr allein auf den Aspekt des Entscheidungsspielraums bzw. der Weisungsgebundenheit an, sondern auch auf die Nähe zum öffentlich-rechtlichen Funktionsbereich. In einer Gesamtschau aller Umstände orientiert der *BGH* sich dabei

1. am hoheitlichen bzw. nicht hoheitlichen Charakter der wahrgenommenen Aufgabe,
2. an der Sachnähe der übertragenen Tätigkeit zu dieser Aufgabe und
3. dem Entscheidungsspielraum des beauftragten Unternehmers.[36]

Dieser Modifizierung liegt die das Deliktsrecht bestimmende Überlegung zugrunde, dass jeder nur für die Gefahren haften soll, die er auch beherrschen kann.

Der *BGH* hat in Konsequenz dieser Modifizierung eine regelmäßige Haftung des Staates für in seinem Auftrag tätige Privatpersonen im Bereich der Eingriffsverwaltung[37] und im Bereich öffentlich-rechtlicher Dienstverhältnisse[38] bejaht.[39]

---

32 *BGH* VersR 1958, 705; *OLG Köln* NJW 1968, 655.
33 *LG Rottweil* NJW 1970, 474.
34 *BGH* VersR 1958, 705 f.
35 *BGHZ* 48, 98, 103; zuletzt, wenn auch eingeschränkt: *BGHZ* 125, 19, 25.
36 *BGHZ* 121, 161, 165 f.; 200, 188; *Waldhoff* JuS 2015, 92 ff.
37 *BGHZ* 121, 161, 166; dazu auch *Fischer* JuS 2002, 446, 450.
38 *BGH* NJW 1996, 2431.
39 Zum Ganzen auch: *Meysen* JuS 1998, 404 ff.; *Petersen* Jura 2006, 411 ff.

Für den Bereich der Leistungsverwaltung zeichnet sich bisher ebenfalls keine grundsätzliche Abkehr von der Werkzeugtheorie des *BGH* ab.[40] **27**

Die Literatur lehnt diese Rechtsprechung überwiegend ab und vertritt vorwiegend einen **funktionalen Ansatz**. Danach ist allein zu klären, ob es sich bei der übertragenen Tätigkeit um eine staatliche oder nichtstaatliche Tätigkeit handelt. Damit soll eine Flucht des Staates aus seiner Haftung in das Privatrecht verhindert werden.[41] **28**

Beispiel 1 Die Polizei beauftragt ein privates Abschleppunternehmen, um ein liegen gebliebenes Fahrzeug zu entfernen. Dabei wird das Fahrzeug beschädigt. Die Geschädigten fordern Schadensersatz.

Hinweis

Alternativ denkbar ist die Beschädigung des Fahrzeuges eines anderen Verkehrsteilnehmers.

Nach dem ursprünglichen Ansatz der Rechtsprechung zur Werkzeugtheorie konnte der Abschleppunternehmer im Regelfall nicht als Amtswalter angesehen werden, da er bei der Erfüllung seines Auftrages keinen Weisungen der beauftragenden Behörde unterlag. Er war kein Werkzeug.

Nach der Modifizierung der Rechtsprechung zur Werkzeugtheorie ist er jetzt aufgrund der Gesamtschau mit ihren Kriterien als Werkzeug anzusehen.

Die Literatur erreicht die Qualifizierung des Abschleppunternehmers als Amtswalter ohne Schwierigkeiten über die Einordnung der Tätigkeit, da diese zum Bereich der Gefahrenabwehr bzw. Verwaltungsvollstreckung gehört und klar öffentlich-rechtlicher Natur ist. ■

JURIQ-Klausurtipp

Da mittlerweile Rechtsprechung und Literatur zu einem übereinstimmenden Ergebnis kommen, prägen Sie sich bitte ein: Das Abschleppen von Fahrzeugen durch Private ist stets öffentlich-rechtlicher Natur und unter das Merkmal „Beamter/Amtswalter" zu subsumieren.

Beispiel 2 Bei einem Soldaten wird im Rahmen einer Behandlung im Bundeswehrkrankenhaus u.a. ein bösartiger Tumor entdeckt. Zur gesamten weiteren Behandlung wird er in ein privates Krankenhaus überwiesen. Dort wird der Tumor jedoch übersehen und der Soldat nach der Behandlung als geheilt entlassen. Erst nach erneuten Beschwerden wird der Tumor, jetzt zu spät, behandelt. Der Soldat verstirbt und die hinterbliebene Ehefrau macht Schadensersatz wegen fehlerhafter ärztlicher Behandlung geltend.

Auch in diesem Fall ist die Amtswalterstellung nach der ursprünglichen Rechtsprechung abzulehnen, da der fehlerhaft handelnde Arzt keinen Weisungen des überweisenden Bundeswehrkrankenhauses unterlag. Die Modifizierung der Werkzeugtheorie durch die Rechtsprechung lässt kein eindeutiges Ergebnis zu, so dass sie in diesem Fall nur noch

40 Vgl. *OLG Bbg.* LKV 2008, 190 = *Schoch* JK 7/08, GG Art. 34/33.

41 *Detterbeck/Windthorst/Sproll* § 9 Rn. 21; *Windthorst* JuS 1995, 794; *Papier* in: Maunz/Dürig/Herzog/Scholz, Art. 34 Rn. 113; *Ossenbühl/Cornils* S. 27; *Maurer* § 26 Rn. 13; *Meysen* JuS 1998, 404, 407; *Petersen* Jura 2006, 411, 414.

auf die wahrgenommene Aufgabe – staatliche Gesundheitsfürsorge für Soldaten – abstellt und so zur Annahme des Merkmals „Beamter/Amtswalter" gelangt.

Dieses Ergebnis erreicht die Literatur mit der Qualifizierung der Aufgabe als öffentlich-rechtlich auf direktem Wege. ■

Beispiel 3 Eine Stadt beauftragt eine private Firma mit der eigenverantwortlichen und weisungsfreien Steuerung sämtlicher Ampelanlagen. Aufgrund eines Fehlers des Schaltprogramms zeigt an einer Kreuzung eine Ampelanlage sowohl für den Geradeausverkehr als auch für den Querverkehr Grün. Infolgedessen kommt es zu einem schweren Unfall. Einer der Geschädigten verlangt Schadensersatz von der Stadt.

Hier ist nach der Rechtsprechung unter Zugrundelegung der Werkzeugtheorie keine Amtswalterstellung anzunehmen, da die private Firma selbstständig und gerade weisungsfrei handeln konnte. Allenfalls die Überlegung, dass dieses Ergebnis zu einer Schlechterstellung des Geschädigten führt, könnte in einer Gesamtschau aller Umstände berücksichtigt werden. Eine derartige ergebnisorientierte Sichtweise kommt aber letztlich einer Aufgabe der Werkzeugtheorie gleich.

Die Literatur kommt hingegen über die Qualifizierung der Verkehrsregelungsaufgabe als öffentlich-rechtlich wiederum unproblematisch zur Annahme einer Amtswalterschaft. ■

JURIQ-Klausurtipp

Die Thematik „Handeln eines Amtswalters" können Sie in folgenden Schritten erörtern:

Zunächst ist eine Begriffsklärung „Beamter" in § 839 BGB unter Erweiterung auf „jemand" in Art. 34 GG vorzunehmen. Damit geht eine Verlagerung des Anknüpfungspunktes der Amtshaftung – weg vom Status des Handelnden hin zur Rechtsnatur der Tätigkeit – einher.

Diese Tätigkeit ist sodann als öffentlich-rechtlich zu qualifizieren, ggf. unter Zuhilfenahme der bekannten Abgrenzungstheorien.

Anschließend erfolgt die Subsumtion im Einzelfall.

Handelt eine Privatperson aufgrund eines privatrechtlichen Vertrages zur Erfüllung einer öffentlich-rechtlichen Aufgabe, sind die Positionen der Rechtsprechung (**Werkzeugtheorie** und ihre Modifizierung) und der Literatur **(funktionaler Ansatz)** kurz darzustellen und zu erörtern. Als zentrale Argumente können Sie zugunsten der Rechtsprechung die Beherrschbarkeit der Gefahr, zugunsten der Literatur die Verhinderung einer Flucht ins Privatrecht anführen.

Im Ergebnis sind beide Auffassungen gut vertretbar.

II. Ausübung einer hoheitlichen Tätigkeit

29 Weitere Voraussetzung ist, dass der Amtswalter in Ausübung eines öffentlichen Amtes gehandelt hat. Der Punkt „öffentliches Amt" ist bereits in Zusammenhang mit dem Amtswalter behandelt worden, so dass er nicht mehr aufzugreifen ist.

„In Ausübung" heißt, dass zwischen der hoheitlichen Tätigkeit und dem Fehlverhalten des Amtswalters ein so enger äußerer und innerer Zusammenhang besteht, dass die Verletzungshandlung noch als dem hoheitlichen Bereich zugehörig anzusehen ist. Daran fehlt es, wenn das Fehlverhalten nur bei Gelegenheit einer öffentlich-rechtlichen Tätigkeit erfolgt.[42]

Ein äußerer Zusammenhang besteht, wenn das Fehlverhalten räumlich-zeitlich in die Wahrnehmung der hoheitlichen Aufgabe fällt. Es ist mithin auf den objektiven Geschehenszusammenhang abzustellen.[43] **30**

Ein innerer Zusammenhang liegt vor, wenn das Fehlverhalten und die hoheitliche Tätigkeit als einheitlicher, von der hoheitlichen Aufgabenerfüllung geprägter Lebenssachverhalt erscheint.[44] Dabei ist zu beachten, dass die Rechtswidrigkeit des Fehlverhaltens den inneren Zusammenhang nicht schon entfallen lässt. Wäre es so, käme es zu gar keiner Amtshaftung, obwohl der Staat gerade für rechtswidriges Verhalten des Amtswalters einstehen soll. Vielmehr müssen völlig sachfremde Gründe vorliegen, um den inneren Zusammenhang zu verneinen und damit Missbrauchsfälle der Amtshaftung auszuschließen. **31**

Beispiel 1 Ein Polizist nimmt außerhalb seiner Dienstzeit aus persönlichen Gründen polizeiliche Maßnahmen an einer anderen Person vor, die dabei verletzt wird. Hier fehlt es schon an einem äußeren Zusammenhang, da der Polizist außerhalb der Dienstzeit handelt. Der innere Zusammenhang fehlt, da das Verhalten nicht als von der hoheitlichen Aufgabenerfüllung geprägter Sachverhalt anzusehen ist. Eine Amtshaftung scheidet aus. ■

Beispiel 2 Eine Polizistin wird im Dienst durch ihren Vorgesetzten in frauenfeindlicher, auch obszöner Weise schikaniert, diskriminiert und beleidigt. Dieser Psychoterror (Mobbing) treibt sie in den Selbstmord. Ihr Vater begehrt Schadensersatz.

Der äußere Zusammenhang ist wegen der während des Dienstes geschehenen Handlungen des Vorgesetzten gegeben. Aufgrund der Verbindung zur hoheitlichen Aufgabenerfüllung ist ein innerer Zusammenhang zu bejahen. Er entfällt nicht aus sachfremden, persönlichen Motiven, da hier eine Trennung zwischen dienstlichen und privaten Aspekten nicht möglich ist. Mobbing im Rahmen eines Beamtenverhältnisses geschieht demnach nicht nur bei Gelegenheit, sondern in Ausübung des öffentlichen Amtes.[45] ■

Das Merkmal „In Ausübung" ist auch in Gestalt eines Unterlassens denkbar. Das setzt aber voraus, dass eine öffentlich-rechtliche Pflicht zum Handeln gegenüber dem Geschädigten bestand.[46]

Eine Ausübung einer hoheitlichen Tätigkeit liegt bei Auslandseinsätzen der Bundeswehr zwar begrifflich vor. Gleichwohl kann in diesem Zusammenhang kein Amtshaftungsanspruch entstehen, da das Amtshaftungsrecht auf bewaffnete Auslandseinsätze der Bundeswehr nicht anwendbar ist. Militärische Kampfhandlungen fallen aus dem Anwendungsbereich dieser Normen heraus. **32**

42 *Detterbeck/Windthorst/Sproll* § 9 Rn. 48; *Windthorst* JuS 1995, 795; *Maurer* § 26 Rn. 15.
43 *Detterbeck/Windthorst/Sproll* § 9 Rn. 52; *Windthorst* JuS 1995, 795.
44 *BGH* NJW 1992, 1227 f.
45 Vgl. *BGH* NJW 2002, 3172; dazu: *Schoch* JK 3/03, GG Art. 34/24.
46 *BGHZ* 102, 350, 367 f.; *Detterbeck/Windthorst/Sproll* § 9 Rn. 161; *Wittreck/Wagner* Jura 2013, 1211, 1215 f.

Dies ergibt sich zum einen aus dem historischen Kontext. Weder 1896 bei § 839 BGB noch 1949 bei der Formulierung des Art. 34 GG hatte der jeweilige Gesetzgeber an einen Auslandseinsatz deutscher Streitkräfte im Ausland gedacht. Zum anderen passt die an einer alltäglichen Verwaltung orientierte Amtshaftung inhaltlich nicht auf militärische Einsätze oder gar Kampfhandlungen im Ausland. Aus dem GG lässt sich zudem keine Verpflichtung entnehmen, im Falle militärischer Auslandseinsätze entsprechende individuelle Schadensersatzansprüche zu schaffen. Schließlich ist eine Ausweitung der Amtshaftung auf diesen Bereich aus Gründen des Vorbehalts des Gesetzes und der Wesentlichkeitstheorie nur durch den Gesetzgeber selbst möglich.[47]

III. Amtspflichtverletzung

Eine **Amtspflichtverletzung** liegt vor, wenn der Amtswalter eine ihm obliegende Pflicht, die sich aus seinem amtlichen Verhältnis zum Staat ergibt, verletzt.

1. Bedeutung der Amtspflicht im Gefüge des § 839 BGB i.V.m. Art. 34 GG

33 Der Amtswalter muss bei der Ausübung seiner Tätigkeit eine ihm **gegenüber einem Dritten** obliegende Amtspflicht verletzt haben.

Dieses zunächst schwer zu verstehende Merkmal ist historisch begründet. Es basiert auf der schon erwähnten Mandatstheorie, nach der zwischen dem Landesherrn und dem einzelnen Staatsdiener ein privater Vertrag geschlossen wurde, der ihm hoheitliche Aufgaben übertrug. Amtspflichten obliegen demnach dem Amtswalter eigentlich nur im Innenverhältnis gegenüber dem Staat als seinem Dienstherrn.

Der Amtswalter hat aber gerade bei seinem Handeln im Außenverhältnis zum Bürger auch die Pflicht, die den Staat, seinen Dienstherrn, bindenden Rechtspflichten zu beachten.

Verletzt ein Amtswalter also eine Pflicht gegenüber dem Staat, verletzt er zugleich eine Pflicht des Staates, die dieser gegenüber dem Bürger zu beachten hat.[48] Abgekürzt bedeutete das, dass der Amtswalter letztlich direkt im Verhältnis zum Bürger die Amtspflicht einzuhalten hat.

JURIQ-Klausurtipp

Diese Herleitung ist in einer Klausur grundsätzlich nicht darzustellen. Nur im Fall einer innerdienstlichen Weisung bzw. Verwaltungsvorschrift spielt sie eine Rolle. Dieser Sonderfall wird weiter unten erörtert.

Die Herleitung soll nur dem besseren Verständnis der Konstruktion des § 839 BGB i.V.m. Art. 34 GG dienen.

---

47 *BGH* NJW 2016, 3656 – Kundus, Afghanistaneinsatz –; *Waldhoff* JuS 2017, 572 ff.; *Eifert* Jura (JK) 2017, 497; a.A. *OLG Köln* NJW 2005, 2860, 2862; *Dutta* AöR 133 (2008), 191, 201 f.

48 Vgl. *Maurer* § 26 Rn. 16; *Detterbeck/Windthorst/Sproll* § 9 Rn. 59, 65 ff.

2. Die wichtigsten Amtspflichten

Die wichtigste Amtspflicht ist die zu einem rechtmäßigen Verhalten, die sich aus dem Grundsatz der Gesetzmäßigkeit der Verwaltung, Art. 20 Abs. 3 GG, ergibt.[49] Daraus folgen konkret ausgeprägte und typische Amtspflichten wie die Pflicht 34

- zum zuständigkeits- und verfahrensgemäßen Handeln,[50]
- zur sorgfältigen Sachverhaltsermittlung, § 24 VwVfG,[51]
- zur Erteilung korrekter Auskünfte, korrekten Beratung, § 25 VwVfG,[52]
- zur Einhaltung einer angemessenen Bearbeitungsfrist,[53]
- zur Unterlassung unerlaubter Handlungen,[54] und absolut geschützte Rechte unbeteiligter Dritter zu achten,[55]
- keine rechtswidrigen Rechtsakte zu erlassen,[56]
- zur fehlerfreien Ermessensausübung und Beachtung der Verhältnismäßigkeit,[57]
- zu konsequentem, widerspruchsfreiem Verhalten,[58]
- zur Beachtung und Orientierung an der höchstrichterlichen Rechtsprechung sowie Begründungspflicht im Fall einer Abweichung hiervon,[59]
- zum Tätigwerden soweit eine Rechtspflicht hierzu besteht,[60]
- zur Verkehrsregelung, d.h. die sich aus der StVO ergebenden Pflichten zur Regelung des Straßenverkehrs vorzunehmen.[61] Die Verkehrsregelungspflicht ist von der Verkehrssicherungspflicht zu trennen.

3. Sonderfall: Verkehrssicherungspflicht

Die Verkehrssicherungspflicht trifft Hoheitsträger – Behörden und Amtswalter – zunächst 35  nach allgemeinem Deliktsrecht. Umstritten ist aber, ob die Verkehrssicherungspflicht eine Amtspflicht darstellt mit der Folge einer Haftungsprivilegierung. Die Verkehrssicherungspflicht beinhaltet die Pflicht, allgemein zugängliche Wege, Plätze und Räume in einem verkehrssicheren Zustand zu halten, damit niemand zu Schaden kommt. Die Rechtsprechung lehnt ihre Qualifizierung als Amtspflicht ab, da die geschaffene Gefahr nicht vom Verhalten eines Amtswalters, sondern von der Sache selbst ausgeht. Etwas anderes gilt nur, wenn die Verkehrssicherungspflicht als hoheitliche Aufgabe übertragen worden ist.[62]

Die Literatur ordnet die Verkehrssicherungspflicht als hoheitliche Aufgabe ein.[63]

49 *Sprau* in Palandt, § 839 Rn. 32; *Peine* § 17 Rn. 1106.
50 *BGHZ* 117, 240, 244 f.; 129, 226, 229.
51 *BGH* NJW 1994, 3162, 3164.
52 *BGHZ* 117, 83, 87 ff.; 121, 65, 69 ff.
53 *BGHZ* 30, 19, 25 ff.; *BGH* NJW 2007, 830 = *Schoch* JK 7/07, GG Art. 34/31; *Durner* JuS 2005, 793, 795.
54 *BGHZ* 69, 128, 138; 118, 368; *Ossenbühl/Cornils* S. 49.
55 *BGH* NJW 1992, 1310; NJW 1994 1950; *Pielow* Jura 1991, 482, 489.
56 *BGHZ* 106, 323, 329; 116, 312, 315; DVBl. 2005, 373, 374 = *Schoch* JK 7/05, GG Art. 34/27.
57 *BGHZ* 75, 120, 124; 118, 263, 271; *BGH* NJW 1990, 2675 f., dazu: *Dörr* JuS 1991, 509 f.
58 *BGHZ* 76, 343.
59 *BGHZ* 84, 285, 287; 119, 365, 369 ff.
60 *BGH* NJW 1962, 1245; *OLG Celle* DÖV 1972, 243; *Maurer* § 26 Rn. 22.
61 *BGH* NJW 1962, 791; *BGH* NVwZ 1990, 898; *Maurer* § 26 Rn. 23.
62 Ständige Rspr. *BGHZ* 9, 373; 60, 54, 55; *BGH* BayVBl. 2005, 28.
63 *Maurer* § 26 Rn. 23; *Ossenbühl/Cornils* S. 32 ff.

36 Hinsichtlich der Straßenverkehrssicherungspflicht ist aber die Problematik durch die gesetzliche Einordnung als hoheitliche Aufgabe entfallen, vgl. § 9a StrWG NRW – z.B. Unterlassen eines Hinweises auf eine Gefahrenlage – [64], Art. 72 BayStrWG – z.B. Unterlassen einer ausdrücklichen Verkehrsregelung.[65] Die Frage nach der Einordnung der Verkehrssicherungspflicht bleibt nur zu diskutieren u.a. bei Kinderspielplätzen[66] oder städtischen Sportplätzen.[67]

37 Innerhalb dieses Sonderfalles kann sich zudem die Problematik der Beteiligung Privater, denen die Verkehrssicherungspflicht übertragen worden ist, zeigen. Es geht dabei um private Bau- oder Umzugsfirmen, die eine seitens der Behörde genehmigte Halteverbotsbeschilderung selbst vornehmen und dabei die Verkehrssicherungspflicht verletzen.[68]

4. Sonderfall: Weisung/Verwaltungsvorschrift

38 Eine weitere besondere Situation liegt vor, wenn der Amtswalter aufgrund einer innerdienstlichen Weisung oder einer Verwaltungsvorschrift durch seinen Dienstherrn/Vorgesetzten gehalten ist, eine im Verhältnis zum Bürger rechtswidrige Entscheidung zu treffen. Diese im Außenverhältnis zum Bürger rechtswidrige Entscheidung ist im Innenverhältnis zum Dienstherrn/Vorgesetzten rechtmäßig, die Amtspflicht im Innenverhältnis und die Rechtspflicht im Außenverhältnis fallen auseinander.

39 Die oben erläuterte Konstruktion der Amtshaftung führt also dazu, dass der Amtswalter im Innenverhältnis korrekt handelt und es damit an einer Pflichtverletzung fehlt, die auf den Staat übergeleitet werden kann. Der von der im Außenverhältnis rechtswidrigen Maßnahme betroffene Bürger bleibt so hinsichtlich eines Amtshaftungsanspruches schutzlos. Diese Rechtsschutzlücke wird über eine Haftungsverschiebung innerhalb der Verwaltung gelöst. Der Amtswalter ist dabei nicht isoliert zu betrachten, sondern die Verwaltung als Ganzes. Dies umso mehr als der Bürger die verschiedenen Verwaltungsebenen und -hierarchien im Regelfall nicht unterscheidet. Deshalb ist das rechtswidrige Verhalten des Amtswalters im Außenverhältnis zum Bürger demjenigen zuzurechnen, der die innerdienstliche Weisung erteilt bzw. die Verwaltungsvorschrift erlassen hat. Der Amtshaftungsanspruch ist dann gegen ihn (Dienstherrn/Vorgesetzten) zu richten und sodann auf den Staat überzuleiten.[69]

40 Abweichend von dieser Lösung wird unter Bezugnahme auf den Wortlaut des § 839 BGB i.V.m. Art. 34 GG „einem Dritten gegenüber obliegenden Amtspflicht" die Ansicht vertreten, dass sich die Amtspflichten direkt auf das Verhältnis zum Bürger beziehen. Amtspflichten und Rechtspflichten entsprechen sich.[70]

41 Jedoch ist darauf hinzuweisen, dass es ausdrücklich „Amtspflichten" heißt, so dass derselbe Wortlaut wie auch die historisch bedingte Konstruktion der Amtshaftung gegen eine Gleichsetzung von Amts- und Rechtspflichten sprechen.

64 *OLG Hamm* NZV 2016, 523; *Kümper* JuS 2017, 833, 836; *Heß* in: Burmann/Heß/Hühnermann/Jahnke u.a., StVO § 45 Rn. 11 m.w.N.
65 *OLG München* NJW – RR 2014, 286; *Kümper* JuS 2017, 833, 836.
66 *BGH* NJW 1988, 2667; *OLG Hamm* NVwZ 1996, 97.
67 *OLG Celle* NJW-RR 1995, 984.
68 *OLG Karlsruhe* BeckRS 2017, 101493; *OLG Hamm* BeckRS 2015, 18648 Rn.16 ff.; *Kümper* JuS 2017, 833, 837.
69 *Detterbeck/Windthorst/Sproll* § 9 Rn. 92; *Windthorst* JuS 1995, 893.
70 So *Papier* in: Maunz/Dürig/Herzog/Scholz, Art. 34 Rn. 167; *ders.* in: MüKo, § 839 Rn. 192.

Beispiel 1 Auf Weisung des Regierungspräsidenten der Bezirksregierung/Regierungspräsidiums erlässt der Oberbürgermeister einer kreisfreien Stadt eine rechtswidrige Ordnungsverfügung gegenüber einem Bürger. Der Bürger erleidet dadurch einen Schaden und macht nun einen Amtshaftungsanspruch geltend.

Der Oberbürgermeister handelt zwar im Außenverhältnis zum Bürger rechtswidrig, aber im Innenverhältnis weisungsgemäß und damit amtspflichtgemäß. Der Regierungspräsident dagegen hat eine Amtspflichtverletzung begangen, da er eine rechtswidrige Weisung erteilt hat. Ihm wird im Wege der Haftungsverschiebung das Verhalten des Oberbürgermeisters zugerechnet. Der Amtshaftungsanspruch richtet sich dann gegen den Regierungspräsidenten und wird übergeleitet auf das Land. Im Gegensatz dazu würde ein Amtshaftungsanspruch gegen den Oberbürgermeister auf die Gemeinde/Stadt übergehen.

Damit wird deutlich, dass die Unterscheidung zwischen Amtspflichten im Innenverhältnis und Rechtspflichten im Außenverhältnis praktische Konsequenzen haben kann.

Davon unabhängig richtet sich die Anfechtungsklage gegen die Ordnungsverfügung selbst gegen den Oberbürgermeister, soweit § 78 Abs. 1 Nr. 2 VwGO eingreift, ansonsten gegen die Gemeinde/Stadt nach § 78 Abs. 1 Nr. 1 VwGO.[71]

Entsprechendes gilt, wenn der Erlass eines Verwaltungsaktes von der Zustimmung bzw. dem Einvernehmen einer anderen Behörde oder eines anderen Verwaltungsträgers abhängt, sog. mehrstufiger Verwaltungsakt. Beispiel ist hierfür § 36 BauGB.[72]

Im umgekehrten Fall, dass der Amtswalter im Innenverhältnis gegen eine innerdienstliche Weisung bzw. Verwaltungsvorschrift verstößt, aber im Außenverhältnis gegenüber dem Bürger rechtmäßig handelt, liegt ebenfalls eine Amtspflichtverletzung vor, wenn auch nur im Innenverhältnis. In diesem Fall muss im Außenverhältnis zum Bürger, der keine Rechtsverletzung erlitten hat, eine objektive Widerrechtlichkeit als Merkmal hinzugenommen werden, um unsinnige Ergebnisse zu vermeiden.[73] ■

Beispiel 2 Wie im *Beispiel 1* zuvor, nur weigert sich der Oberbürgermeister, die Weisung des Regierungspräsidenten der Bezirksregierung/Regierungspräsidiums umzusetzen. Der Oberbürgermeister erlässt eine rechtmäßige Ordnungsverfügung, durch die der Bürger gleichwohl einen Nachteil/Belastung erleidet. Diese Belastung macht der Bürger nun als Schaden über einen Amtshaftungsanspruch unter Berufung auf den Verstoß gegen die Weisung des Regierungspräsidenten geltend.

Hier liegt in der Missachtung der Weisung des Regierungspräsidenten im Innenverhältnis eine Amtspflichtverletzung vor, nicht jedoch eine Rechtsverletzung im Außenverhältnis zum Bürger, da ihm gegenüber im Einklang mit der Rechtsordnung gehandelt wurde. Um vorliegend einen Amtshaftungsanspruch annehmen zu können, muss aber eine Rechtsverletzung und nicht nur ein Nachteil/Belastung beim Bürger hinzutreten. Nur unter dieser Voraussetzung ist das Verhalten des Oberbürgermeisters auch als objektiv widerrechtlich anzusehen und damit als unrechtmäßig. Vorliegend fehlt es daran, da die Ordnungsverfügung, trotz Verletzung der Amtspflicht im Innenverhältnis, im Außenverhältnis zum Bürger objektiv rechtmäßig ist.

Ein Amtshaftungsanspruch des Bürgers besteht deshalb nicht. ■

71 Vgl. dazu *BGH* NJW 1977, 713; *BGHZ* 63, 319, 324 f.

72 *Maurer* § 26 Rn. 17.

73 *Detterbeck/Windthorst/Sproll* § 9 Rn. 89; *Windthorst* JuS 1995, 893; *BGHZ* 34, 375, 380; *OLG Düsseldorf* NVwZ-RR 1992, 225.

Hinweis

Zu Ihrer Beruhigung: Die Unterscheidung zwischen Amtspflicht im Innenverhältnis und Rechtspflicht im Außenverhältnis spielt nur im dargestellten Sonderfall eine Rolle. Zur Lösung des Sonderfalles merken Sie sich bitte die Begriffe Haftungsverschiebung bzw. objektive Widerrechtlichkeit. Mithilfe dieser beiden Begriffe löst die h.M. diesen Fall. Folgen Sie hingegen der abweichenden Ansicht von *Papier*,[74] müssen Sie sich mit dem Wortlautargument und der historischen Konstruktion der Amtshandlung auseinandersetzen. Im Ergebnis sollten Sie aber die Ansicht von *Papier* ablehnen.

42 Der Sonderfall einer Weisung bzw. Verwaltungsvorschrift ist einerseits abzugrenzen gegenüber Erlassen, die der nachgeordneten Verwaltung allgemein eine bestimmte Gesetzesauslegung vorschreiben. Sie begründen regelmäßig keine Amtspflicht gegenüber dem einzelnen Bürger, wenn unbestimmt viele Sachverhalte geordnet werden. Erlasse mit allgemeiner Wirkung sind gerade keine Weisungen und begründen keine Amtspflichten.[75]

5. Sonderfall: Rechtswidriger, bestandskräftiger Verwaltungsakt

43 Schwierig ist schließlich der Fall, dass ein bestandskräftiger rechtswidriger, aber nicht nichtiger[76] Verwaltungsakt eine Amtspflichtverletzung begründen kann. Eine andere Frage ist, ob eine derartige Amtspflichtverletzung in einem Gerichtsverfahren durch die Überprüfung des bestandskräftigen Verwaltungsaktes festgestellt werden kann.

44 Die Bestandskraft des Verwaltungsaktes hat seine Unanfechtbarkeit zur Folge, selbst wenn er rechtswidrig ist. Er ist vom Adressaten dann schlicht hinzunehmen. Die Regelung eines solchen Verwaltungsaktes ist ebenso von allen staatlichen Organen – Behörden und Gerichten – zu beachten. Er ist ihren Entscheidungen als gegebener Tatbestand zugrunde zu legen.[77]

Zugleich stellt die Rechtswidrigkeit des Verwaltungsaktes eine Amtspflichtverletzung dar, wird doch gegen die Pflicht zu rechtmäßigem Handeln verstoßen.

Die Konsequenz ist, dass ab Eintritt der Bestandskraft eine an sich gegebene Amtspflichtverletzung nicht mehr geltend gemacht werden kann.[78] Es stehen sich mithin das Prinzip der Bestandskraft als Ausdruck der Rechtssicherheit, abgeleitet aus Art. 20 Abs. 3 GG, und das Prinzip der inhaltlichen Richtigkeit, ebenfalls aus Art. 20 Abs. 3 GG folgend, gegenüber.

45 Dieses Problem ist durch eine differenzierte Betrachtung der jeweiligen Verfahrensgegenstände zu lösen. Im Verwaltungsverfahren geht es um die Regelung einer öffentlich-rechtlichen Angelegenheit, die einer verbindlichen Lösung bedarf und von allen ab einem bestimmten Zeitpunkt zu beachten ist. Bei der Frage nach einer Amtshandlung geht es hingegen nur darum, ob die getroffene Regelung die Rechtsordnung wahrt. Ist das nicht der Fall, so ist allein im Verhältnis Staat – Bürger die Frage nach einer Amtshaftung und einer Schadensregulierung zu klären.

---

74 Rn. 40.

75 *BGH* NVwZ 2015, 1309; *Kingreen* Jura (JK) 2016, 329.

76 Im Fall der Nichtigkeit liegt von Anfang an gar kein wirksamer Verwaltungsakt vor.

77 *Maurer* § 11, Rn. 8.

78 *Detterbeck/Windthorst/Sproll* § 9 Rn. 25 ff.

Die beiden Bereiche – die Entscheidung des Verwaltungsaktes einerseits und ihr Zustandekommen andererseits – sind zu trennen.

Um einen Amtshaftungsanspruch zu klären, ist deshalb auch ein bestandskräftiger Verwaltungsakt inzident bei der Amtspflichtverletzung voll zu überprüfen. Zwei Argumente lassen sich hierfür anführen. Zum einen bewirkt die bloß durch Zeitablauf eingetretene Bestandskraft nicht das gleiche Maß an Richtigkeitsgewähr wie eine gerichtliche Kontrolle.[79] Zum anderen sieht § 839 Abs. 3 BGB einen Ausschluss der Amtshaftung vor, wenn schuldhaft ein Rechtsmittel gegen die amtspflichtwidrige Entscheidung versäumt wurde. Diese Vorschrift wird unterlaufen, wenn auch im Fall der nicht schuldhaften Versäumung eines Rechtsmittels gleichwohl wegen der Bestandskraft des Verwaltungsaktes eine Amtshaftung im Ergebnis ausscheidet.[80] **46**

Anders liegt die Sache nur, wenn über den Verwaltungsakt bereits eine verwaltungsgerichtliche Entscheidung ergangen ist. Dabei muss es sich um ein Sachurteil handeln. Ein Prozessurteil – Klageabweisung wegen Unzulässigkeit der Klage – reicht nicht aus, da eine inhaltliche Auseinandersetzung mit dem angefochtenen Verwaltungsakt fehlt. Gleiches gilt auch, wenn nur eine Eilentscheidung vorliegt, da sie keine materielle Rechtskraft wie ein Urteil in der Hauptsache erlangt.[81] Im Fall eines Sachurteils greifen die eben genannten Argumente für eine volle Überprüfung des Verwaltungsaktes nicht. Vielmehr umfasst die verwaltungsgerichtliche Entscheidung auch die Feststellung einer Amtspflichtverletzung. Stellt das Urteil fest, dass der Verwaltungsakt rechtswidrig war, so liegt zugleich eine Amtspflichtverletzung vor. Stellt es fest, dass der Verwaltungsakt rechtmäßig war, so ist eine Amtspflichtverletzung nicht gegeben.[82] **47**

JURIQ-Klausurtipp

In einer Klausur können Sie im Rahmen der Feststellung einer Amtspflichtverletzung durch den Erlass eines Verwaltungsaktes zu dessen vollständiger inzidenten Überprüfung kommen. Das heißt, dass Sie an dieser Stelle die formelle und materielle Rechtmäßigkeit des Verwaltungsaktes zu überprüfen haben. Auf diese Weise kann sich in einer Amtshaftungsklausur ohne Weiteres ein Schwerpunkt im Allgemeinen wie im Besonderen Verwaltungsrecht finden.

IV. Gegenüber einem Dritten

1. Feststellung der Drittbezogenheit

§ 839 BGB i.V.m. Art. 34 GG setzt voraus, dass eine Amtspflichtverletzung gegenüber einem Dritten begangen wird. Diese Drittbezogenheit dient der Haftungsbegrenzung. Es soll nicht jede Amtspflichtverletzung einen Amtshaftungsanspruch auslösen. Sie besteht nur, wenn zwischen Staat und Bürger aufgrund der Amtspflichten ein besonderes Näheverhältnis besteht.[83] **48**

79 *BGHZ* 90, 17.

80 *BGHZ* 113, 17, 20; *Maurer* § 26 Rn. 47a; in diesem Sinne auch: *Niedzwicki* JuS 2015, 134 ff.

81 *BGH* NVwZ 2004, 638.

82 *BGHZ* 113, 17, 20; *OLG München* NVwZ 1995, 198 f.; *Detterbeck/Windthorst/Sproll* § 9 Rn. 22 ff.; *Windthorst* JuS 1995, 892.

83 *Ossenbühl/Cornils* S. 61; *Wolff/Bachof/Stober/Kluth* § 67 Rn. 68.

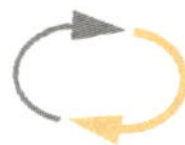

Eine **Drittbezogenheit** der Amtspflicht liegt vor, wenn die Amtspflicht zumindest auch dem geschädigten Bürger gegenüber besteht.

49 Unter Zugrundelegung der ständigen Rechtsprechung[84] lässt sich damit die Drittbezogenheit der Amtspflicht in einer gestuften Prüfungsabfolge ermitteln. Es ist zu klären, ob

- die Amtspflicht überhaupt Drittwirkung entfaltet,
- der Geschädigte dem geschützten Personenkreis zuzurechnen ist und
- das konkret betroffene Recht oder Rechtsgut von der Drittwirkung erfasst wird.[85]

50 Besteht danach keine Drittbezogenheit, so entfällt ein Amtshaftungsanspruch unabhängig davon, ob der Bürger durch die Amtspflichtverletzung einen Schaden erlitten hat.

51 Die Frage nach der generellen Drittwirkung einer Amtspflicht beantwortet sich nach den Grundsätzen der zur Klagebefugnis nach **§ 42 Abs. 2 VwGO entwickelten Schutznormtheorie.**[86] Danach ist durch Auslegung der konkreten Amtspflicht zu ermitteln, in wie weit sie auch die Interessen einzelner Personen schützt und damit für diese Personen subjektive Rechte begründet, auf die sie sich berufen können.[87]

JURIQ-Klausurtipp

In einer Klausur gilt für diesen Punkt die Faustformel: Einen generellen Drittbezug können Sie annehmen, wenn die Verletzung der Amtspflicht in einem verwaltungsgerichtlichen Verfahren die Klagebefugnis begründen könnte. Bei der Verletzung subjektiver Rechte ist das stets der Fall. Im Übrigen kommt es auf Ihre Argumentation zur Auslegung der konkreten Amtspflicht an.

52 Der Aspekt der Zurechnung des Geschädigten zum geschützten Personenkreis verlangt, dass die verletzte Amtspflicht den Zweck hat, gerade den Personenkreis zu schützen, dem der Geschädigte angehört. Auch hier ist auf die oben erwähnten Grundsätze der Schutznormtheorie als Hilfskriterium zurückzugreifen.

53 In diesen persönlichen Schutzbereich fällt der Geschädigte immer, wenn z.B. die Amtspflicht, unerlaubte Handlungen zu unterlassen und Rechtsgüter unbeteiligter Dritter zu achten, verletzt wird.[88] Es handelt sich hierbei um eine sog. absolute Amtspflicht, die generell drittschützend ist.[89]

Zum Kreis der geschützten Personen gehört zunächst derjenige, dem die verletzte Rechtsposition zusteht und nicht anderen Personen, selbst wenn sich das pflichtwidrige Handeln des Amtsträgers für sie nachteilig auswirkt.[90]

---

84 *BGHZ* 56, 40, 45; 69, 128, 135 f.; 100, 313, 317 f.; 106, 323, 331; 129, 23, 25; 140, 380, 382.
85 So *Maurer* § 26 Rn. 19; *Baldus/Grzeszick/Wienhues* Rn. 135; *Wittreck/Wagner* Jura 2013, 1211, 1217 f.
86 Vgl. *Kopp/Schenke* § 42 Rn. 83 ff.
87 Vgl. auch *Ossenbühl/Cornils* S. 61 f.; *Wolff/Bachof/Stober/Kluth* § 69 Rn. 71; *Baldus/Grzeszick/Wienhues* Rn. 136.
88 *BGHZ* 69, 128, 138; *Papier* in: MüKo § 839 BGB Rn. 229; *Baldus/Grzeszick/Wienhues* Rn. 137 ff.
89 *Wolff/Bachof/Stober/Kluth* § 67 Rn. 71.
90 So *OLG Dresden* BeckRS 2015, 14848; BeckRS 2015, 14850; BeckRS 2015, 14851; *Kingreen* Jura (JK) 2016, 453 – Kinderbetreuungsplatzangebot.

Allerdings ist anerkannt, dass ein eigener Rechtsanspruch auf die Amtshandlung für die Drittbezogenheit nicht zwingend erforderlich ist, wenn die Auslegung der verletzten Norm ergibt, dass sie auch dem Schutz von Personen dient, die nicht selbst anspruchsberechtigt sind.[91]

Eine Besonderheit hinsichtlich des Drittbezuges der Amtspflicht bezüglich des geschützten Personenkreises besteht bei § 36 BauGB. Nach dieser Vorschrift ist bei der Erteilung einer Baugenehmigung durch den Landkreis als zuständiger Behörde das Einvernehmen der betroffenen kreisangehörigen Gemeinde einzuholen. Die frühere Rechtsprechung sah in der rechtswidrigen Verweigerung eines Einvernehmens der Gemeinde eine Amtspflichtverletzung. Zur Begründung wurde auf die Bindungswirkung dieser gemeindlichen Entscheidung, die ihrerseits in der gemeindlichen Planungshoheit beruhe, gegenüber der Baugenehmigungsbehörde verwiesen. Dadurch werde, wenn auch nur mittelbar, die Rechtstellung des Bauwilligen berührt, der dann seinerseits wegen der rechtswidrigen Versagung des Einvernehmens gegen die Gemeinde eine Amtspflichtverletzung geltend machen könne.[92] Die Rechtsprechung verneint nunmehr eine Amtspflichtverletzung, weil die Baugenehmigungsbehörde wegen des in § 36 Abs. 2 BauGB hinzugekommenen S. 3 eine umfassende Ersetzungsbefugnis hinsichtlich eines rechtswidrig verweigerten Einvernehmens habe.[93]

Der letzte Punkt der Ermittlung der Drittbezogenheit der Amtspflicht bezieht sich auf das **54**
von der Amtspflichtverletzung betroffene Rechtsgut. Die Amtspflichtverletzung gegenüber dem Geschädigten führt nicht automatisch zu einem Ausgleich des entstandenen Schadens. Vielmehr ist weiter zu prüfen, ob das gerade im Einzelfall berührte Interesse nach dem Zweck und der rechtlichen Bestimmung des Amtsgeschäfts geschützt werden soll.[94] Mit anderen Worten werden die Rechtsgüter des Geschädigten von der Amtspflicht nur insoweit erfasst, wie der konkrete Schutzzweck der Amtspflicht selbst reicht. Es kommt also darauf an, dass gerade der entstandene Schaden durch die Amtspflicht verhindert werden soll.

Beispiel A erwirbt von B ein Wiesengrundstück. Das Grundstück liegt am Stadtrand und seine nähere Umgebung ist frei von jeglicher Bebauung. B hatte zuvor einen Bauvorbescheid erhalten, wonach das Grundstück im Geltungsbereich eines Bebauungsplans liegt, der das Gebiet als reines Wohngebiet ausweist. Jedoch war der Bebauungsplan wegen fehlender Bekanntgabe ungültig, was der Baubehörde bekannt war.

Nach Ablauf der Geltungsdauer des Bauvorbescheides stellt A einen Bauantrag zur Errichtung eines Wohnhauses. Der Antrag wird abgelehnt, da die Errichtung eines Wohnhauses im Außenbereich unzulässig ist.

A macht einen Amtshaftungsanspruch wegen des unrichtigen Bauvorbescheides geltend, weil er im Vertrauen auf die Bebaubarkeit des Grundstücks einen höheren Kaufpreis bezahlt hatte.

Der Mitarbeiter der Baubehörde – Amtswalter – hat einen unrichtigen Bauvorbescheid erteilt und damit gegen die Amtspflicht zum rechtmäßigen Handeln verstoßen. Die ver-

---

91 *BGH* NJW 2017, 397; *Eifert* Jura (JK) 2017, 365; *Waldhoff* JuS 2017, 1043 f. – Kinderbetreuungsplatzangebot.

92 *BVerwGE* 22, 342, 345 ff.; UPR 1992, 234, 235; *BGHZ* 99, 262, 273; 118, 263, 265; NVwZ 2006, 117.

93 *BGH* MDR 2010, 1320 f. = *Ehlers* JK 5/11, BauGB § 36 I/14 mit kritischem Hinweis darauf, dass es sich bei dem Einvernehmen um ein Verwaltungsinternum handelt, von dem kein Drittbezug ausgehen könne. Vgl. zu dieser Thematik auch *Greim/Michl* Jura 2012, 373, 374 ff.

94 *BGHZ* 140, 380, 382; *Baldus/Grzeszick/Wienhues* Rn. 153 ff.

letzte Amtspflicht ist auch drittbezogen. Unter Anwendung der oben dargestellten drei Prüfungsschritte ergibt sich:

Die Amtspflicht zum rechtmäßigen Handeln hat das Ziel, die Gesetzmäßigkeit der Verwaltung zu gewährleisten. Kein Bürger soll rechtswidrigem Staatshandeln ausgesetzt sein. Sie ist damit generell drittschützend.

Im zweiten Schritt ist die Zugehörigkeit des A zum geschützten Personenkreis zu klären. Auf den ersten Blick gehört A nicht dazu, da nicht er, sondern B den Bauvorbescheid beantragt hatte. Im konkreten Verfahren zum Bauvorbescheid gehörte nur B als Verfahrensbeteiligter zum geschützten Personenkreis. Allerdings ist zu berücksichtigen, dass der Bauvorbescheid nicht personenbezogen erlassen wird. Vielmehr bezieht er sich auf das Grundstück selbst und ist deshalb objektbezogen. Aus diesem Umstand folgt, dass die Amtspflicht Wirkung auch zugunsten anderer Personen als des Antragstellers B entfalten kann. Damit ist nicht nur auf B Rücksicht zu nehmen. Potenzielle Käufer sind ebenso einzubeziehen, weil das Vorliegen eines Bauvorbescheides eine wirtschaftliche Funktion hat, konkret sich auf den Entschluss zum Erwerb und den Kaufpreis auswirkt. Ein bebaubares Grundstück ist schließlich besser verwertbar und teurer als ein nur als Wiesengrundstück nutzbares. Die wirtschaftliche Funktion eines Bauvorbescheides hat die Baubehörde mit zu beachten, da sie davon ausgehen muss, dass ein Bauvorbescheid einem Käufer vorgelegt wird. Auf den zweiten Blick schützt damit die verletzte Amtspflicht auch A.

Im dritten Schritt ist zu erörtern, ob der eingetretene Schaden (die Mehraufwendungen des A bei der Kaufpreiszahlung) im Schutzbereich der verletzten Amtspflicht (keine unrichtigen Bauvorbescheide zu erlassen) liegt. Bei dem im Vertrauen auf den Bauvorbescheid vorgenommenen Grundstückserwerb hat A einen überhöhten Kaufpreis bezahlt. Darin hat sich gerade die Gefahr verwirklicht, zu deren Abwehr die konkret verletzte Absicht unmittelbar dient. Aus diesen Gründen ist eine Drittbezogenheit der Amtspflicht zu bejahen.[95] ■

2. Sonderfall: Normatives Unrecht, insbesondere Bebauungspläne

55 Eine entscheidende Rolle spielt die Drittbezogenheit bei der Frage nach einer Amtshaftung aufgrund fehlerhafter Rechtsetzungsakte. Zu diesem Bereich zählen zum einen die Rechtsetzungsakte der förmlichen Gesetzgebung, sprich durch Parlamentsgesetze – legislatives Unrecht. Zum anderen gehören die Rechtsetzungsakte der Verwaltung selbst, Rechtsverordnungen und Satzungen als rein materielle Gesetze, aber auch der Erlass von Verwaltungsvorschriften dazu – normatives Unrecht.

56 Soweit es um förmliche Gesetze, Rechtsverordnungen, Satzungen außerhalb des Baurechts und um Verwaltungsvorschriften geht, ist nach der Rechtsprechung des *BGH* keine drittbezogene Amtspflicht anzunehmen. Bei dieser Art von Normen geht es durchweg um generelle und abstrakte Regelungen. Der Normgeber nimmt dabei ausschließlich Aufgaben der Allgemeinheit war. Eine Bezugnahme auf bestimmte Personen oder Personengruppen fehlt.[96]

95 Vgl. zur Fallkonstellation *BGH* NJW 1994, 130; zur Amtshaftung der Handwerkskammer wegen unrichtigen Gutachtens, *BGH* DVBl 2001, 811, dazu: *Ehlers* JK 3/02 GG Art. 34/22.

96 Für Rechtsverordnungen: *BGHZ* 56, 40, 46; 87, 321, 335; für Verwaltungsvorschriften: *BGHZ* 91, 243, 249 f.; für Waldschäden allgemein: *BGHZ* 102, 350, 367 f.; *BGHZ* 134, 30, 32; *Papier* in: MüKo, § 839 Rn. 260.

Die Literatur stimmt dem *BGH* teilweise zu.[97] Teilweise wird sie mit dem Hinweis abgelehnt, dass grundrechtsverletzende Normen einen Drittbezug zum Bürger auslösen, da Grundrechte unstreitig individualrechtsschützenden Charakter haben.[98] Trotz der Annahme eines Drittbezuges entfällt eine Amtshaftung jedoch wegen fehlenden Verschuldens bzw. Versäumung eines Rechtsmittels.[99] **57**

Soweit es sich um eine unterlassene Rechtsetzung handelt, ist eine Drittbezogenheit der Amtspflicht nur anzunehmen, wenn eine Rechtspflicht zur Rechtsetzung besteht. Eine derartige Pflicht ist grundsätzlich nicht gegeben, da der Normgeber hinsichtlich des Erlasses einer Regelung grundsätzlich ein Gestaltungsermessen hat.[100] **58**

Ausnahmsweise wird eine solche Rechtspflicht aber bejaht, wenn ein Verfassungsauftrag wie in Art. 6 Abs. 5 GG besteht oder eine Schutzpflicht des Staates aus den Grundrechten offensichtlich verletzt wird.[101] **59**

Bewegung ist in diese Diskussion über die Amtshaftung für legislatives Unrecht durch die Rechtsprechung des *EuGH* gekommen. Es geht dabei um die Nichtumsetzung von europarechtlichen Richtlinien in nationales Recht.[102] **60**

JURIQ-Klausurtipp

In einer Klausur können Sie beiden Ansichten mit entsprechender Argumentation folgen. Auf der sicheren Seite sind Sie mit der Rechtsprechung! In einer Prüfung kann die Ansicht der Rechtsprechung nicht als falsch gekennzeichnet werden. Denken Sie daran, wenn Sie der Gegenansicht zuneigen, dass der Amtshaftungsanspruch höchstwahrscheinlich an der Frage des Verschuldens bzw. der Versäumung eines Rechtsmittels scheitern wird.

Generell anerkannt ist die Drittbezogenheit der Amtspflicht im Rahmen des normativen Unrechts, wenn es um Einzelfall- bzw. Maßnahmegesetze geht.[103]

Hinweis

Da diese Konstellation äußerst selten, mehr theoretischer als praktischer Natur ist, spielt sie im Examen keine Rolle.

Ebenso anerkannt ist die Drittbezogenheit einer Amtspflichtverletzung bei dem Erlass von Bebauungsplänen.[104] Zur Begründung sind die Prüfungsschritte anzuwenden, mit denen die Drittbezogenheit ermittelt wird. **61**

97 *Ossenbühl/Cornils* S. 104 ff.; *Schwerdtfeger/Schwerdtfeger* Rn. 322.

98 *Maurer* § 26 Rn. 51; *Detterbeck/Windthorst/Sproll* § 9 Rn. 158; *Windthorst* JuS 1995, 895; *Papier* in: MüKo, § 839 Rn. 261 f.

99 So *Maurer* § 26 Rn. 51.

100 *Papier* in MüKo § 839 Rn. 261; *Windthorst* JuS 1995 895.

101 *BGHZ* 102, 350, 365 ff.

102 Hierzu *Papier* in: MüKo § 839 Rn. 261.

103 *BayObLG* NJW 1997, 1514 f.; *Peine* § 17 Rn. 1114 f.; *Ossenbühl/Cornils* S. 106 f.

104 Vgl. zu dieser Thematik die Kurzdarstellung bei *Greim/Michl* Jura 2012, 373, 376 f.

Im ersten Schritt ist wieder die generelle Drittbezogenheit der Amtspflicht festzustellen. Das ist für das Abwägungsgebot aus § 1 Abs. 7 BauGB der Fall, denn dort sind neben den Interessen der Allgemeinheit auch die Interessen Privater zu berücksichtigen.[105] Ein genereller Drittbezug wird auch z.B. im Hinblick auf die Wahrung gesunder Wohn- und Arbeitsverhältnisse angenommen, § 1 Abs. 6 Nr. 1 u. 7c BauGB. Das hat insbesondere zur Konsequenz, keine Altlastenflächen als Baugebiet auszuweisen.[106] Diese generelle Drittbezogenheit ist mittlerweile so klar anerkannt, dass sie seitens der Rechtsprechung nicht mehr besonders erörtert und begründet wird.[107]

62 Im zweiten Schritt lässt sich der von der generell drittbezogenen Amtspflicht erfasste Personenkreis über die im Plangebiet liegenden Grundstücke individualisieren. Die Rechtsprechung spricht diesbezüglich von einem Kreis Dritter, der in qualifizierter und zugleich individualisierter Weise hinsichtlich seiner schutzwürdigen Interessen betroffen ist.[108]

JURIQ-Klausurtipp

Sie merken an dieser Stelle die eindeutige Orientierung der Rechtsprechung an der Schutznormtheorie, die in Verbindung mit § 42 Abs. 2 VwGO entwickelt worden ist. Lassen Sie sich nicht durch die komplizierte Formulierung des *BGH* abschrecken. Fragen Sie sich nur, ob ein Dritter in dem Fall klagebefugt wäre.

» Wiederholen Sie die Voraussetzungen der Klagebefugnis, Möglichkeitstheorie, Adressatenformel, Schutznormtheorie. «

63 Soweit ein Schaden durch die Nichtberücksichtigung der privaten Belange bei § 1 Abs. 7 BauGB bzw. z.B. bei Beeinträchtigung gesunder Wohn- und Arbeitsverhältnisse vorliegt, § 1 Abs. 6 Nr. 1 u. 7c BauGB ist auch die letzte Voraussetzung der Drittbezogenheit erfüllt. Der Schutzzweck der Amtspflicht umfasst den eingetretenen Schaden.

Zu beachten ist dabei jedoch, dass die Behörde die Möglichkeit einer Heilung von Verfahrensfehlern haben muss. Damit stellt sich die Frage nach dem rechtmäßigen Alternativverhalten. Danach wird ein ersatzfähiger Schaden verneint, wenn der Schaden auch bei einem möglichen, rechtmäßigen Verwaltungshandeln entstanden wäre, also die Behörde bei rechtmäßigem Verfahren zu derselben Entscheidung hätten kommen müssen.[109] Das gilt auch, wenn Baugenehmigungsbehörde und die den Plan erlassende Gemeinde auseinanderfallen, wie es bei kleinen kreisangehörigen Gemeinden, die über keine eigene Baugenehmigungsbehörde verfügen, der Fall ist.[110]

64 Nicht einbezogen in den Drittbezug der Amtspflichtverletzung sind die Kreditgeber der Grundstückseigentümer, da ihnen gegenüber ein Bezug zu den Abwägungskriterien des § 1 Abs. 5–7 BauGB fehlt.[111]

Ebenso wenig erstreckt sich der Drittbezug der Amtspflicht auf die dem Gebiet, für das ein Bebauungsplan besteht, benachbarten Grundstücke. Das gilt sogar für Nachbargrundstücke innerhalb eines Bebauungsplans. Ein Drittbezug der Amtspflicht kann in diesen Fällen nur auf

105 *BGHZ* 84, 292, 302; *Papier* in: MüKo § 839 Rn. 262.
106 Dazu grundlegend *BGHZ* 106, 323, 325 ff.; 109, 380; 142, 259, 263 ff.
107 *Maurer* § 26, Rn. 53; *BGHZ* 142, 259, 265 f.
108 *BGHZ* 92, 34, 51 f. mit Hinweis auf *BVerwGE* 52, 122, 128 ff.
109 *BGH* DVBl. 2001, 1619, 1620.
110 *BGH* DVBl. 2004, 947, 948; krit. dazu: *Haaß* NJW-Spezial 2008, 396 f.
111 *Ossenbühl/Cornils* S. 69.

das jeweilige konkret betroffene Grundstück angenommen werden, nicht auf seine Umgebung, selbst wenn sie von den Auswirkungen betroffen ist.[112]

Beispiel Das Grundstück des A ist so stark belastet, dass es unbewohnbar ist. Das Nachbargrundstück des B ist selbst unbelastet, es wird aber durch die Auswirkungen vom Grundstück des A ebenfalls unbewohnbar. B macht nun einen Amtshaftungsanspruch geltend.

B wird in diesem Fall nicht vom Schutzbereich der Amtspflicht erfasst, denn diese bezieht sich nur auf die jeweils einzelnen Grundstücke, die unmittelbar betroffen sind. Die Amtspflicht ist also objektbezogen. Das Grundstück des B ist selbst aber unbelastet. Eine nur mittelbare Auswirkung einer Amtspflichtverletzung reicht nicht aus. B hat keinen Amtshaftungsanspruch. ■

JURIQ-Klausurtipp

Behalten Sie für die Klausurbearbeitung in Erinnerung: Grundsätzlich gibt es keine Amtshaftung für normatives Unrecht. Ausnahme und damit klausurrelevant ist der Bebauungsplan. Hier können drittbezogene Amtspflichten bestehen, die aber genau eingegrenzt und festgestellt werden müssen. Also keine allgemeinen Floskeln verwenden. Auch wenn dieser Punkt in der Rechtsprechung nicht weiter erörtert wird, will der Fallsteller von Ihnen die Herleitung der Drittbezogenheit der Amtspflicht wissen.

Dabei benutzen Sie die drei Schritte, um den Drittbezug zu ermitteln:

- generelle Drittbezogenheit der konkreten Amtspflicht,
- fällt der Anspruchsteller in den persönlichen Anspruchsbereich der Amtspflicht und
- will die Amtspflicht den Anspruchsteller gerade vor dem eingetretenen Schaden bewahren.

3. Sonderfall: Hoheitsträger als Dritter i.S.d. Amtshaftung

Eine Amtspflichtverletzung kann nicht nur Private, also Bürger und juristische Personen des Privatrechts schädigen. Denkbar ist auch, dass ein anderer Verwaltungsträger, also eine juristische Person des öffentlichen Rechts betroffen ist. 65

Voraussetzung ist, dass die verletzte Amtspflicht auch dem Schutz der Interessen des geschädigten Verwaltungsträgers dient. Weiterhin muss der Amtswalter dem Verwaltungsträger in gleicher Weise gegenüberstehen wie einem Bürger. Das bedeutet, dass zwischen den Beteiligten gegenläufige Interessen bestehen müssen. Eine derartige Konstellation ist im Bereich des Selbstverwaltungsrechts möglich, wenn sich Selbstverwaltungskörperschaft und Staatsaufsicht gegenüber stehen.[113] 66

112 *BGH* NJW 1990, 1038; dazu *Coester-Waltjen* JK 8/90 BGB § 839/3.
113 *BGHZ* 153, 198, 201 ff. = *Schoch* JK 9/03, GG Art. 34/25.

67 Handeln die beteiligten Verwaltungsträger jedoch, um eine gemeinsame Aufgabe zu erfüllen, fehlt es an diesem Interessengegensatz, der für die Amtshaftung notwendige Voraussetzung ist.[114]

Beispiel Die Bezirksregierung/Regierungspräsidium genehmigt als Kommunalaufsichtsbehörde die Finanzierung einer städtischen Sporthalle der kreisfreien Stadt K nach dem Leasingmodell, obwohl eine Kreditfinanzierung günstiger gewesen wäre. Eine Überprüfung des Landesrechnungshofs stellt diesen Sachverhalt fest. Nunmehr verlangt die Stadt K die durch das Leasingmodell entstandenen Mehrkosten als Schadensersatz aus Amtshaftung.[115]

Die rechtmäßige Ausübung der Kommunalaufsicht ist zunächst im öffentlichen Interesse. Allerdings umfasst sie auch die Pflicht, die Gemeinde vor rechtsfehlerhaftem Handeln zu bewahren. Eine Selbstschädigung der Gemeinde soll vermieden werden. Dazu zählt die Wahrung der finanziellen Leistungsfähigkeit der Gemeinde verbunden mit dem sparsamen Umgang der zur Verfügung stehenden Haushaltsmittel, vgl. z.B. § 75 Abs. 1 GO NRW, § 77 Abs. 2 GemO BW. Damit besteht eine generelle Drittbezogenheit der Amtspflicht.

Die Stadt K fällt auch in den persönlichen Anwendungsbereich der Amtspflicht und der eingetretene Schaden der höheren Finanzierungskosten sollte durch die Ausübung der Amtspflicht gerade verhindert werden. Damit wird der Schaden vom Schutzzweck der Amtspflicht erfasst.

Im Ergebnis liegt eine drittbezogene Amtspflichtverletzung vor und der Amtshaftungsanspruch ist bis dahin gegeben. ■

V. Verschulden

68 Die Amtshaftung nach § 839 BGB verlangt, dass der Amtswalter die drittbezogene Amtspflicht vorsätzlich oder fahrlässig verletzt hat. **Amtshaftung ist also Verschuldenshaftung** und unterscheidet sich durch dieses Merkmal grundsätzlich von den Ansprüchen auf Entschädigung und Wiederherstellung.

Hinweis

Erinnern Sie sich an die Differenzierung der Staatshaftung nach den vier großen Bereichen, s.o. Rn. 3.

1. Verschuldensmaßstab

69 Das Prinzip der Verschuldenshaftung beruht auf der Konstruktion des Amtshaftungsanspruches als deliktischer Tatbestand, da an die deliktische Eigenhaftung des Amtswalters angeknüpft wird. Art. 34 GG erwähnt zwar kein Verschuldenserfordernis lässt es deshalb aber nicht entfallen. Art. 34 GG leitet den gegen den Amtswalter gerichteten Anspruch nur auf den Staat über.

114 *BGHZ* 27, 201, 211; 60, 371, 372 f.; 116, 312, 315; 148, 139.
115 Vgl. Fallvorlage *BGHZ* 153, 198 ff.

Die Feststellung des Verschuldens erfolgt nach den Regeln des BGB. Sie muss konkret bezogen auf die Schuldform Vorsatz oder Fahrlässigkeit erfolgen, da sie sich auf die Anwendbarkeit der Haftungsbegrenzungen aus § 839 Abs. 1 S. 2 BGB – nur im Falle der Fahrlässigkeit – und § 839 Abs. 2 BGB – nur bei Vorsatz – auswirkt.

Anknüpfungspunkt ist die drittbezogene Amtspflichtverletzung, nicht der Schadenseintritt.[116]

Vorsatz bedeutet, dass sich der Amtswalter bewusst ist oder mindestens mit der Möglichkeit rechnet, dass er sich über eine Amtspflicht hinwegsetzt.[117] Der Amtswalter muss dabei das Bewusstsein haben, gegen eine Amtspflicht zu verstoßen. Irrt sich der Amtswalter, so entfällt das Bewusstsein der Rechtswidrigkeit und damit zugleich der Vorsatz.[118] **70**

Hinweis

Eine vorsätzliche Amtspflichtverletzung ist in der Praxis wie in der Klausur äußerst selten und dann ohne weiteres festzustellen.

Fahrlässig handelt der Amtswalter, der die übliche Sorgfalt nicht beachtet, § 276 Abs. 2 BGB. Maßstab ist dabei ein pflichtgetreuer Durchschnittsbeamter. Auf individuelle subjektive Kenntnisse und Fähigkeiten kommt es dabei nicht an.[119] Dieser Verschuldensmaßstab kann durch oder aufgrund eines Gesetzes eingeengt werden, z.B. auf grobe Fahrlässigkeit. Das ergibt sich aus Art. 34 S. 1 GG, wenn es heißt, dass der Staat grundsätzlich die Haftung bei einer Amtspflichtverletzung übernimmt. Damit wird nur eine Mindestgarantie der Amtshaftung vorgegeben, die eine inhaltliche Begrenzung dieses Instituts zulässt. Das Erfordernis eines förmlichen Gesetzes als Grundlage, um den Verschuldensmaßstab zu begrenzen, entspringt dem Prinzip des Gesetzesvorbehalts, Art. 20 Abs. 3 GG. **71**

Eine kommunale Satzung aufgrund des allgemeinen Satzungsrechts der Gemeinden erfüllt diese Voraussetzung nicht. Das Staatshaftungsrecht liegt außerhalb dieser Satzungsautonomie.[120] **72**

Hinweis

Vorsicht! Verwechseln Sie die Frage nach einer Modifizierung des Verschuldens bei der Amtshaftung nicht mit dem möglichen Haftungsausschluss im Rahmen öffentlich-rechtlicher Schuldverhältnisse.

Die in der Bestimmung der Fahrlässigkeit zu erkennende Tendenz der Objektivierung des Sorgfaltsmaßstabes wird über die Grundsätze der Entindividualisierung und des Organisationsverschuldens erweitert. **73**

116 *BGHZ* 34, 375, 381; *Wolff/Bachof/Stober/Kluth* § 67 Rn. 91; *Windthorst* JuS 1995, 896.
117 *Detterbeck/Windthorst/Sproll* § 9 Rn. 176.
118 *BGHZ* 34, 375, 381; 120, 176, 181; *Windthorst* JuS 1995, 896.
119 *Maurer* § 26 Rn. 24; *Ossenbühl/Cornils* S. 78.
120 *BGHZ* 61, 7, 14 für § 7 GO NRW; anders für Bayern: *BayVGH* BayVBl. 1985, 407, 408 wonach Art. 24 Abs. 1 Nr. 1 GO Bay Grundlage einer Haftungsbegrenzung sein kann.

Entindividualisierung heißt, dass der Name des verantwortlichen Amtswalters nicht konkret angegeben werden muss. Hierzu ist der geschädigte Bürger im Regelfall auch nicht in der Lage. Damit einher geht das Organisationsverschulden, wonach das Fehlverhalten des namentlich nicht bekannten verantwortlichen Amtswalters dem Verwaltungsträger zugerechnet wird.[121]

2. Sonderfall: Fehlerhafte Rechtsanwendung

74 Vor dem Hintergrund der Objektivierung kann sich ein Amtswalter nicht auf mangelnde Rechtskenntnisse berufen. Mangelhafte Gesetzeskenntnis oder Unkenntnis der höchstrichterlichen Rechtsprechung ist fahrlässig.[122]

75 Anders ist die Lage, wenn ungeklärte Zweifelsfragen zu lösen sind, und der Amtswalter nach sorgfältiger Prüfung zu einem vertretbaren Ergebnis gelangt, selbst wenn es durch die nachfolgende Rechtsprechung nicht bestätigt und sich dadurch als falsch erweist.[123]

76 Das Verhalten des amtspflichtwidrig handelnden Amtswalters stellt sich auch anders dar, wenn sein Verhalten durch ein Kollegialgericht als rechtmäßig beurteilt worden ist. Zur Begründung wird angeführt, dass ein einzelner Amtswalter nicht bessere Rechtskenntnis haben kann als ein mit mehreren Rechtskundigen besetztes Kollegialgericht.[124] Diese Auffassung hat die Rechtsprechung mittlerweile dahin korrigiert, dass der Billigung des amtspflichtwidrigen Verhaltens durch ein Kollegialgericht nur noch die Funktion einer Richtlinie zukommt.[125] Insbesondere findet sie keine Anwendung, wenn das Kollegialgericht in einem Eilverfahren entschieden hat.[126] oder bei seiner Entscheidung von einem falschen Sachverhalt ausgegangen ist, bzw. wesentliche rechtliche Aspekte übersehen hat.[127]

77 Die Literatur lehnt den Ansatz zum Teil grundsätzlich ab. Die Entschuldigung eines amtspflichtwidrigen Verhaltens über eine kollegialgerichtliche Entscheidung hat die merkwürdige Konsequenz, dass ein Rechtsmittel gegen diese Entscheidung von vorneherein aussichtslos ist.[128] Zu beachten ist zudem, dass die kollegialgerichtliche Entscheidung selbst rechtwidrig ist, wenn sie die Amtspflichtverletzung entschuldigt. Der geschädigte Bürger ist einer zweifachen Rechtswidrigkeit ausgesetzt und bleibt auf seinem Schaden sitzen.[129] Schließlich ist zu sehen, dass die kollegialgerichtliche Entscheidung als Entschuldigungsgrund für die Amtspflichtverletzung eine Ausnahme im Anwendungsbereich des § 839 BGB darstellt. Sie kann deshalb auch mit Blick auf Art. 20 Abs. 3 GG als unzulässige gesetzeskorrigierende richterliche Rechtsfortbildung angesehen werden.[130]

---

121 *BGHZ* 116, 312, 314 f.; *Detterbeck/Windthorst/Sproll* § 9 Rn. 178 f.; *Windthorst* JuS 1995, 897; *Maurer* § 26 Rn. 24; *Ossenbühl/Cornils* S. 79 f.

122 *BGHZ* 30, 19, 22; 119, 365, 369 f.; 139, 200, 203.

123 *BGHZ* 119, 365, 369 f.; *Maurer* § 26 Rn. 25; *Zippelius/Würtenberger* S. 387.

124 *BGHZ* 73, 161, 164; 117, 240, 250.

125 *BGHZ* 97, 97, 107; 120, 184.

126 *BGHZ* 115, 141, 150; 126, 386, 349 f.

127 *BGH* NVwZ-RR 2000, 746; *BGH* NVwZ 2002, 124; zum ganzen: *Ossenbühl/Cornils* S. 77; *Papier* in: MüKo § 839 Rn. 286 f.; *Baldus/Grzeszick/Wienhues* Rn. 173 f.

128 *Maurer* § 26 Rn. 25.

129 *Detterbeck/Windthorst/Sproll* § 9 Rn. 185.

130 *Windthorst* JuS 1995, 897.

JURIQ-Klausurtipp

Aufgrund der starken Einschränkung der Bedeutung, die eine kollegialrichterliche Entscheidung als Entschuldigungsgrund für eine Amtspflichtverletzung nunmehr hat, wird von Ihnen an diesem Punkt keine vertiefte Kenntnis erwartet. Im Ergebnis lehnen Sie sie ab und verweisen dabei auf die Rechtsprechung, die selbst nur noch von einer Leitlinie spricht. Das Verschulden des Amtswalters ist dann zu erörtern.

Ebenfalls vor dem Hintergrund der Objektivierung ist das amtspflichtwidrige Verhalten von Mitgliedern in kommunalen Vertretungskörperschaften, z.B. Gemeinderatsmitgliedern, zu beurteilen. 78

Zum einen ist der Geschädigte nicht verpflichtet, die Gemeinderatsmitglieder namentlich zu benennen, die für einen amtspflichtswidrigen Ratsbeschluss, z.B. Bebauungsplan, gestimmt haben. Zum anderen gilt kein milderer Sorgfaltsmaßstab. Der Einwand, Gemeinderatsmitglieder seien häufig keine Juristen und entschieden nach laienhaftem Ermessen, greift nicht durch. Fehlt eine notwendige Sachkunde für eine Entscheidung, so müssen die Gemeinderatsmitglieder sich zuvor von der Verwaltung oder auch von externen Sachverständigen beraten lassen.[131] Andernfalls wird das Schadensrisiko in unzumutbarer Weise auf den geschädigten Bürger verlagert.[132]

VI. Kausaler Schaden

Die Amtspflichtverletzung muss für den eingetreten Schaden ursächlich gewesen sein. 79

Ein Schaden ist jeder Nachteil, der an den Rechtsgüter des von der Amtspflichtverletzung betroffenen Bürgers eintritt. Das Kausalitätserfordernis ergibt sich aus § 839 Abs. 1 S. 1 Hs. 2 BGB mit dem Wort „daraus“. Die Ursächlichkeit der Amtspflichtverletzung für den Schaden wird danach bestimmt, welchen Verlauf die Dinge bei pflichtgemäßem Verhalten des Amtswalters genommen hätten und wie sich dann die Vermögenslage bei dem betroffenen Bürger dargestellt hätte.[133]

Im Baurecht ist die Besonderheit zu beachten, dass ein Verpflichtungsurteil zur Erteilung einer Baugenehmigung, das nicht umgesetzt wird, keinen kausalen Schaden zur Folge hat, wenn nach dem Verpflichtungsurteil der Bebauungsplan oder der Flächennutzungsplan zu Lasten des Bauwilligen geändert werden.[134] Nur die bereits erteilte Baugenehmigung schützt vor Rechtsänderungen, ansonsten geht die Planungshoheit der Gemeinde vor.[135]

Schwierigkeiten, die Kausalität festzustellen, können sich bei Verfahrensfehlern ergeben. Die 80
Ursächlichkeit ist zu verneinen, wenn auch bei Beachtung der Verfahrensvorschriften im Ergebnis die gleiche Entscheidung hätte getroffen werden müssen – rechtmäßiges Alternativverhalten.[136] Dieses Ergebnis lässt sich auch mit Blick auf § 46 VwVfG rechtfertigen.[137]

131 *BGHZ* 92, 34, 54; 106, 323, 328 ff.; 109, 380, 387 f.
132 *BGHZ* 106, 323, 330; *Maurer* § 26 Rn. 24.
133 *BGHZ* 96, 157, 171; 143, 362; *Maurer* § 26 Rn. 26.
134 *BGH* NVwZ 2008, 815 f.
135 *BVerwG* DVBl. 2008, 386, 388 = *Schoch* JK 7/08, VwGO § 113 I 1/23.
136 *BGHZ* 63, 319, 325; 143, 362, 363.
137 Vgl. *Maurer* § 26 Rn. 26.

81 Bei Ermessensfehlern ist der Amtspflichtverstoß nur dann für den Schaden kausal, wenn er bei ermessensfehlerfreier Entscheidung nicht entstanden wäre. Dies ist eindeutig, wenn eine Ermessensreduzierung auf Null gegeben ist. Besteht hingegen ein Ermessensspielraum, ist die Kausalität nur anzunehmen, wenn die Behörde den Schaden bei zutreffender Ermessensausübung mit an Sicherheit grenzender Wahrscheinlichkeit nicht verursacht hätte.[138]

Entsprechendes gilt für Amtspflichtverletzungen bei Unterlassen.[139]

JURIQ-Klausurtipp

Da bei Ermessensentscheidungen, soweit keine Ermessensreduzierung auf Null vorliegt, für die Annahme einer Kausalität sehr strenge Maßstäbe anzulegen sind, gilt für Sie, dass bei Ermessensentscheidungen grundsätzlich keine Kausalität zum Schaden gegeben ist.

VII. Haftungsausschluss und -beschränkungen

82 Wenn die Voraussetzungen für einen Amtshaftungsanspruch vorliegen, ist zu prüfen, ob der Anspruch beschränkt bzw. ausgeschlossen ist. Nicht gemeint ist an dieser Stelle der grundsätzliche Ausschluss einer auf den Staat übergeleiteten Amtshaftung durch andere Normen, die ihn verdrängen.[140] Hier geht es nur um die Begrenzungen, die sich aus § 839 BGB selbst ergeben.

1. Subsidiaritätsklausel – Verweisungsprivileg nach § 839 Abs. 1 S. 2 BGB

83 Nach § 839 Abs. 1 S. 2 BGB ist eine Haftung des Amtswalters ausgeschlossen, wenn er nur fahrlässig gehandelt hat und der Geschädigte auf andere Weise Ersatz zu erlangen vermag. Diese sog. **Subsidiaritätsklausel**, auch **Verweisungsprivileg** genannt, schließt die Entstehung eines Amtshaftungsanspruchs aus.[141] Infolge dessen kann auch nichts auf den Staat nach Art. 34 GG übergeleitet werden.

84 Die Subsidiaritätsklausel ist nur historisch zu erklären. Ursprünglich fungierte sie als Schutzbestimmung für den persönlich haftenden Beamten, der durch den Staat nicht entlastet wurde. Sie sollte eine drohende Haftung einschränken und so den Beamten nicht in seiner Entschlussfreude und Entscheidungskraft beeinträchtigen.[142] Durch die Haftungsüberleitung auf den Staat nach Art. 34 GG ist dieser Zweck für den Bereich des öffentlich-rechtlichen Verwaltungshandelns entfallen. Die Überleitung auf den Staat führt jetzt dazu, dass der Staat selbst in den Genuss der Subsidiaritätsklausel kommt und privilegiert wird. Die Rechtsprechung des *BGH* ist gleichwohl nicht soweit gegangen, die Subsidiaritätsklausel wegen Art. 34 GG generell nicht mehr anzuwenden, bzw. sie faktisch außer Kraft zu setzen. Die Streichung einer Rechtsnorm ist dem Gesetzgeber vorbehalten. § 839 Abs. 1 S. 2 BGB ist somit nach wie vor im Grundsatz anwendbar.[143]

138 *BGHZ* 129, 226; 146, 122, 128 ff.
139 *BGH* NVwZ 1994, 823, 825.
140 Siehe oben Rn. 17.
141 *BGHZ* 61, 351, 357 f.; 91, 48, 51.
142 *Ossenbühl/Cornils* S. 79; *Zippelius/Würtenberger* S. 387.
143 *Detterbeck/Windthorst/Sproll* § 10 Rn. 9; *Windthorst* JuS 1995, 993; *Wolff/Bachof/Stober/Kluth* § 67 Rn. 98.

Hinweis

Soweit keine Überleitung auf den Staat erfolgt, also der Beamte im privatrechtlichen Bereich handelt, hat § 839 Abs. 1 S. 2 BGB seinen Schutzzweck voll behalten.

Auch wenn die Subsidiaritätsklausel weiterhin zu beachten ist, so ist ihr Anwendungsbereich 85
doch sehr stark eingeschränkt.[144] Sie findet keine Anwendung,[145] wenn

- sich die anderweitige Ersatzmöglichkeit als Anspruch wiederum gegen einen Verwaltungsträger richtet.[146] In diesen Fällen macht die Subsidiaritätsklausel keinen Sinn, da immer die öffentliche Hand für den Schaden einzustehen hat – Einheit des Staates;
- sich die anderweitige Ersatzmöglichkeit als gesetzliche oder private Versicherungsleistung darstellt.[147] Hier hat der durch die Amtspflichtverletzung Geschädigte den anderweitigen Anspruch durch eigene Leistungen erworben, die durch die Subsidiaritätsklausel jetzt nicht dem Staat zugute kommen sollen. Auch verfolgt die Versicherungsleistung nicht das Ziel, staatliches Unrecht auszugleichen;
- es sich um eine Lohnfortzahlung handelt,[148] da sie Ausdruck der arbeitsrechtlichen Fürsorgepflicht ist;
- bei der dienstlich veranlassten Teilnahme am allgemeinen Straßenverkehr.[149] In diesen Fällen sind alle Verkehrsteilnehmer gleich zu behandeln und es besteht kein Raum für eine Besserstellung des Staates. Der Grundsatz der haftungsrechtlichen Gleichbehandlung, abgeleitet aus Art. 3 Abs. 1 GG, verdrängt hier die Subsidiaritätsklausel.[150] Das gilt aber nicht, wenn die Dienstfahrt unter Inanspruchnahme von Sonderrechten – Warnlicht/Sirene – nach § 35 Abs. 1 u. 6 StVO erfolgt. Das betrifft den Einsatz der Polizei und der Feuerwehr sowie von Straßenreinigungs- und Müllfahrzeugen;[151]
- die als hoheitliche Aufgabe übertragene Straßenverkehrssicherungspflicht vgl. § 9a StrWG NRW; Art. 72 BayStrWG verletzt wird.[152] Auch hier wird der Grundsatz der haftungsrechtlichen Gleichbehandlung herangezogen, da eine Nähe zum allgemeinen Straßenverkehr besteht. Die Straßenverkehrssicherungspflicht trifft zudem jeden, der eine Gefahrenlage geschaffen hat und verpflichtet ihn, drohende Schäden für Dritte abzuwenden.

JURIQ-Klausurtipp

Die Subsidiaritätsklausel bleibt für Sie interessant in den Fällen,

- wenn eine Dienstfahrt unter Gebrauch von Sonderrechten nach § 35 Abs. 1 u. 6 StVO erfolgt,
- auch im Bereich der polizeilichen Gefahrenabwehr,
- wenn weitere Privatpersonen an dem Schadensfall beteiligt sind, an die sich der von der Amtspflichtverletzung betroffene Bürger halten kann und
- der Beamte privatrechtlich tätig wird und deshalb persönlich haftet.

144 *Sprau* in: Palandt, § 839 Rn. 54; *Windthorst* JuS 1995, 994.
145 Vgl. zum Ganzen: *Papier* in: MüKo § 839 Rn. 307 ff.; *Maurer* § 26 Rn. 31.
146 *BGHZ* 13, 88, 101 ff.; 50, 271, 273; 62, 394, 396 f.; *BGH* NJW 2003 348, 355; *Ossenbühl/Cornils* S. 86.
147 *BGHZ* 70, 79 f.; 79, 26, 31 ff.; 79, 35, 36 f.; 85, 230, 233; 91, 48, 54.
148 *BGHZ* 62, 380, 383 f.
149 *BGHZ* 68, 217, 221 f.
150 *BGHZ* 68, 217, 220 f.; *Detterbeck/Windthorst/Sproll* § 10 Rn. 19; *Windthorst* JuS 1995, 995.
151 *BGHZ* 85, 225, 228 f.; 113, 164, 167 ff.; 148, 385, 387.
152 *BGHZ* 75, 134, 136 ff.; 118, 368, 371 f.; 123, 102, 104 f.

86 Liegt kein Fall der Unanwendbarkeit der Subsidiaritätsklausel vor, gilt § 839 Abs. 1 S. 2 BGB unter der Voraussetzung, dass der Amtswalter fahrlässig gehandelt hat, eine anderweitige Ersatzmöglichkeit besteht und diese schließlich auch durchsetzbar ist.

87 Die erste Voraussetzung ergibt sich als Ergebnis, wenn das Verschulden der Amtspflichtverletzung geprüft wird. Bei Vorsatz entfällt die Subsidiaritätsklausel.

88 Das zweite Element erfasst grundsätzlich alle vertraglichen und gesetzlichen Leistungsverpflichtungen, die der von der Amtspflichtverletzung Geschädigte gegenüber einem Dritten geltend machen kann[153] und nicht unter die oben genannten Fälle der Unanwendbarkeit der Subsidiaritätsklausel fallen.

89 Die dritte Bedingung ist erfüllt, wenn der anderweitige Ersatzanspruch in absehbarer Zeit in zumutbarer Weise tatsächlich durchgesetzt werden kann.[154] Die anderweitige Ersatzmöglichkeit scheitert z.B. wegen tatsächlicher bzw. rechtlich unklarer Rechtslage, Vermögenslosigkeit des Anspruchsgegners oder der Geschädigte die Voraussetzungen der anderweitigen Ersatzmöglichkeit nicht einschätzen kann.[155]

90 Rechtfolge der Annahme der Subsidiaritätsklausel ist, dass ein Amtshaftungsanspruch entfällt. Es kommt auch nicht zu einem Wiederaufleben der Eigenhaftung des Amtswalters, da der Tatbestand des § 839 Abs. 1 S. 1 BGB wegfällt und nicht nur die Haftungsüberleitung nach Art. 34 GG.

Beispiel Die Ampelanlage in der Stadt K ist defekt und zeigt für alle Fahrtrichtungen grün. Die Polizei unterlässt es aufgrund eines Versehens, Maßnahmen zur Gefahrenabwehr zu ergreifen – z.B. die Ampelanlage abzuschalten, bzw. Regelung des Verkehrs durch Handzeichen von Polizisten an Ort und Stelle. Daraufhin kommt es zu einen Verkehrsunfall zwischen A und B. B muss zur Behebung der Unfallfolgen 10 000 € aufwenden. B möchte außer der Kfz-Haftpflichtversicherung des A auch vom Land L aus Amtshaftung Ersatz seines Schadens verlangen, da die Polizei untätig geblieben ist.

Die Voraussetzungen eines Amtshaftungsanspruchs wegen der Untätigkeit der Polizei liegen vor. Problematisch ist, ob die Subsidiaritätsklausel des § 839 Abs. 1 S. 2 BGB eingreift.

Zunächst ist die Anwendbarkeit der Subsidiaritätsklausel zu klären. Hier liegt eine anderweitige Ersatzmöglichkeit vor, da B einen Anspruch gegen die Kfz-Haftpflichtversicherung des A hat. Die Kfz-Haftpflichtversicherung des A hat den Zweck, den Schaden des B zu regulieren. Die Fallgruppe, die die Subsidiaritätsklausel im Falle von Versicherungsleistungen entfallen lässt, betrifft Leistungen aus einer privaten oder gesetzlichen Versicherung, die der von der Amtspflichtverletzung Geschädigte selbst hat. Diese Leistung soll nicht dazu dienen, Schäden aufzufangen, die außerhalb des Leistungsverhältnisses durch Andere verursacht worden sind. Das heißt vorliegend, B hat gegen seine eigene Versicherung einen Anspruch, der nicht den durch das Verhalten der Polizei mitverursachten Schaden abdecken soll. Der obige Fall liegt indes etwas anders. B hat einen Anspruch gegen die Kfz-Haftpflichtversicherung des A, nicht gegen seine eigene! Die Kfz-Haftpflichtversicherung des A ist aber gerade dafür da, den von A gegenüber B verursachten

153 *BGHZ* 62, 380, 385; *Sprau* in: Palandt, § 839 Rn. 58.
154 *BGHZ* 120, 124, 126 ff.
155 Zum Ganzen: *Papier* in: MüKo § 839 Rn. 314.

Schaden zu übernehmen. Damit wird ein Ausgleich im Verhältnis zwischen Schädiger und Geschädigtem vorgenommen. Ein Ausschluss des Amtshaftungsanspruchs über die Subsidiaritätsklausel ist gegeben.

Die Voraussetzungen des § 839 Abs. 1 S. 2 BGB sind im Übrigen zu bejahen. Die Polizei bzw. ihre Bediensteten haben durch ihr Unterlassen fahrlässig gehandelt. Der Anspruch gegen die Kfz-Haftpflichtversicherung des A besteht und ist auch durchsetzbar. Ein Amtshaftungsanspruch gegen das Land L scheitert an der Subsidiaritätsklausel, weil B gegen die Kfz-Haftpflichtversicherung des A einen Anspruch als anderweitige Ersatzmöglichkeit hat.[156] ■

2. Richterspruchprivileg nach § 839 Abs. 2 BGB

Handelt es sich um richterliche Tätigkeit, so unterfällt sie dem Merkmal „Ausübung eines öffentlichen Amtes" i.S.d. Amtshaftungsanspruchs. Der Richter ist im Fall einer Amtspflichtverletzung nur dann verantwortlich, wenn die Pflichtverletzung in einer Straftat besteht. Als Straftaten, die allein in Betracht kommen, sind die Rechtsbeugung, § 339 StGB, und die Richterbestechlichkeit, § 332 Abs. 2 StGB, zu nennen. Da beide Taten vorsätzliches Handeln verlangen, scheidet ein Amtshaftungsanspruch wegen eines fahrlässig falschen Urteils aus. **91**

Der Sinn des Richterspruchprivilegs wird zum Teil im Schutz der richterlichen Unabhängigkeit, überwiegend aber im Schutz der Rechtskraft staatlicher Urteile vor einer erneuten Sachprüfung gesehen. Es soll verhindert werden, dass derjenige, der einen Prozess verliert, über ein Verfahren zur Amtshaftung die nochmalige Überprüfung eines rechtskräftig abgeschlossenen Verfahrens erreicht. In einem Amtshaftungsverfahren müsste die Entscheidung des Gerichts erneut geprüft werden, um einen Amtspflichtverstoß überhaupt feststellen zu können.[157] Das gilt auch für Beisitzer, Schöffen und ehrenamtliche Richter.[158]

Erfasst werden mit dem Merkmal „Urteil" in § 839 Abs. 2 BGB alle gerichtlichen Entscheidungen, die in Rechtskraft erwachsen können.[159] Neben Urteilen fallen darunter u.a. Beschlüsse, § 91a ZPO, nicht aber Beschlüsse über Haftbefehle, Durchsuchungsanordnungen oder im vorläufigen Rechtsschutzverfahren, §§ 916, 935, 940 ZPO oder §§ 80, 80a, 123 VwGO.[160] **92**

Wenn kein Urteil oder eine vergleichbare Entscheidung i.S.d. § 839 Abs. 2 BGB vorliegt, greift auch für Richter die Amtshaftung nach den allgemeinen Regeln ein, also auch im Falle einer fahrlässigen Amtspflichtverletzung des Richters. Die Rechtsprechung des *BGH* vertritt hierbei die Ansicht, dass aufgrund des Grundsatzes der richterlichen Unabhängigkeit eine Haftungsbeschränkung des Richters auf Vorsatz und grobe Fahrlässigkeit zu erfolgen hat.[161] Da diese Auffassung keine Stütze im Gesetzestext des § 839 BGB hat, ist sie abzulehnen.[162]

Schließlich ist zu beachten, dass das Haftungsprivileg des § 839 Abs. 2 BGB nicht nur bei einer Amtspflichtverletzung durch ein Urteil eingreift, sondern „bei" einem Urteil. Damit wird **93**

156 Zum Fall vgl. *BGHZ* 91, 48 ff., 54.

157 Vgl. *BGHZ* 50, 14, 19 f.; 64, 347, 349; *Maurer* § 26 Rn. 50; *Detterbeck/Windthorst/Sproll* § 10 Rn. 38 f.; *Windthorst* JuS 1995, 995.

158 *Sprau* in: Palandt, § 839 Rn. 67.

159 *BGHZ* 155, 306, 308; *Sprau* in Palandt § 839 Rn. 68 f.

160 *BGHZ* 10, 55, 60; vgl. auch *Papier* in: MüKo § 839 Rn. 321; *Baldus/Grzeszick/Wienhues* Rn. 196, 198.

161 *BGHZ* 155, 306, 309 f.

162 So *Maurer* § 26 Rn. 50.

das der eigentlichen Entscheidung vorausgehende Verfahren mit einbezogen. Jedoch ist wiederum § 839 Abs. 2 S. 2 BGB zu sehen, der eine Haftungseinschränkung für bestimmte Verfahrenshandlungen schafft.

94 Zwischen der Amtspflichtverletzung bei einem Urteil und dem eingetretenen Schaden muss ein Kausalzusammenhang bestehen.[163]

3. Versäumung von Rechtsmitteln

95 Nach § 839 Abs. 3 BGB entfällt ein Amtshaftungsanspruch, wenn der Geschädigte es unterlassen hat, den Schaden durch Einlegung eines Rechtsmittels abzuwenden.

Ursprünglich hatte die Regelung des § 839 Abs. 3 BGB den Grund, den leistungsschwachen Beamten zu schützen. Dieser Grund ist mit der Haftungsüberleitung auf den Staat nach Art. 34 GG weggefallen.[164] Mittlerweile wird der Grund für diese Haftungsbeschränkung in einer Konkretisierung und Verschärfung des Gedankens des Mitverschuldens, § 254 BGB, bzw. des Grundsatzes von Treu und Glauben[165] gesehen.[166] Darüber hinaus drückt diese Regelung den Vorrang des Primärrechtsschutzes aus.[167]

Hinweis

Denken Sie daran: Primärrechtsschutz heißt, den rechtswidrigen hoheitlichen Eingriff durch Rechtsbehelfe bzw. -mittel abzuwehren. Ziel ist die Beseitigung der rechtswidrigen Maßnahme und damit die Wiederherstellung eines rechtmäßigen, dem Gesetz entsprechenden Zustandes. Der Sekundärrechtsschutz duldet den rechtswidrigen Zustand und verfolgt das Ziel, diesen rechtswidrigen Zustand durch Schadensersatz bzw. Entschädigung auszugleichen.

Bitte prägen Sie sich ein, im gesamten Staatshaftungsrecht gilt der Grundsatz vom Vorrang des Primärrechtsschutzes vor dem Sekundärrechtsschutz. Es gibt zwischen diesen beiden Möglichkeiten kein Wahlrecht.[168] Also kein „dulde und liquidiere"!

» Machen Sie sich noch einmal bei der Gelegenheit klar, welche primären Rechtsschutzmöglichkeiten es gibt (Klagearten der VwGO). «

96 Rechtsmittel i.S.d. § 839 Abs. 3 BGB sind alle Rechtsbehelfe, die sich gegen die Amtspflichtverletzung wenden oder die Abwendung des Schadens zum Ziel haben.[169] Der Begriff umfasst neben den förmlichen auch die formlosen Rechtsbehelfe, Widerspruch, § 68 VwGO – soweit er noch nicht durch landesrechtliche Regelungen entfallen ist, z.B. § 6 AGVwGO NRW –, grundsätzlich alle Klagen nach der VwGO, Anträge im Eilverfahren, §§ 80 Abs. 5, 123 VwGO, sowie daneben Petitionen, Gegenvorstellungen und Dienstaufsichtsbeschwerden.[170] Nicht dazu gehören die Folgenbeseitigungsklage[171] und die Verfassungsbeschwerde.[172]

---

163 *Ossenbühl/Cornils* S. 103 f.
164 *Peine* § 17 Rn. 1131.
165 *BGHZ* 56, 57, 63.
166 *Maurer* § 26 Rn. 32.
167 *BGH* NJW 1991, 1168, 1170; *Detterbeck/Windthorst/Sproll* § 10 Rn. 49; *Windthorst* JuS 1995, 995.
168 *BGHZ* 98, 85, 88; 113, 17, 22; 117, 287, 293.
169 *BGHZ* 123, 1, 7; *BGH* NVwZ 2002, 373.
170 Vgl. *Peine* § 17 Rn. 1130; *Sprau* in: Palandt, § 839, Rn. 73a; ablehnend hinsichtlich Gegenvorstellung und Dienstaufsichtsbeschwerde *Maurer* § 26 Rn. 32.
171 *Detterbeck/Windthorst/Sproll* § 10 Rn. 58.
172 *BGHZ* 30, 19, 28.

Das Versäumnis, ein Rechtsmittel einzulegen, muss schuldhaft, zumindest fahrlässig sein. Davon ist auszugehen, wenn aus der Sicht des Geschädigten Anlass dazu bestand, vom Vorliegen einer Amtspflichtverletzung auszugehen. Das ihm hierzu möglicherweise die erforderlichen Rechtskenntnisse fehlen, steht der Annahme eines Verschuldens nicht entgegen.[173] Der Geschädigte muss im Zweifelsfall rechtskundige Beratung in Anspruch nehmen.[174] Ein Verschulden der dabei herangezogenen Personen – Rechtsanwälte – ist dem Geschädigten unter den Voraussetzungen des § 278 BGB zuzurechnen. Die hierfür erforderlichen Sonderverbindung ergibt sich aus der in § 839 Abs. 3 BGB enthaltenen Schadensminimierungspflicht.[175] Wird aber die Einlegung eines Rechtsmittels versäumt, weil der Geschädigte sich auf Aussagen und Erklärungen des Amtswalters verlässt, so ist das grundsätzlich nicht zu beanstanden, sprich die Beschränkung des § 839 Abs. 3 BGB greift nicht ein.[176] 97

Schließlich muss für eine Haftungsbegrenzung nach § 839 Abs. 3 BGB eine Kausalität zwischen der Versäumung der Einlegung eines Rechtsmittels und dem eingetretenen Schaden vorliegen. Es ist unter Zugrundelegung eines hypothetischen Geschehensablaufs zu prüfen, wie sich die Dinge entwickelt hätten, wenn ein im konkreten Fall zur Verfügung stehendes Rechtsmittel eingelegt worden wäre. Die Ursächlichkeit ist damit dann gegeben, wenn die Nichteinlegung des Rechtsmittels kausal für den Schadenseintritt war, weil dieses versäumte Rechtsmittel tatsächlich Erfolg gehabt hätte.[177] Die Folge ist, dass der Amtshaftungsanspruch dann entfällt. 98

4. Mitverschulden § 254 BGB

Die Amtshaftung ist verschuldensabhängig. Damit kann in ihrem Bereich § 254 BGB angewandt werden, soweit nicht § 839 Abs. 3 BGB schon den Anspruch auf Amtshaftung ausgeschlossen hat.[178] 99

Das Mitverschulden kann sich sowohl auf die Schadensentstehung, § 254 Abs. 1 BGB, als auch auf die Schadensminderung, § 254 Abs. 2 BGB, beziehen. Der Umfang des Mitverschuldens kann bis zum völligen Wegfall des Amtshaftungsanspruchs führen.[179]

Wann ein Mitverschulden anzunehmen ist, hängt vom Sorgfaltsmaßstab ab. Es gilt der allgemeine Grundsatz, dass der durch die Amtspflichtverletzung Geschädigte diejenige Sorgfalt zu wahren hat, die ein ordentlicher und verständiger Mensch anzuwenden pflegt, um einen Schaden zu vermeiden.[180] 100

VIII. Verjährung

Für Amtshaftungsansprüche gilt die dreijährige Verjährungsfrist nach § 195 BGB. 101

Die Verjährung beginnt nach § 199 Abs. 1 BGB mit Schluss des Jahres, in dem der Geschädigte von den zugrundeliegenden Tatsachen Kenntnis erlangt hat oder hätte erlangen müs-

173 *Wolff/Bachof/Stober/Kluth* § 67 Rn. 115.
174 *Papier* in: MüKo § 839 Rn. 330.
175 *BGHZ* 97, 97, 101; 123, 1, 12 f.
176 *BGHZ* 130, 332; *Sprau* in: Palandt, § 839 Rn. 71.
177 *BGH* NJW 1986, 1924, 1925; *Wolff/Bachof/Stober/Kluth* § 67 Rn. 114.
178 *BVerfG* NJW 2003, 125 ff.
179 *BGHZ* 68, 142, 151; 108, 224, 230; *Wolff/Bachof/Stober/Kluth* § 67 Rn. 107.
180 *BGH* NJW 1987, 2664, 2666; *Ossenbühl/Cornils* S. 90 f.

sen. Kommt eine fahrlässige Pflichtverletzung in Betracht, ist weitere Voraussetzung, dass der Geschädigte eine anderweitige Ersatzmöglichkeit ausschließen kann.[181]

102 Ohne Rücksicht auf diese Kenntnisse verjähren die Ansprüche wegen Verletzung von Leben, Körper, Gesundheit und Freiheit gemäß § 199 Abs. 2 BGB innerhalb von 30 Jahren.

103 Sonstige Amtshaftungsansprüche verjähren ohne Rücksicht auf ihre Kenntnis nach 10 Jahren ab Entstehung. Ohne Rücksicht auf ihre Entstehung und Kenntnis verjähren sie nach dreißig Jahren, § 199 Abs. 3 BGB.

104 Eine Amtshaftungsklage hemmt die Verjährungsfrist nach § 204 Abs. 1 Nr. 1 BGB. Das gilt auch für die Einlegung eines Widerspruchs, soweit er überhaupt nach geltender Rechtslage noch zulässig ist, vgl. z.B. § 110 JustG NRW, und für verwaltungsgerichtliche Klagen gegen die Maßnahme, an die die Amtspflichtverletzung anknüpft.

C. Inhalt und Umfang des Anspruchs

105 Der Inhalt des Amtshaftungsanspruchs ist auf Ersatz des durch die Amtspflichtverletzung verursachten Schadens gerichtet. Art und Umfang beurteilen sich nach den allgemeinen Regelungen des BGB, §§ 249–255.

106 Allerdings besteht eine wichtige Ausnahme, die aus der Konstruktion der Amtshaftung herrührt. Sie knüpft an die persönliche Haftung des Amtswalters an, die sodann auf den Staat übergeleitet wird. Daraus folgt, dass Schadensersatz nur so geleistet werden kann, wie es der Amtswalter als Privater – persönlicher Schuldner – selbst könnte. Infolgedessen scheidet die Vornahme von Amtshandlungen als Schadensersatz aus, da der Amtswalter gerade das als Privater nicht leisten kann. Deshalb ist bei einem **Amtshaftungsanspruch grundsätzlich nur Schadensersatz in Geld** möglich.[182]

Hinweis

Aus dem Grundsatz, dass Schadensersatz nur in Geld geleistet wird, erschließt sich für Sie: Geht es um den Widerruf amtlicher, ehrverletzender oder rufschädigender Äußerungen, so kann das Ziel eines Widerrufs dieser Äußerung nur mit einem Folgenbeseitigungsanspruch erreicht werden. Ein Widerruf im Wege eines Schadensersatzes im Rahmen der Amtshaftung scheidet dagegen aus.

107 Der Umfang des Schadensersatzes ergibt sich aus einem rechnerischen Vergleich zwischen der durch die Amtspflichtverletzung eingetretenen Vermögenslage mit der vorher bestehenden – sog. Differenzmethode.[183] Dabei ist aber zu beachten, dass der Umfang des Schadens nur soweit berücksichtigt wird, wie er in den Schutzbereich der verletzten Amtspflicht fällt.[184]

181 *BGHZ* 121, 65, 71.

182 *BGHZ* 34, 99, 105 f.; 78, 274, 276; 121, 367, 374; *Wittreck/Wagner* Jura 2013, 1211, 1219.

183 *Peine* § 17 Rn. 1136.

184 *BGHZ* 98, 212, 217; 117, 363, 367.

Der Schadensersatz besteht mithin in dem **Geldbetrag**, der erforderlich ist, um den Zustand herzustellen, wie er ohne die Amtspflichtverletzung bestünde. Er umfasst deshalb auch den entgangenen Gewinn. Schmerzensgeld kann über § 253 Abs. 2 BGB auch zum auszugleichenden Schaden gehören.[185]

D. Prozessuale Fragen

I. Anspruchsgegner

Anspruchsgegner ist nach Art. 34 S. 1 GG grundsätzlich der Staat bzw. die Körperschaft, für die der Amtswalter tätig ist. **108**

Damit ist festzustellen, wer konkret der richtige Anspruchsgegner ist.

Auszugehen ist von den Begriffen Staat und Körperschaft sowie von der Überleitungsfunktion des Art. 34 GG für Amtspflichtverletzungen nach § 839 BGB. Daraus ergibt sich, dass als Anspruchsgegner nur ein Hoheitsträger in Betracht kommt. Dass sind der Staat und die juristischen Personen des öffentlichen Rechts.[186]

Natürliche Personen und juristische Personen des Privatrechts kommen hingegen nicht als Anspruchsgegner in Frage.[187]

Die Zuordnung der Amtspflichtverletzung erfolgt danach, in wessen Dienst der Amtswalter steht. **109**

Nach der Anvertrauenstheorie haftet derjenige, der dem Amtswalter die Aufgaben übertragen hat, bei deren Erfüllung die Amtspflichtverletzung begangen wurde.[188] Das heißt, der Rechtsträger haftet, dessen Behörde bzw. Stelle (und über sie damit der konkret tätige Amtswalter) die Amtspflichtverletzung zu vertreten hat.

JURIQ-Klausurtipp

Die Anvertrauenstheorie ist absolut herrschend, so dass Sie die übrigen Theorien nicht kennen müssen. In der Klausur reicht es aus, die Anvertrauenstheorie als die vom *BGH* vertretene Auffassung zu nennen.

II. Rechtsweg

Der Amtshaftungsanspruch ist nach Art. 34 S. 3 GG vor den ordentlichen Gerichten geltend zu machen. Sachlich zuständig ist gemäß § 71 Abs. 2 Nr. 2 GVG in erster Instanz unabhängig vom Streitwert das Landgericht. **110**

185 *Maurer* § 26 Rn. 39.

186 *Maurer* § 26 Rn. 40.

187 *BGHZ* 122, 85 ff.

188 *BGHZ* 53, 217, 219; 77, 11, 15; 99, 326, 330; *Maurer* § 26 Rn. 42; hinsichtlich anderer Konstruktionen – Anstellungs- und Funktionstheorie – vgl. *Ossenbühl/Cornils* S. 112 ff.; *Wittreck/Wagner* Jura 2013, 1211, 1223 ff.

111 Wegen der Regelung des Art. 34 S. 3 GG darf ein Verwaltungsgericht nicht über einen Amtshaftungsanspruch entscheiden. Das gilt selbst dann, wenn in der gleichen Angelegenheit über einen Folgenbeseitigungsanspruch, für den der Rechtsweg zum Verwaltungsgericht nach § 40 Abs. 1 VwGO eröffnet ist, zu entscheiden ist. Dies ergibt sich auch aus § 17 Abs. 2 S. 2 GVG. Die Folge ist, dass in diesem Fall eine Doppelspurigkeit des Rechtsweges auftreten kann.[189] § 17 Abs. 2 S. 1 GVG gibt aber vor, dass das angerufene Gericht des zulässigen Rechtsweges den Rechtsstreit unter allen in Betracht kommenden rechtlichen Gesichtspunkten entscheidet. Da der Amtshaftungsanspruch vor den ordentlichen Gerichten zu klären ist, ist ein gleichzeitig sich ergebender Folgenbeseitigungsanspruch ebenfalls dort zu prüfen.

Eine Doppelspurigkeit kann somit vermieden werden.

III. Konkurrenzen

112 Der Amtshaftungsanspruch ist eine abschließende Haftung nach Deliktsrecht. Er schließt eine persönliche Haftung des Amtswalters aus, soweit er hoheitlich tätig geworden ist. Wegen der Überleitung der Haftung nach Art. 34 GG auf den Staat können auch gegen den Staat keine anderen Ansprüche aus Delikt, z.B. § 831 BGB, geltend gemacht werden.

113 Alle übrigen Schadensersatz- und Entschädigungsansprüche können neben § 839 BGB i.V.m. Art. 34 GG geltend gemacht werden, insbesondere wegen enteignungsgleichem bzw. aufopferungsgleichem Eingriff, aus öffentlich-rechtlichen Schuldverhältnissen und öffentlich-rechtlichen Verträgen, sowie aus Gefährdungshaftung.[190]

E. Exkurs: Haftung öffentlich Bediensteter bei privatrechtlicher Betätigung

114 Der Amtshaftungsanspruch nach § 839 BGB i.V.m. Art. 34 GG deckt nur das hoheitliche Handeln eines Amtswalters ab. Jedoch kann ein **öffentlich Bediensteter** auch **im privatrechtlichen Bereich** handeln.

I. Anwendungsbereich

115 Gemeint ist damit der Bereich der staatlichen Verwaltung, der sich nach den Vorschriften des Privatrechts gestaltet. Dazu gehört das Beschaffungswesen – z.B. Kauf von Einrichtungs- und Ausstattungsgegenständen wie Tisch, Stuhl, PC oder Kfz bis hin zum Toilettenpapier – die Auftragsvergabe nach Werk- und Dienstvertragsrecht aber auch die erwerbswirtschaftliche Betätigung der Verwaltung selbst.

II. Beamtenhaftung

116 Bei diesen von Art. 34 GG nicht erfassten Tätigkeiten haftet der Beamte selbst nach § 839 Abs. 1 BGB. Der Begriff „Beamter" ist jetzt im statusrechtlichen Sinne zu verstehen. Beamter

189 *Peine* § 17 Rn. 1143; *Maurer* § 26 Rn. 47.

190 Vgl. zum Ganzen: *Maurer* § 26 Rn. 45 f.

ist also nur derjenige, der durch Ernennungsurkunde Beamter geworden ist. Der Beamte kann sich auf die Subsidiaritätsklausel des § 839 Abs. 1 S. 2 BGB berufen, da sie mangels einer Haftungsübernahme des Staates in den Fällen der Eigenhaftung des Beamten nach wie vor ihren Sinn hat.[191]

Eine anderweitige Ersatzmöglichkeit ist hier ein Anspruch gegen den Staat selbst.

Der Staat, für den der Beamte tätig wird, haftet daneben zusätzlich aus § 831 BGB einschließlich der Möglichkeit, sich zu exkulpieren. Bei leitenden Beamten mit Organstellung haftet der Staat nach §§ 823, 31, 89 BGB.

III. Haftung für sonstige Bedienstete

Soweit Angestellte und Arbeiter des öffentlichen Dienstes privatrechtlich für den Staat tätig **117**
werden, findet § 839 BGB keine Anwendung, da sie gerade nicht unter den statusrechtlichen Beamtenbegriff fallen. Angestellte und Arbeiter des öffentlichen Dienstes haften direkt nach § 823 BGB. Eine Subsidiaritätsklausel besteht in diesen Fällen nicht, so dass die sonstigen Bediensteten und der Staat nebeneinander haften.

Der Staat haftet selbst über § 831 BGB einschließlich der Entlastungsmöglichkeit und wenn es sich bei den Angestellten und Arbeitern des öffentlichen Dienstes ausnahmsweise um leitende Angestellte mit Leitungs- bzw. Organfunktion handelt nach §§ 823, 31, 89 BGB.

F. Übersicht zur Haftung eines Amtswalters hinsichtlich seiner hoheitlichen bzw. privatrechtlichen Tätigkeit[192]

118

	Tätigwerden im			
	hoheitlichen Bereich durch		privatrechtlichen Bereich durch	
	Beamte	sonstige Bedienstete	Beamte	sonstige Bedienstete
Haftung des Staates	§ 839 BGB i.V.m. Art. 34 GG	§ 839 BGB i.V.m. Art. 34 GG	§§ 823, 31, 89 oder § 831 BGB	§§ 823, 31, 89 oder § 831 BGB
Haftung des Amtswalters	–	–	§ 839 BGB mit Verweisungsmöglichkeit auf den Staat	§ 823 BGB

191 *BGHZ* 89, 263, 273 f.; 147, 381, 391 ff.
192 Schema nach *Maurer* § 26 Rn. 65.

G. Übungsfall Nr. 1

119 „Abgeschleppt mit Schaden“

A parkt sein Kfz im absoluten Halteverbot. Das Fahrzeug wird deshalb von der privaten Abschleppfirma U im Auftrag der Stadt K abgeschleppt.

Als A sein Fahrzeug nach drei Tagen abholt, stellt er zwei Beschädigungen fest.

Zum einen ist die vordere linke Felge eingedellt. Der Schaden beläuft sich auf 300 €. Zum anderen befindet sich an der rechten Seitentür ein langer Kratzer. Dieser Schaden beträgt 500 €.

A findet heraus, dass der Schaden an der Felge entstanden ist, weil ein Mitarbeiter der U unachtsam war, als das Fahrzeug auf das Abschleppfahrzeug aufgeladen wurde.

Der Schaden an der Seitentür ist nach Angaben der U während der Zeit entstanden, als das Fahrzeug auf dem Parkplatz der Firma U gestanden hat. Dieser Platz ist für jedermann zugänglich, und es könne deshalb nicht ausgeschlossen werden, dass Unbekannte das Kfz mutwillig beschädigt hätten.

A hat die beiden Schäden zwischenzeitlich reparieren lassen.

A wendet sich an die Stadt K, um den Schaden ersetzt zu bekommen. Die Stadt K lehnte das Begehren des A mit dem Hinweis auf die Firma U ab. U müsse den Schaden vorrangig ersetzen.

U wiederum, von A mit der gleichen Forderung konfrontiert, verweist auf die Stadt K, da U für diese tätig geworden ist.

A fragt nun Rechtsanwalt R nach den Möglichkeiten, den Schaden ersetzt zu bekommen.

120 Lösung

A. Materiell-rechtliche Lage

In Betracht kommen Ansprüche des A gegen die Firma U und die Stadt K.

JURIQ-Klausurtipp

In der vorliegenden Fallgestaltung ist es angezeigt, zuerst die materiellen Ansprüche zu prüfen. Nur wenn solche bestehen, stellt sich die Frage nach dem verfahrensrechtlichen Vorgehen.

Beginnen Sie in staatshaftungsrechtlichen Klausuren immer mit Ansprüchen gegen die öffentlich-rechtliche Körperschaft, wenn zugleich eine Person des Privatrechts haften könnte.

Der Grund dafür liegt in der Struktur des Staatshaftungsrechts. § 839 Abs. 1 S. 1 BGB ist der eigentliche Haftungstatbestand, der sich jedoch nicht gegen den Staat, sondern gegen den Beamten im haftungsrechtlichen Sinne richtet. Art. 34 GG ist keine eigenständige Anspruchsgrundlage, sondern leitet die Haftung nur auf den Staat über, soweit die Voraussetzungen einer Amtshaftung vorliegen. Die Folge ist, dass mit der Überleitung zugleich die persönliche Haftung des Beamten entfällt.

I. Ansprüche gegen die Stadt K

1. § 280 Abs. 1 S. 1 BGB analog

A könnte gegen die Stadt K einen Anspruch auf Schadensersatz aus einer analogen Anwendung von § 280 Abs. 1 S. 1 BGB haben.

a) Anwendbarkeit

Die Schadensersatznorm des § 280 BGB und die das Vertretenmüssen regelnden §§ 276, 278 BGB gelten auch innerhalb öffentlich-rechtlicher Rechtsverhältnisse, soweit diese schuldrechtsähnliche Leistungsbeziehungen begründen und die Eigenart des Öffentlichen Rechts dem nicht entgegensteht.

b) Öffentlich-rechtliches Schuldverhältnis

Voraussetzung für eine Haftung aus § 280 Abs. 1 S. 1 BGB analog ist das Bestehen eines öffentlich-rechtlichen Schuldverhältnisses. Die öffentlich-rechtliche Verwahrung ist als ein solches Schuldverhältnis anerkannt.

Durch die Abschleppmaßnahme könnte ein öffentlich-rechtliches Verwahrungsverhältnis zwischen A und der Stadt K zustande gekommen sein. Ein öffentlich-rechtliches Verwahrungsverhältnis kann durch Verwaltungsakt, öffentlich-rechtlichen Vertrag oder durch den bloßen Realakt der Inbesitznahme zustande kommen. Nach § 24 Nr. 13 OBG NRW i.V.m. § 44 Abs. 1 S. 1 PolG NRW ist eine sichergestellte Sache in Verwahrung zu nehmen. Diese Vorschrift gilt jedoch nur für die Sicherstellung nach § 43 PolG NRW, § 24 Nr. 13 OBG NRW, nicht dagegen für die Durchsetzung eines Wegfahrgebots im Wege der Ersatzvornahme, als die die hier vorliegende Abschleppmaßnahme zu charakterisieren ist. Durch die Ersatzvornahme sollte die Verletzung eines Gebots beseitigt werden. Das Ziel ist die Einhaltung der Rechtsordnung, nicht hingegen die Begründung eines Verwahrungsverhältnisses. Dass die Firma U tatsächlich das Fahrzeug des A in Verwahrung genommen hat, ist lediglich eine Nebenfolge. Damit allein wird noch kein öffentlich-rechtliches Schuldverhältnis mit seinen besonderen Fürsorge- und Obhutsverpflichtungen begründet. Ein öffentlich-rechtliches Schuldverhältnis liegt nicht vor.

Ein Anspruch aus § 280 Abs. 1 S. 1 BGB analog scheidet aus.

2. § 839 Abs. 1 S. 1 BGB i.V.m. Art. 34 S. 1 GG

A könnte gegen die Stadt K einen Anspruch auf Schadensersatz aus Amtshaftung gemäß § 839 Abs. 1 S. 1 BGB i.V.m. Art. 34 S. 1 GG haben.

Anknüpfungspunkt für eine Haftung im vorliegenden Fall kann allein das Verhalten der Mitarbeiter der Abschleppfirma U sein.

a) Hoheitliches Handeln

§ 839 Abs. 1 S. 1 BGB setzt voraus, dass ein Beamter gehandelt hat, während nach Art. 34 S. 1 GG „jemand" in Ausübung des ihm anvertrauten öffentlichen Amtes gehandelt haben muss. Möglicherweise kann dabei auf den Mitarbeiter der Firma U abgestellt werden, der die Abschleppmaßnahme durchgeführt hat. Es ist aber zweifelhaft, ob dieser Mitarbeiter überhaupt von dem Tatbestand des § 839 Abs. 1 S. 1 BGB i.V.m. Art. 34 S. 1 GG erfasst wird.

aa) Beamter

Während § 839 Abs. 1 S. 1 BGB verlangt, dass der Schädiger ein Beamter ist, genügt es für die Anwendung des Art. 34 S. 1 GG, dass „jemand" in Ausübung eines öffentlichen Amtes gehandelt hat. Für die Staatshaftung maßgeblich ist allein Art. 34 S. 1 GG. Dies gilt auch in den Fällen, in denen kein statusrechtlicher Beamter gehandelt hat, weil nach dem Willen des Verfassungsgebers auch in diesen Fällen eine Staatshaftung gegeben sein soll. Bei § 839 Abs. 1 S. 1 BGB gilt deshalb der so genannte haftungsrechtliche Beamtenbegriff. Danach ist „jemand" i.S.d. Art. 34 S. 1 GG jeder, der hoheitlich tätig ist.

Folglich ist es für die Staatshaftung unbeachtlich, dass der Mitarbeiter der Firma U kein Beamter im statusrechtlichen Sinn ist.

bb) Hoheitliches Handeln

Entscheidend ist allein, ob die Firma U bei der Ausführung des Abschleppauftrags der Stadt K hoheitlich gehandelt hat. Das wiederum hängt von der Funktion ab, die U wahrgenommen hat.

Ein hoheitliches Handeln könnte angenommen werden, wenn die Firma U als Beliehene tätig geworden ist.

Die Firma U wird jedoch im vorliegenden Fall aufgrund eines mit der Stadt K geschlossenen Werkvertrages tätig. Die zivilrechtliche Beauftragung schließt ein Tätigwerden der U als Beliehene aus, zumal ein förmlicher Beleihungsakt fehlt.

Aufgrund des mit der Stadt K abgeschlossenen Werkvertrags scheidet auch die Annahme einer Stellung der U als Verwaltungshelferin aus. Verwaltungshelfer haben keine selbstständigen Entscheidungsbefugnisse. U hingegen konnte frei darüber entscheiden, wann genau die Abschleppmaßnahme durchgeführt werden sollte und wie sie zu organisieren war, insbesondere mit welchen Mitarbeitern und mit welchen Mitteln. Darauf hatte die Stadt K keinen Einfluss. Auch fand keine Überwachung dergestalt statt, dass die Stadt K auf die Art und Weise der Tätigkeit der U noch hätte Einfluss nehmen können. Daher kann die Firma U nicht als Verwaltungshelferin der Stadt K angesehen werden.

Mangels einer Einordnung der Firma U als Beliehene oder Verwaltungshelferin stellt sich die Frage, wie sich die Tätigkeit dieses selbstständigen Unternehmers, dessen sich die Stadt K bei der Erfüllung ihrer öffentlichen Aufgaben bedient, zu qualifizieren ist.

Nach der sog. Werkzeugtheorie der Rechtsprechung ist maßgeblich, ob die beauftragende Körperschaft, hier die Stadt K, in so weitgehendem Maße auf die Durchführung der Arbeiten des privaten Unternehmers Einfluss genommen hat, dass sie diese wie eigene gegen sich gelten lassen muss; so als wenn der Unternehmer lediglich als Werkzeug bei der Durchführung ihrer hoheitlichen Aufgaben tätig geworden wäre.

Ob die Mitarbeiter der Stadt K so weitgehend im Umfang Einfluss auf die Firma U genommen haben ist zweifelhaft. Sie haben die Abschleppmaßnahme konkret nicht beaufsichtigt. Deshalb spricht mehr dafür, die Werkzeugeigenschaft der Firma U zu verneinen. Damit scheidet eine Haftung der Stadt K nach § 839 Abs. 1 S. 1 BGB i.V.m. Art. 34 S. 1 GG aus. A hat somit nur die Möglichkeit, zivilrechtliche Ansprüche gegen die Firma U geltend zu machen.

Dieses Ergebnis wird seitens der Literatur stark kritisiert. Die Werkzeugtheorie sei geeignet, die öffentliche Hand zu einer „Flucht ins Privatrecht" anzuregen. Auch sei es dogmatisch nicht zwingend anzunehmen, dass der Staat in seinem öffentlich-rechtlichen Funktionskreis nicht nach öffentlichem Recht, sondern nach privatem Deliktsrecht handle. Vielmehr sei unter Berücksichtigung des Rechtsgedankens aus § 278 BGB jeder private Unternehmer als „jemand" i.S.d. Art. 34 S. 1 GG anzusehen, der in Erfüllung öffentlich-rechtlicher Pflichten für den Hoheitsträger Dritten gegenüber tätig wird. Nach dieser Ansicht haftet die Stadt K sowohl für den Schaden, der bei der Abschleppmaßnahme entstanden ist, als auch für den Schaden infolge der Aufbewahrung des Fahrzeugs durch die Firma U.

Der *BGH* hat trotz dieser Kritik grundsätzlich an der Werkzeugtheorie festgehalten, sie jedoch modifiziert. Danach kommt es nicht mehr allein auf den Aspekt des Entscheidungsspielraums bzw. der Weisungsgebundenheit an, sondern auch auf die Nähe zum öffentlich-rechtlichen Funktionsbereich. In einer Gesamtschau aller Umstände orientiert sich der *BGH* dabei am hoheitlichen bzw. nicht hoheitlichen Charakter der wahrgenommenen Aufgabe, an der Sachnähe der übertragenen Tätigkeit zu dieser Aufgabe und schließlich dem eigenen Entscheidungsspielraum des Unternehmers.

Dies bedeutet, dass nunmehr auch nach der modifizierten Auffassung des *BGH* eine Staatshaftung für die Abschleppmaßnahme selbst gegeben ist, also für den Schaden, der beim Aufladen des Fahrzeuges entstanden ist.

Fraglich ist jedoch, ob sich die Haftung auch auf die während der Verwahrung des Fahrzeuges bei der Firma U entstanden Schäden erstreckt.

Nach Ansicht des *OLG Hamm* sind die Mitarbeiter des Abschleppunternehmers nur während der eigentlichen Abschleppmaßnahme als Werkzeuge der beauftragenden Körperschaft anzusehen. Hinsichtlich des sich anschließenden Zeitraums der Verwahrung sind sie dagegen keinerlei Einflussnahme durch den Staat mehr unterworfen, so dass insoweit eine Haftung der beauftragenden Körperschaft ausscheiden muss.[193]

Dieses Ergebnis ist kritisch zu hinterfragen. Hintergrund der modifizierten Werkzeugtheorie des *BGH* ist jedoch, dass sich der Staat jedenfalls im Bereich der Eingriffsverwaltung seiner Haftung nicht mehr durch Flucht in das Privatrecht entziehen können soll.

Sowohl die eigentliche Abschleppmaßnahme als auch die anschließende Verwahrung des Fahrzeugs stellen aus Sicht des A einen Eingriff in sein Grundrecht aus Art. 14 Abs. 1 S. 1 GG dar, so dass eine einheitliche Beurteilung des Sachverhalts vorzugwürdig ist. Der Einfluss der Behörde auf die Abschleppmaßnahme ist nicht größer oder kleiner als auf die anschließende Verwahrung. Die Differenzierung nach dem Zeitpunkt der Beschädigung kann den Geschädigten zudem in erhebliche Beweisschwierigkeiten bringen, denn er dringt mit seinem Amtshaftungsanspruch nur durch, wenn er darlegen und beweisen kann, dass der Schaden während des Abschleppvorgangs eingetreten ist. Diesen Nachweis wird er regelmäßig nicht erbringen können, weil er bei der Durchführung der Abschleppmaßnahme nicht anwesend war, und Zeugen nur äußerst schwer zu finden sein dürften. Auch aus diesem Grund ist die Differenzierung des *OLG Hamm* abzulehnen.

Vielmehr ist einheitlich von einem hoheitlichen Handeln der Abschleppfirma U auszugehen.

193 *OLG Hamm* NJW 2001, 375, 376.

Hinweis

Selbstverständlich können Sie auch die Auffassung des *OLG Hamm* vertreten und dann nach den beiden Schadenspositionen differenzieren. Bezüglich des Kratzers an der Seitentür haftet die Stadt K dann nicht, auch nicht aus § 831 Abs. 1 S. 1 BGB, da die Firma U nicht als ihre Verrichtungsgehilfin anzusehen ist. Diesen Schaden kann A dann nur von der Firma U ersetzt verlangen.

b) Handeln in Ausübung der hoheitlichen Tätigkeit

Das Merkmal „in Ausübung" in § 839 Abs. 1 S. 1 BGB i.V.m. Art. 34 S. 1 GG verlangt, dass die schadensverursachende Handlung in einem äußeren und inneren Zusammenhang mit hoheitlichen Tätigkeit stehen muss, sich also nicht lediglich bei Gelegenheit ereignet haben darf.

Das Aufladen des Fahrzeugs stand in direktem Zusammenhang zur Abschleppmaßnahme. Das Verwahren des Fahrzeugs weist ebenfalls noch einen unmittelbaren Zusammenhang mit der Maßnahme auf, so dass auch insofern der spezifische Zusammenhang zur Amtsausübung gegeben ist.

c) Amtspflichtverletzung

Die Beachtung der absoluten Rechte i.S.d. § 823 Abs. 1 BGB wie Leib, Leben und Eigentum der Bürger gehört zu den allgemeinen Amtspflichten aller Beamten im haftungsrechtlichen Sinne. Dass die Firma U diese Pflicht verletzt hat, ist in Bezug auf den Schaden an der Felge unzweifelhaft, denn dazu ist es beim Aufladen des Fahrzeugs gekommen. Dagegen sind die Kratzer an der Seitentür durch Unbekannte verursacht worden, als das Fahrzeug auf dem Parkplatz der Firma U stand. Das Verhalten von unbekannten Personen muss sich die Abschleppfirma U grundsätzlich nicht zurechnen lassen. Allerdings war der Parkplatz auf dem Gelände der Firma, auf dem die Fahrzeuge aufbewahrt wurden, ungehindert durch jedermann zu betreten. Darin könnte die Verletzung der allgemeinen Amtspflicht durch ein pflichtwidriges Unterlassen zu sehen sein. Das wiederum setzt voraus, dass eine Rechtspflicht zu einem entsprechenden Tätigwerden bestand. Diese Pflicht kann sich insbesondere aus den sog. Verkehrssicherungspflichten ergeben. Danach hat derjenige, der durch den Verkehr, also durch die Eröffnung der Nutzungsmöglichkeit, eine Gefahrenquelle eröffnet, die notwendigen und zumutbaren Vorkehrungen zu treffen, um zu verhindern, dass Personen, die bestimmungsgemäß mit der Gefahrenquelle in Kontakt kommen, Schäden erleiden. Der Parkplatz stellte für die Eigentümer der abgeschleppten Fahrzeuge insofern eine Gefahrenquelle dar, weil die Fahrzeuge dort Dritten, die sie beschädigen konnten, ausgeliefert waren. Es wäre möglich und zumutbar gewesen, diese Fahrzeuge nach außen hin abzuschirmen, etwa durch einen Zaun oder durch einen Wachdienst. Da die Firma U dies unterlassen hat, hat sie die ihr obliegende allgemeine Amtspflicht zum Schutz des Eigentums der abgeschleppten Fahrzeuge verletzt.

d) Drittbezogenheit

Die Amtspflichtverletzung löst gemäß § 839 Abs. 1 S. 1 BGB i.V.m. Art. 34 S. 1 GG nur dann einen Anspruch gegen die Stadt K aus, wenn die verletzte Amtspflicht zumindest auch dem Geschädigten gegenüber bestand und dessen Schutz bezweckte.

Die Pflicht zur Beachtung des Eigentums des A bestand auch und gerade im Interesse des A und sollte ihn vor Beschädigungen seines Autos schützen. Die verletzte Amtspflicht war mithin drittgerichtet.

e) Verschulden

Die Abschleppfirma U müsste vorsätzlich oder fahrlässig gehandelt haben, § 276 BGB. Vorsatz liegt nicht vor. Die Beschädigungen traten aus Unachtsamkeit ein. Die Fahrlässigkeit bestimmt sich nach § 276 Abs. 2 BGB, der einen objektiven Verschuldensmaßstab festlegt. Abzustellen ist daher nicht auf die konkret handelnde Person, sondern auf einen pflichtgetreu handelnden durchschnittlichen Beamten im haftungsrechtlichen Sinne. Ein pflichtgetreuer Abschleppunternehmer kann jedes Fahrzeug so verladen, dass es dabei nicht zu Schaden kommt. Außerdem hätte dieser erkannt, dass die Fahrzeuge nicht einfach auf einem Parkplatz abgestellt werden dürfen, der von jedermann betreten werden kann. Folglich fällt der Firma U bzgl. beider Schadenspositionen Fahrlässigkeit zur Last.

f) Kausaler Schaden

Durch die Beschädigungen hat A einen Schaden von insgesamt 800 € erlitten, weil er diesen Betrag für die Reparatur aufgewendet hat, § 249 Abs. 2 S. 1 BGB.

g) Haftungsausschluss und -beschränkungen

Der bis jetzt grundsätzlich nach § 839 Abs. 1 S. 1 BGB i.V.m. Art. 34 S. 1 GG gegebene Anspruch könnte aber ausgeschlossen sein.

aa) Subsidiaritätsklausel

Die Stadt K beruft sich auf das Verweisungsprivileg nach § 839 Abs. 1 S. 2 BGB, wonach die Amtshaftung bei bloßer Fahrlässigkeit nicht eingreift, wenn der Geschädigte auf andere Weise Ersatz verlangen kann. Das setzt voraus, dass A gegen die Firma U ein Anspruch auf Schadensersatz wegen der Beschädigungen an seinem Fahrzeug zusteht. Mangels vertraglicher Beziehungen, kommen hier nur deliktische Ansprüche aus §§ 823 Abs. 1 und 831 Abs. 1 S. 1 BGB in Betracht. Zu beachten ist jedoch, dass Art. 34 S. 1 GG die deliktische Haftung aus § 839 Abs. 1 BGB auf den Staat übergeleitet hat. Um diese Haftungsüberleitung nicht zu unterlaufen, schließt § 839 BGB als lex specialis die allgemeine deliktische Haftung des Beamten im haftungsrechtlichen Sinne aus. Das bedeutet, dass A die Firma U weder aus § 823 Abs. 1 BGB noch aus § 831 Abs. 1 S. 1 BGB für die Schäden in Anspruch nehmen kann. Folglich greift die Subsidiaritätsklausel gemäß § 839 Abs. 1 S. 2 BGB nicht ein.

bb) Gebrauch eines Rechtsmittels

Ein Ausschluss nach § 839 Abs. 3 BGB kommt nicht in Betracht, weil A die Beschädigungen an seinem Fahrzeug auch durch Einlegung von Rechtsmitteln nicht hätte verhindern können.

cc) Mitverschulden

Auch unter dem Gesichtspunkt eines Mitverschuldens gemäß § 254 Abs. 1 BGB kommt ein Haftungsausschluss oder eine Haftungsbeschränkung nicht in Betracht. A hat durch sein Verhalten nur zur Durchführung der Abschleppmaßnahme selbst, nicht aber zur Beschädigung seines Fahrzeuges beigetragen. Insbesondere war er nicht gehalten, das Fahrzeug unmittelbar nach dem Abschleppvorgang bei der Firma U abzuholen, zumal er von der Abschleppmaßnahme gar nichts wusste.

h) Anspruchsgegner

Der Anspruch aus § 839 Abs. 1 S. 1 BGB richtet sich aufgrund der Überleitungsnorm des Art. 34 S. 1 GG gegen die Körperschaft, in deren Dienst der Beamte im haftungsrechtlichen Sinne steht. Die Mitarbeiter der Firma U stehen zwar nicht im Dienste der Stadt K. Allerdings wurde die Firma U von der Stadt K beauftragt, so dass die Stadt K für das Verhalten der Mitarbeiter der Firma U staatshaftungsrechtlich verantwortlich ist. Mithin richtet sich der Anspruch gegen die Stadt K.

i) Zwischenergebnis

A hat gegen die Stadt K einen Amtshaftungsanspruch auf Schadensersatz in Höhe von 800 €.

3. Anspruch aus §§ 39 Abs. 1, 40 Abs. 1, Abs. 2 S. 1 OBG NRW auf Entschädigung[194]

A könnte gegen die Stadt K einen Anspruch auf Entschädigung aus § 39 Abs. 1 OBG NRW haben.

Ansprüche aus § 39 Abs. 1 OBG NRW können neben Amtshaftungsansprüchen aus § 839 Abs. 1 S. 1 BGB i.V.m. Art. 34 S. 1 GG bestehen. Dies ergibt sich aus § 40 Abs. 5 OBG NRW.

Die beiden Haftungstatbestände des § 39 Abs. 1 OBG NRW knüpfen an die Maßnahme einer Ordnungsbehörde an. Die Anordnung der Abschleppmaßnahme stellt eine solche Maßnahme dar. Der Oberbürgermeister der Stadt K handelt als örtliche Ordnungsbehörde.

Der Tatbestand des § 39 Abs. 1 lit. b OBG NRW setzt die Rechtswidrigkeit der Maßnahme voraus. Die Abschleppanordnung war jedoch durch §§ 55 Abs. 1, 57 Abs. 1 Nr. 1, 59 Abs. 1 VwVG NRW als Ersatzvornahme gedeckt, weil A gegen das Halteverbot verstoßen hat. Folglich kommt eine Haftung nach § 39 Abs. 1 lit. b OBG NRW nicht in Betracht.

Der Tatbestand des § 39 Abs. 1 lit. a OBG NRW setzt voraus, dass A als sog. Nichtstörer gemäß § 19 Abs. 1 OBG NRW in Anspruch genommen worden ist. Er war jedoch Störer, da er sein Fahrzeug im Halteverbot abgestellt hatte und Eigentümer desselben war. Daher scheidet auch § 39 Abs. 1 lit. a OBG NRW aus.

Ein Anspruch aus §§ 39 Abs. 1, 40 Abs. 1 S. 1, Abs. 2 S. 1 OBG NRW besteht mithin nicht.

4. Anspruch aus enteignendem Eingriff

A könnte gegen die Stadt K einen Anspruch auf Entschädigung aus enteignendem Eingriff haben. Dieses Haftungsinstitut gilt für Beeinträchtigungen des Eigentums durch – in der Regel atypische und unvorhergesehene – Nebenfolgen rechtmäßigen Verwaltungshandelns, die die enteignungsrechtliche Opfergrenze überschreiten und daher zu entschädigen sind.

Rechtsgrundlage des gesetzlich nicht geregelten Entschädigungsanspruchs sind die aufopferungsrechtlichen Grundsätze der §§ 74, 75 Einl. Preußisches ALR in ihrer richterrechtlichen Ausprägung, die mittlerweile gewohnheitsrechtliche Geltung beanspruchen.

Bei Maßnahmen von Ordnungsbehörden ist jedoch ein Rückgriff auf das allgemeine Haftungsinstitut des enteignenden Eingriffs unzulässig, da § 39 Abs. 1 lit. a OBG NRW eine spezialgesetzliche Ausprägung desselben darstellt und abschließender Natur ist.

194 Entsprechende Regelungen finden sich in allen Gesetzen des Polizei- und Ordnungsrechts: §§ 51–56 BPolG; 55–58 PolG BW; Art. 70–73 PAG Bay, Art. 11 LStVG Bay; §§ 59–65 ASO Berl; 38ff. OBG Bbg, 70 PolG Bbg; 56–62 PolG Brem; 10 Abs. 3–5 SOG Hamb; 64–70 SOG Hess; 72–77 SOG MV; 80–86 SOG Nds; 68–74 PolG RP; 68–74 PolG Saar; 52–58 PolG Sachs; 69–75 SOG SachsAn; 221–226 LVwG SH; 68–74 PAG Thür, 52 OBG Thür.

5. Zwischenergebnis bzgl. der Ansprüche gegen die Stadt K

A hat gegen die Stadt K einen Anspruch auf Schadensersatz in Höhe von 800 € nur aus Amtshaftung gemäß § 839 Abs. 1 S. 1 BGB i.V.m. Art. 34 S. 1 GG.

II. Ansprüche gegen die Firma U

Wie bereits im Rahmen der Subsidiaritätsklausel des § 839 Abs. 1 S. 2 BGB ausgeführt, hat A gegen die Firma U keine Ansprüche auf Schadensersatz, wenn man ein hoheitliches Handeln annimmt.

Verneint man dagegen mit der Rechtsprechung des *OLG Hamm* in Bezug auf die Verwahrung des Fahrzeugs ein hoheitliches Handeln der Firma U, so steht Art. 34 S. 1 GG der Haftung natürlich nicht entgegen, weil insoweit ja gar keine Haftungsüberleitung stattgefunden hat. Ein Rückgriff auf die §§ 823 Abs. 1, 831 Abs. 1 S. 1 BGB ist daher insoweit möglich. § 839 Abs. 1 S. 1 BGB – allein, nicht i.V.m. Art. 34 S. 1 GG – scheidet dagegen als Anspruchsgrundlage aus, da dafür ein Beamter im statusrechtlichen Sinne erforderlich ist und die Firma U nur Beamtin im haftungsrechtlichen Sinn ist.

III. Prozessuale Lage

Da die Stadt K jede Inanspruchnahme abgelehnt hat, kommt eine Klage in Betracht. Eröffnet ist der Weg zu den ordentlichen Gerichten gemäß Art. 34 S. 3 GG. Zuständig ist das Landgericht gemäß § 71 Abs. 2 Nr. 2 GVG.

B. Endergebnis

R wird A raten, eine Klage vor dem Landgericht K gegen die Stadt K auf Zahlung von 800 € zu erheben.

Online-Wissens-Check

Welche Schwierigkeiten entstehen, und wie können sie gelöst werden, wenn ein Schaden durch einen Privaten, der zur Erfüllung einer öffentlich-rechtlichen Aufgabe herangezogen worden ist, verursacht wird?

Überprüfen Sie jetzt online Ihr Wissen zu den in diesem Abschnitt erarbeiteten Themen. Unter **www.juracademy.de/skripte/login** steht Ihnen ein Online-Wissens-Check speziell zu diesem Skript zur Verfügung, den Sie kostenlos nutzen können. Den Zugangscode hierzu finden Sie auf der Codeseite.

3. Teil
Haftung aus öffentlich-rechtlichen Schuldverhältnissen

A. Grundlagen

Die Verwaltung kann grundsätzlich frei entscheiden, in welcher Form sie eine Rechtsbeziehung zum Bürger begründen will. Es gilt der **Grundsatz der Formenwahlfreiheit**. Im Regelfall wählt sie den Weg über einen **Verwaltungsakt**. Sie kann aber auch ein **Schuldverhältnis** begründen. Diese beiden Formen sind strikt voneinander zu trennen. Insbesondere begründet ein Verwaltungsverfahren und der Erlass eines Verwaltungsaktes kein öffentlich-rechtliches Schuldverhältnis. **121**

Innerhalb eines Schuldverhältnisses kann die Verwaltung sich wiederum zwischen einem öffentlich-rechtlichen oder einem privatrechtlichen Schuldverhältnis entscheiden. **122**

Ein privatrechtliches Schuldverhältnis richtet sich nach den Regeln des BGB.

Ein öffentlich-rechtliches Schuldverhältnis ist für den Bereich des öffentlich-rechtlichen Vertrages in §§ 54 ff. VwVfG normiert. Über § 62 S. 2 VwVfG sind die Vorschriften des BGB ergänzend anzuwenden. Damit besteht für den öffentlich-rechtlichen Vertrag ein abschließendes Regelungssystem.

Hinweis

Details zur Prüfung eines öffentlich-rechtlichen Vertrags finden Sie im Skript „Verwaltungsrecht Allgemeiner Teil".

Darüber hinaus finden sich jedoch für öffentlich-rechtliche Schuldverhältnisse keine gesetzlichen Regelungen. Aus diesem Grunde können die schuldrechtlichen Bestimmungen des BGB grundsätzlich sinngemäß herangezogen werden. **123**

» Lesen Sie die §§ 54 ff. VwVfG! Wiederholen Sie die Voraussetzungen des öffentlich-rechtlichen Vertrags. «

Eine allgemeingültige Definition für die richterrechtlich geformte und gewohnheitsrechtlich anerkannte Rechtsfigur[1] **öffentlich-rechtliches Schuldverhältnis** besteht nicht. Gleichwohl kann es umschrieben werden.

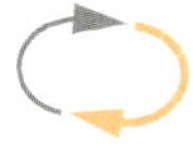

Danach ist ein **öffentlich-rechtliches Schuldverhältnis** anzunehmen, wenn ein besonders enges öffentlich-rechtliches Verhältnis des Einzelnen zum Staat oder zur Verwaltung begründet wird und mangels gesetzlicher Regelung ein Bedürfnis für eine angemessene Verteilung der Verantwortung innerhalb des Öffentlichen Rechts vorliegt.[2]

1 *Windthorst* JuS 1996, 605; so auch: *Baldus/Grzeszick/Wienhues* Rn. 237.
2 *BGHZ* 21, 214, 218; 59, 303, 305; 61, 7, 11.

Das öffentlich-rechtliche Schuldverhältnis ist geprägt durch seine Vergleichbarkeit zum bürgerlich-rechtlichen Schuldverhältnis.[3]

124 Vor diesem Hintergrund gibt es einerseits Versuche einer Systematisierung,[4] andererseits hat die Rspr. eine stabile Kasuistik von allgemein anerkannten Fallgruppen entwickelt.

Dazu gehören:

- öffentlich-rechtliche Benutzungs- und Leistungsverhältnisse,[5]
- öffentlich-rechtliche Verwahrung,[6]
- öffentlich-rechtliche Geschäftsführung ohne Auftrag,[7]
- personale Sonderverhältnisse.[8]

Hinweis

Für die Klausurbearbeitung und Examensvorbereitung ist nur wichtig, dass Sie eine Haftung aus öffentlich-rechtlichen Schuldverhältnissen und die dazu entwickelten nachfolgenden Fallgruppen kennen.

JURIQ-Klausurtipp

Im Prüfungsaufbau sind diese Ansprüche, soweit sie denn in Betracht zu ziehen sind, stets vor der Amtshaftung aus § 839 BGB i.V.m. Art. 34 GG zu prüfen. Sie wissen doch: schuldrechtliche Ansprüche sind vor deliktischen Ansprüchen zu prüfen. Das gilt auch hier im Staatshaftungsrecht.

B. Die Fallgruppen im Einzelnen

I. Öffentlich-rechtliche Benutzungs- und Leistungsverhältnisse

125 Aus den vorstehenden Äußerungen ergibt sich nachfolgende Übersicht bzw. Schema zur Prüfung eines Schadensersatzanspruchs aus einem öffentlich-rechtlichen Benutzungs- bzw. Leistungsverhältnis:

3 *Maurer* § 29 Rn. 2.
4 Vgl. dazu *Wolff/Bachof/Stober/Kluth* § 68 Rn. 5; *Windthorst* JuS 1996, 607.
5 *BGHZ* 54, 299 ff.; 59, 303 ff.; 61, 7 ff.
6 *BGHZ* 1, 369 ff.; 4, 192 ff.; *BGH* NJW 1990, 1230 ff.
7 *BGHZ* 40, 28 ff.; 63, 167 ff.; *BVerwGE* 80, 170 ff.
8 *BVerwGE* 13, 17 ff.

Schadensersatzanspruch aus öffentlich-rechtlichem Benutzungs- bzw. Leistungsverhältnis

PRÜFUNGSSCHEMA

I. Rechtliche Natur des Schuldverhältnisses
Kein Fall eines öffentlich-rechtlichen Vertrags nach §§ 54 ff. VwVfG

II. Vorliegen einer Pflichtverletzung des öffentlich-rechtlichen Schuldverhältnisses

III. Verschulden, einschließlich §§ 278, evtl. § 31 BGB analog
Haftungsausschluss durch Satzung, Prüfung §§ 305 ff. BGB analog Rn. 133

IV. Einbeziehung in das öffentlich-rechtliche Schuldverhältnis, § 305 BGB analog
1. Überraschende bzw. mehrdeutige Bestimmungen, § 305c BGB analog
2. Inhaltskontrolle nach §§ 309, 308, 307 BGB analog

V. Kausaler Schaden

VI. Rechtsfolge Schadensersatz, §§ 249 ff. BGB analog

1. Ermittlung des öffentlich-rechtlichen Charakters

Bei öffentlich-rechtlichen Benutzungs- und Leistungsverhältnissen ist als allererstes strikt zwischen der Zulassung zur Einrichtung und der Ausgestaltung des Benutzungs- und Leistungsverhältnisses zu unterscheiden. Vorliegend geht es nur um die Ebene der Ausgestaltung des Verhältnisses. 126

JURIQ-Klausurtipp

Bei Benutzungs- und Leistungsverhältnissen denken Sie bitte an die Zwei-Stufen-Theorie.

Danach ist die erste Stufe die Zulassung zur Einrichtung bzw. die Mitberücksichtigung bei der Vergabe von Leistungen, also das „Ob" immer öffentlich-rechtlicher Natur, so für kommunale Einrichtungen z.B. § 8 GO NRW, Art. 21 GO Bay.

Die zweite Stufe betrifft die Ausgestaltung des konkreten Verhältnisses, also das „Wie".

Auf welcher Stufe Sie sich befinden, hängt vom Begehren des Klägers bzw. des Rechtsrat suchenden Bürgers ab.

Die erste Fallgruppe erfasst die Nutzung öffentlicher Einrichtungen durch den Bürger aufgrund vertraglicher Vereinbarung oder rein tatsächlicher Inanspruchnahme. 127

Diese Fallgestaltung betrifft vornehmlich kommunale Einrichtungen, wie Schwimmbäder, Bibliotheken, Theater, Museen u.a., aber auch Bereiche der Daseinsvorsorge mit Anschluss- und Benutzungszwang wie Wasserversorgung,[9] Abwasserkanalisation[10] oder kommunale Schlachthöfe.[11] Hier wird durch die mit der vertraglich vereinbarten oder rein tatsächlichen Benutzung der öffentlichen Einrichtung bzw. durch ein sonstiges Leistungsverhältnis eine

9 *BGHZ* 17, 191 ff.; 59, 303 ff.
10 *BGHZ* 54, 299 ff.; NJW 2007, 1061.
11 *BGHZ* 61, 7 ff.; *BGH* NJW 1974, 1816 ff.

Dichte zwischen den Beteiligten hergestellt, da Rechte und Pflichten entstehen, wie sie für ein Schuldverhältnis typisch sind.

Die Ausgestaltung dieses Verhältnisses ist immer privatrechtlicher Natur, wenn die Einrichtung, um deren Benutzung es geht, in einer Form des Privatrechts – z.B. GmbH oder AG – betrieben wird.

Infolge der zum großen Teil erfolgten Privatisierung öffentlicher Aufgaben, ist ein erheblicher Teil der öffentlich-rechtlichen Schuldverhältnisse entfallen. Seine praktische Relevanz ist entsprechend rückläufig.

128 Wird die Einrichtung hingegen in öffentlich-rechtlicher Form betrieben, so hat die Verwaltung dann die Freiheit der Wahl zwischen privatrechtlicher oder öffentlich-rechtlicher Ausgestaltung des Schuldverhältnisses.[12]

129 Die Abgrenzung der Rechtsnatur folgt nach den bekannten Theorien und orientiert sich an der Rechtsnatur des Gegenstands, also nicht an der Rechtsstellung der Beteiligten.

» Bei dieser Gelegenheit: wie wird nochmal die Abgrenzung zwischen öffentlichem und privatem Recht vorgenommen? «

130 Sofern eine eindeutige Qualifizierung des Schuldverhältnisses fehlt, ist auf Indizien abzustellen. Wird das Schuldverhältnis durch eine Benutzungssatzung oder Anstaltsordnung näher bestimmt, eine Gebühr oder Beitrag erhoben bzw. besteht ein Anschluss- und Benutzungszwang, z.B. § 9 GO NRW, § 11 GemO BW, § 9 Abs. 1a LAbfG NRW, dann liegt ein öffentlich-rechtliches Schuldverhältnis vor. Ist die Rede von Allgemeinen Geschäftsbedingungen, Entgelt oder Eintrittsgeld für eine Benutzung oder besteht die Freiwilligkeit der Inanspruchnahme, dann ist von einem privatrechtlichen Schuldverhältnis auszugehen.

JURIQ-Klausurtipp

Sie ermitteln den öffentlich-rechtlichen Charakter des Schuldverhältnisses durch drei Schritte:

Klären Sie, um welche Stufe der sog. Zwei-Stufen-Theorie es geht. Nur wenn die zweite Stufe – Ausgestaltung des Rechtsverhältnisses, das „Wie" – in Rede steht, geht es weiter mit der Klärung, welche Organisationsform der Träger der benutzten bzw. in Anspruch genommenen Einrichtung hat. Nur, wenn der Träger in einer öffentlich-rechtlichen Form handelt, geht es weiter mit der Feststellung, wie das konkrete Rechtsverhältnis ausgestaltet ist, im Zweifel anhand von Indizien. Nur wenn es öffentlich-rechtlicher Natur ist, liegt auch ein öffentlich-rechtliches Schuldverhältnis vor.

2. Anwendbare Regelungen des BGB

131 Wenn ein öffentlich-rechtliches Schuldverhältnis vorliegt, so sind wegen der vergleichbaren Interessenlage die Regelungen des BGB über die Pflichtverletzung eines Beteiligten anzuwenden. Dazu zählen §§ 280 ff. BGB, gleich, ob es Haupt- oder Nebenleistungspflichten sind, und, einschl. der Verschuldensvermutung in § 280 Abs. 1. S. 2 BGB analog, die Regelungen über die vorvertragliche Haftung, § 311 BGB analog. Die Haftung wegen Unmöglichkeit einer Leistung, § 275 BGB, gilt ebenfalls analog. Das Verschulden folgt aus §§ 276, 278, evtl. 31 BGB analog. Ein Verschulden kann über eine analoge Heranziehung der §§ 305 ff. BGB über allgemeine Geschäftsbedingungen beschränkt bzw. ausgeschlossen sein. Schließlich gelten die Bestim-

12 *VGH Bad.-Württ.* NJW 1979, 1900 f.

mungen über die Art und den Umfang des Schadensersatzes, §§ 249 ff. BGB und der Verjährung des Anspruchs, §§ 194 ff. BGB entsprechend.[13] Ebenso übertragbar auf ein öffentlich-rechtliches Schuldverhältnis ist die Figur des Schuldverhältnisses mit Schutzwirkung für Dritte.[14]

3. Sonderfall: Haftungsausschluss

Die Haftung kann im öffentlich-rechtlichen Benutzungs- und Leistungsverhältnis beschränkt werden. 132

Erfolgt die Beschränkung durch eine vertragliche Vereinbarung, so kann die Haftung bis auf vorsätzliches Handeln, § 276 Abs. 3 BGB analog, ausgeschlossen sein.

Im Regelfall erfolgt die Inanspruchnahme eines öffentlich-rechtlichen Benutzungsverhältnisses nicht aufgrund eines Vertrages, sondern durch tatsächliche Nutzung. In diesen Fällen kann eine Haftungsbegrenzung durch Satzung bzw. Benutzungsordnung in Form einer Satzung der jeweiligen Einrichtung erfolgen.[15] 133

Die Zulässigkeit des Haftungsausschlusses ist an §§ 305 ff. BGB analog zu messen. Grenzen ergeben sich so z.B. aus § 309 Nr. 7b BGB analog, wonach ein Ausschluss für Vorsatz und grobe Fahrlässigkeit unzulässig ist.

Der Haftungsausschluss muss daneben weitere bestimmte Voraussetzungen beachten: Er muss sachlich gerechtfertigt sein und den Grundsätzen der Erforderlichkeit und der Verhältnismäßigkeit entsprechen.[16]

II. Öffentlich-rechtliche Verwahrung

Eine **öffentlich-rechtliche Verwahrung** besteht, wenn eine Behörde eine bewegliche Sache aufgrund öffentlichen Rechts in Besitz nimmt. Ebenso verhält es sich, wenn ein Bürger eine öffentlich-rechtlich gewidmete Sache des Staates in seine tatsächliche Sachherrschaft nimmt. 134

Der eigentlich Berechtigte ist dabei vollständig von seinen tatsächlichen Einwirkungsmöglichkeiten auf die Sache ausgeschlossen. Stattdessen übt jetzt die Behörde die mit der Besitzergreifung verbundenen Fürsorge- und Obhutspflichten bzgl. der Sache aus.[17]

Auf ein öffentlich-rechtliches Verwahrungsverhältnis sind die §§ 688 ff. BGB analog anzuwenden. 135

JURIQ-Klausurtipp

Die Prüfung dieses Anspruchs erfolgt entsprechend den zivilrechtlichen Vorgaben einer Verwahrung.

13 Vgl. zum Ganzen: *Wolff/Bachof/Stober/Kluth* § 69 Rn. 13 ff.; *Maurer* § 29 Rn. 4 ff. jeweils m.w.N.

14 *BGH* NJW 2007, 1061 = *Schoch* JK 8/07, AllgVwR, Verw.-rechtl. Schuldverhältnis/2.

15 *BGHZ* 61, 7, 12 f.; *Ossenbühl/Cornils* S. 440 ff.

16 *Maurer* § 29 Rn. 7.

17 *Sprau* in: Palandt, § 688 Rn. 12.

Allerdings besteht eine wichtige Besonderheit. Die in § 690 BGB angeordnete Haftungsbeschränkung auf die Sorgfalt in eigenen Angelegenheiten (diligentia quam in suis) gilt für einen hoheitlichen Verwahrer nicht. Der Staat ist durch seine Bindung an Recht und Gesetz verpflichtet, die allgemeinen Maßstäbe der Sorgfalt einzuhalten. Er haftet deshalb auch für leichte Fahrlässigkeit.

Beispiele für öffentlich-rechtliche Verwahrungsverhältnisse

- Sicherstellung nach dem Polizeigesetz mit anschließender Verwahrung. Die Verwahrung ist dabei zum Teil gesetzlich geregelt, vgl. z.B. § 44 PolG NRW, § 32 Abs. 3 PolG BW i.V.m. § 3 DVO PolG BW. Soweit die spezialgesetzlichen Regelungen nicht greifen, gelten die privatrechtlichen Regelungen analog.
- Verwahrung als Folge einer Ersatzvornahme, namentlich in den Abschlepp-Fällen. Hier liegt ein öffentlich-rechtliches Verwahrungsverhältnis vor, wenn das Fahrzeug vor dem Zugriff des Halters oder Fahrers gesichert ist, also sich auf einem abgeschlossenen Verwahrparkplatz befindet. Andernfalls, sprich bei Zugriffsmöglichkeiten anderer Personen, liegt grundsätzlich keine Verwahrung vor. §§ 688 ff. BGB analog sind nicht anzuwenden.
- Beschlagnahme von Gegenständen nach §§ 94 ff. StPO.[18]
- Entgegennahme von Fundsachen durch die zuständige Behörde.[19] ■

III. Öffentlich-rechtliche Geschäftsführung ohne Auftrag (GoA)

136 Eine öffentlich-rechtliche GoA wird grds. angenommen.[20] Sie wird unter Beachtung der nachfolgenden Punkte geprüft:

PRÜFUNGSSCHEMA

Öffentlich-rechtliche Geschäftsführung ohne Auftrag (GoA)

I. Abgrenzung zur privatrechtlichen GoA

II. Voraussetzungen der GoA, §§ 683 S. 1, 670 BGB analog im einzelnen

III. Fremdes Geschäft

IV. Fremdgeschäftsführungswillen

V. Ohne Auftrag

VI. Berechtigte GoA

VII. Umfang des Aufwendungsersatzanspruchs

1. Abgrenzung zur privatrechtlichen GoA

137 Eine öffentlich-rechtliche GoA liegt vor, wenn in einem als öffentlich-rechtlich zu charakterisierenden Rechtsverhältnis die Elemente der privatrechtlichen GoA vorliegen.

18 *BGHZ* 1, 369 ff.

19 *BGH* NJW 1990, 1230.

20 *BVerwGE* 80, 170, 172; *OVG NRW* NVwZ – RR 2013, 759 ff.; *Baldus/Grzeszick/Wienhues* Rn. 245.

Die privatrechtliche GoA betrifft die Situation, in der jemand – der Geschäftsführer – ein Geschäft für einen anderen – Geschäftsherr – besorgt, ohne dazu beauftragt oder sonst dazu berechtigt zu sein, §§ 677 ff. BGB. Das heißt, die Punkte „eine Geschäftsführung", „für einen anderen" und „ohne Auftrag" müssen gegeben sein.[21]

In Abgrenzung zur privatrechtlichen GoA ist nach der h.M. eine öffentlich-rechtliche GoA **138** dadurch gekennzeichnet, dass das Geschäft öffentlich-rechtlicher Natur gewesen wäre, wenn es der Geschäftsherr selbst vorgenommen hätte.[22] Die Zuordnung des hypothetischen Geschäfts erfolgt nach den allgemeinen Abgrenzungstheorien zwischen öffentlichem und privatem Recht.

Nach anderer Auffassung erfolgt die Qualifizierung der GoA als öffentlich-rechtlich danach, **139** wie das Handeln des Geschäftsführers einzuordnen ist[23] oder danach, welcher Rechtsnatur das Verhältnis zwischen Geschäftsherrn und Geschäftsführer ist.[24]

JURIQ-Klausurtipp

Die Frage nach der Einordnung der GoA als öffentlich-rechtlich erörtern Sie bei dem Punkt, welcher Rechtsweg eröffnet ist, § 40 Abs. 1 VwGO oder § 13 GVG.

Es ist völlig ausreichend, wenn Sie die h.M. skizzieren und ihr folgen.

2. Anwendungsbereich

Die öffentlich-rechtliche GoA ist in **drei Konstellationen** denkbar: **140**

- eine Behörde wird für eine andere Behörde tätig.

Beispiel Die gemeindliche Feuerwehr beseitigt eine Ölspur auf einer Landstraße. ■

Hier wird der Träger der Feuerwehr – Gemeinde – für den Träger der Landstraße – Bundesland L – tätig.

- eine Behörde wird für einen Privaten tätig.

Beispiel Die gemeindliche Feuerwehr leistet technische Hilfe bei einem Ölunfall, durch den eine Verunreinigung des Grundstücks des A vermieden wird. ■

- ein Privater wird für eine Behörde tätig.

Beispiel Ein Privater nimmt selbst die Erschließung seines Grundstücks – Kanalisation/Wasser – anstelle der eigentlich dazu verpflichteten Gemeinde vor. ■

Die öffentlich-rechtliche GoA ist nicht anwendbar, soweit das öffentliche Recht die betreffen- **141** den Rechtsbeziehungen zwischen den Beteiligten abschließend regelt.[25]

Liegt keine abschließende spezialgesetzliche Regelung vor, so stellt sich der Anwendungsbereich in den drei Fällen wie folgt dar:

In der **ersten Konstellation** – **Behörde handelt für Behörde** – ist die sich aus dem Rechts- **142** staatsprinzip, Art. 20 Abs. 3 GG, ergebende sachliche Zuständigkeitsordnung für die Behörden

21 *Peine* § 15 Rn. 1055; *Maurer* § 29 Rn. 19.
22 *BGHZ* 40, 2831; 63, 167, 170; 65, 354, 357; *Ossenbühl/Cornils* S. 416 f.; *Detterbeck/Windthorst/Sproll* § 21 Rn. 35.
23 *BVerwG* DVBl. 1956, 376; *Bamberger* JuS 1998, 706, 707.
24 *BGH* NJW 1990, 1604; *VG Köln* NVwZ 1993, 806.
25 *BGH* NVwZ 2004, 373, 375; *VGH Bad.-Württ.* VBlBW 2002, 252, 254; *Detterbeck/Windthorst/Sproll* § 21 Rn. 47.

zu beachten. Die Behörden dürfen nur innerhalb ihrer jeweiligen sachlichen Aufgabengebiete agieren. Andernfalls laufen sie Gefahr, gegen Art. 20 Abs. 3 GG zu verstoßen. Ein Verstoß gegen diesen Fundamentalsatz der Rechtsordnung stellt einen schweren Fehler dar. Daraus folgt, dass eine Behörde, die innerhalb ihres Aufgabenbereichs handelt, keine öffentlich-rechtliche GoA vornehmen kann, da schon keine Geschäftsführung für einen anderen gegeben ist.[26] Handelt die Behörde außerhalb ihres Aufgabenbereichs, verletzt sie Art. 20 Abs. 3 GG. Dieser Verstoß kann aber nicht durch eine öffentlich-rechtliche GoA umgangen werden. Sie wäre dann eine Art paragesetzliche Generalklausel.[27]

Anerkannt ist eine öffentlich-rechtliche GoA nur, wenn ein gesetzlich nicht geregelter Notfall bzw. Eilfall vorliegt. Ein solcher ist ausnahmsweise anzunehmen, wenn die an sich zuständige Behörde nicht handeln kann oder sie absolut nicht in der Lage ist, ihre Aufgabe zu erfüllen.[28]

Fazit ist, dass in der ersten Konstellation eine öffentlich-rechtliche GoA nur im Notfall eingreift.

143 In der **zweiten Konstellation – Behörde handelt für Bürger** – ist eine öffentlich-rechtliche GoA den gleichen Einwendungen ausgesetzt wie in der ersten Konstellation.

Neben dem Aspekt der sachlichen Zuständigkeitsverteilung tritt verstärkend hinzu, dass ein Eingriff der Behörde in den Rechtskreis des Bürgers vorgenommen wird. Ein derartiger Eingriff bedarf nach dem aus Art. 20 Abs. 3 GG herrührenden Prinzip des Vorbehaltes des Gesetzes einer Ermächtigung. Fehlt die, so kann sie nicht durch eine öffentlich-rechtliche GoA in Form einer Generalklausel für alle Fälle ersetzt werden. Zudem handelt eine Behörde mit ausschließlichem Eigengeschäftswillen, also gerade nicht für einen Anderen. Eine öffentlich-rechtliche GoA ist auch hier nur in einem gesetzlich nicht geregelten Vorfall denkbar.[29]

Demgegenüber stellt die Rechtsprechung des *BGH* darauf ab, dass die Behörde in dieser Konstellation nicht nur eine eigene Aufgabe erfüllt, sondern auch ein Geschäft des Bürgers wahrnimmt. Damit hat die behördliche Handlung den Charakter eines auch fremden Geschäfts, so dass eine öffentlich-rechtliche GoA vorliegt.[30] Die Position der Rechtsprechung ist jedoch abzulehnen, da sie die o.g. Bedenken aus dem Rechtsstaatsprinzip nicht auszuräumen vermag. Sie scheint aus pragmatischen Gründen einen Ausgleich der vorgenommenen Aufwendungen anzustreben, kommt letztlich doch das behördliches Handeln dem Bürger zugute.

Die Rechtsprechung unterscheidet davon aber die Situation, in der eine sachlich zuständige Behörde im Rahmen ihrer Aufgabe der Gefahrenabwehr gegenüber einem Privaten eine weitere Behörde hinzuzieht. Wegen der umfassenden Zuständigkeit der Gefahrenabwehrbehörde besteht kein Raum der hinzugezogenen Behörde für einen eigenen Anspruch aus öffentlich-rechtlicher GoA gegenüber dem Privaten. So wie die Aufgabe der Gefahrenabwehr gebündelt wahrzunehmen ist, so sind auch die dabei entstehenden Kosten insgesamt von der sachlich zuständigen Behörde gebündelt geltend zu machen, also auch die der hinzugezogenen Behörde.[31]

Fazit ist auch hier, dass eine öffentlich-rechtliche GoA nur im Notfall eingreift.

---

26 *OVG NRW* NWVBl. 2007, 16.

27 So *Maurer* § 29 Rn. 11.

28 *BVerwG* NJW 1986, 2524 f.; *VGH Bad.-Württ.* VBlBW 2002, 252, 255; *Maurer* § 29 Rn. 11; *Detterbeck/Windthorst/Sproll* § 21 Rn. 50.

29 *Ossenbühl/Cornils* S. 414 ff.; *Detterbeck/Windthorst/Sproll* § 21 Rn. 54; *Maurer* § 29 Rn. 11.

30 *BGHZ* 40, 28 ff.; 63, 167, 169 f.; *BGH* NVwZ 2004, 373, 374.

31 *BGH* NVwZ 2008, 349 f. = *Ehlers,* JK 8/08, BGB § 683/1.

In der **dritten Konstellation – Bürger handelt für Behörde** – mag es auf den ersten Blick überzeugen, eine öffentlich-rechtliche GoA anzunehmen. Der Bürger übernimmt schließlich nur eine Pflicht des Staates, die dieser sowieso zu erfüllen hätte. Damit besteht eine zur privatrechtlichen GoA vergleichbare Interessenlage.[32] Auf den zweiten Blick ist aber wiederum festzustellen, dass die Wahrnehmung öffentlicher Aufgaben allein dem Staat und seinen Behörden vorbehalten bleiben muss. Das Aufgabenmonopol darf nicht durch eine Selbstbeauftragung seitens des Bürgers unterlaufen werden. Zum einen besteht für die Behörden regelmäßig ein Ermessensspielraum, wie und mit welchen Mitteln die Aufgabe zu erfüllen ist, zum anderen verfügt die Behörde über mehr Erfahrung und Wissen verbunden mit einem größeren Überblick als ihn im Regelfall der Bürger hat. Anders mag das nur im Fall eines fehlenden Ermessensspielraums bzw. einer Ermessensreduzierung auf Null sein. Aber auch hier muss das Handeln des Bürgers dem öffentlichen Interesse und nicht nur in erster Linie seinem eigenen Interesse entsprechen.[33] Auch in dieser Konstellation ist die Situation eines Notfalles denkbar, in der eine zuständige Behörde nicht erreichbar bzw. handlungsfähig ist, was aber äußerst selten der Fall sein dürfte. 144

Fazit wiederum auch in der dritten Konstellation ist eine öffentlich-rechtliche GoA ist auf einen besonderen Notfall zu beschränken.

JURIQ-Klausurtipp

Sie sehen, dass eine öffentlich-rechtliche GoA sehr selten ist. In einer Klausur thematisieren sie den Anwendungsbereich einer öffentlich-rechtlichen GoA und lehnen ihn im Ergebnis ab. Die Ausnahme – Notfall – einer öffentlich-rechtlichen GoA sollte als Lösung einer Klausur möglichst vermieden werden. Nur wenn der Sachverhalt entsprechend klare Hinweise auf einen Notfall enthält, ist eine Lösung über den Ausnahmefall denkbar.

Im Zusammenhang mit dieser Konstellation sind auch die Tierfundfälle zu beurteilen. Dabei geht es um die Frage, ob demjenigen, der sich um ein aufgefundenes Tier, das als Fund i.S.d. §§ 965 ff. BGB zu qualifizieren ist, ein Anspruch auf Erstattung der Kosten zusteht, die ihm bei der Versorgung des Tieres entstanden sind, z.B. Kosten der Unterbringung oder der tierärztlichen Versorgung. 145

Voraussetzung ist, dass ein fremdes Geschäft gegeben ist, also der Bürger eine Tätigkeit vornimmt, die im Aufgabenbereich der Behörde liegt. Davon ist aufgrund des Art. 20a GG und den Bestimmungen im TierSchG bei Fällen dieser Art im Zweifel auszugehen. Allerdings entspricht das Handeln des Tierfinders nur dann dem objektiven Interesse der Behörde nach § 683 S. 1 BGB analog, wenn er die Voraussetzungen des § 681 S. 1 BGB analog wahrt. Wegen Art. 20a GG ist der Wille einer am Tierschutz desinteressierten Behörde unbeachtlich. Aus dem gleichen Grund scheidet auch eine Tötung des Tieres allein aus Kostengründen aus.[34]

Auch ein mit der Erstversorgung eines Tieres betrauter Tierarzt kann grds. Ansprüche nach § 683 S. 1 BGB analog gegen die Behörde geltend machen. Dies gilt allerdings nicht, wenn zwischen dem Tierarzt und dem Finder ein Vertrag über die tierärztliche Behandlung besteht. 146

32 *BGHZ* 138, 281, 286 ff.; *BVerwGE* 80, 170, 172 ff.; *Ossenbühl/Cornils*, S. 416 f.
33 *Detterbeck/Windthorst/Sproll*, § 21 Rn. 58; *Ossenbühl/Cornils*, S. 419 f.
34 *OVG NRW* Jura (JK) 2018, 203 mit Bespr. *Eifert*; zum Ganzen: *Oechsler* JuS 2016, 215 ff.

In diesem Falle kann der Tierarzt nur von seinem Vertragspartner, dem Finder, den Vergütungsanspruch verlangen. Der Finder kann seinerseits von der Behörde eine Kostenerstattung nach § 683 S. 1 BGB analog verlangen, die den erforderlichen Aufwendungen i.S.d. § 670 BGB analog entspricht.[35]

3. Rechtsfolgen

147 Sofern eine öffentlich-rechtliche GoA dennoch angenommen wird, richten sich die Rechtsfolgen nach den allgemeinen Regelungen. Sie beinhalten den Ersatz der gemachten Aufwendungen, §§ 683, 670 BGB analog.

Umgekehrt ist auch ein Anspruch auf Schadensersatz bei unzulässiger bzw. fehlerhafter öffentlich-rechtlicher GoA denkbar, §§ 678 ff. BGB analog.[36]

IV. Personalsonderbeziehungen

148 Ein öffentlich-rechtliches Schuldverhältnis kann auch bei einer engen personenrechtlichen Verbindung vorliegen.

Als ein solches durch Nähe und Fürsorge geprägtes öffentlich-rechtliches Schuldverhältnis ist das Beamtenverhältnis anerkannt. Bisher bestehen im Beamtenrecht keine Regelungen, die die Haftung des Dienstherrn gegenüber dem einzelnen Beamten regeln. Deshalb können die in Analogie zum BGB entwickelten Grundsätze dieses Haftungsinstituts angewandt werden.[37]

Die Voraussetzung für eine Haftung in diesem Fall ist eine schuldhafte Pflichtverletzung der sich aus dem konkreten Beamtenverhältnis ergebenden Rechten und Pflichten, wodurch dem Beamten ein Schaden entsteht. Anspruchsnorm ist § 280 BGB analog i.V.m. der jeweiligen Vorschrift aus dem Beamtenrecht, die das verletzte Recht bzw. die verletzte Pflicht normiert.[38]

Ebenso ist das Zivildienstverhältnis[39] und das Wehrdienstverhältnis[40] als öffentlich-rechtliches Schuldverhältnis anerkannt.

Nicht als öffentlich-rechtliches Schuldverhältnis wird hingegen das Schulverhältnis eingeordnet.[41]

---

35 *Oechsler* JuS 2016, 215, 217 f.

36 *Maurer* § 29 Rn. 14.

37 *BVerwGE* 13, 17 ff.; 53, 12, 21; *BVerwG* NVWZ 1998, 400; *Wolff/Bachof/Stober/Kluth* § 68 Rn. 9; *Detterbeck/Windthorst/Sproll* § 21 Rn. 15.

38 Vgl. als Beispiele *BVerwGE* 13, 17 ff.; 80, 123 ff.

39 *BGH* DÖV 1990, 1027 f.; vgl. auch Fallbeispiel, *Thiele* JuS 2006, 534 ff.

40 *BVerwGE* 52, 247 ff.

41 *BGH* NJW 1963, 1828; kritisch dazu: *Wolff/Bachof/Stober/Kluth* § 68 Rn. 11; *Ossenbühl/Cornils* S. 428 f.

C. Prozessuale Fragen

I. Anspruchsgegner

Anspruchsgegner ist der Rechtsträger, dessen Behörde bzw. Bediensteten an dem öffentlich-rechtlichen Schuldverhältnis beteiligt ist. Das sind im Regelfall die Gebietskörperschaften Bund, Land, Kommune und Kreis. 149

II. Rechtsweg

Bei der gerichtlichen Geltendmachung von Ansprüchen aus einem öffentlich-rechtlichen Schuldverhältnis ist zu differenzieren.[42] 150

1. Ordentlicher Rechtsweg

Klar dem Rechtsweg zu den ordentlichen Gerichten zugewiesen sind: 151

- Ansprüche aus öffentlich-rechtlicher Verwahrung, § 40 Abs. 2 S. 1 Var. 2 VwGO.
- Schadensersatzansprüche aus öffentlich-rechtlichen Schuldverhältnissen. Sie können unter das Merkmal „Verletzung öffentlich-rechtlicher Pflichten" subsumiert werden, § 40 Abs. 2 S. 1 Var. 3 VwGO.

2. Verwaltungsrechtsweg

Klar dem Verwaltungsrechtsweg lassen sich zuordnen: 152

- Ansprüche aus personalen Sonderbeziehungen §§ 54 BeamtStG,[43] 32 WPflG, im Übrigen wegen ihrer Begründung aus öffentlich-rechtlichen Vorschriften § 40 Abs. 1 VwGO.
- Ansprüche aus öffentlich-rechtlichem Vertrag, das folgt als Konsequenz aus § 40 Abs. 2 S. 1 Var. 3 VwGO.
- Ansprüche des Staates gegen den Bürger, da der Anspruch aus einem öffentlich-rechtlichen Schuldverhältnis herrührt. Hierzu zählen auch Ansprüche aus öffentlich-rechtlicher Geschäftsführung ohne Auftrag.
- Ansprüche auf Erfüllung und Aufwendungsersatz aus öffentlich-rechtlichen Schuldverhältnissen. Sie sind in § 40 Abs. 2 S. 1 VwGO nicht erwähnt und fallen im Umkehrschluss so in den Anwendungsbereich des § 40 Abs. 1 VwGO.

III. Konkurrenzen

Ansprüche aus öffentlich-rechtlichem Schuldverhältnis können neben Ansprüchen aus Amtshaftung nach § 839 BGB i.V.m. Art. 34 GG geltend gemacht werden. 153

» Diese zugegebenermaßen schwierige Rechtswegzuordnung erschließt sich Ihnen durch genaues Lesen des § 40 VwGO. «

Das Verhältnis gleicht dem der vertraglichen zu deliktischen Ansprüchen im Zivilrecht.

Mit Blick auf die Verschuldensvermutung in § 280 Abs. 1 S. 2 BGB analog, der Haftung für Erfüllungsgehilfen in § 278 BGB analog und dem Fehlen der Subsidiaritätsklausel, § 839 Abs. 1

42 Vgl. auch: *Baldus/Grzeszick/Wienhues* Rn. 253.
43 Bis 1.4.2009: § 126 BRRG.

S. 2 BGB beinhaltet der Anspruch aus einem öffentlich-rechtlichen Schuldverhältnis gegenüber dem Amtshaftungsanspruch einige Vorteile.

JURIQ-Klausurtipp

Einen Anspruch aus öffentlich-rechtlichem Schuldverhältnis prüfen Sie bitte wie im Zivilrecht stets als erstes vor dem deliktischen Anspruch aus Amtshaftung.

D. Exkurs: Gefährdungshaftung im Öffentlichen Recht

154 Bei der Gefährdungshaftung handelt es sich um eine Haftung, die unabhängig von Verschulden oder Rechtswidrigkeit eintritt. Beispiele hierfür sind § 833 BGB – Tierhalterhaftung – § 7 StVG – Haftung für Schäden beim Betrieb eines Kraftfahrzeugs – und § 2 HPflG – Haftung u.a. für Schäden bei einem Rohrleitungssystem/Kanalisation.

155 Im Öffentlichen Recht gibt es keinen allgemeinen Grundsatz einer staatlichen Gefährdungshaftung. Die Rechtsprechung hat den Anwendungsbereich der Amtshaftung und der Entschädigungsansprüche aus enteignendem und enteignungsgleichem Eingriff so ausgeformt und ausgeweitet, dass kein Raum für eine öffentlich-rechtliche Gefährdungshaftung besteht.[44]

156 Unabhängig davon kann die bereits normierte Gefährdungshaftung jeden Inhaber einer Sache bzw. Betreiber einer Anlage treffen, gleich ob er sie privatrechtlich oder öffentlich-rechtlich betreibt. Deshalb kann auch der Staat Adressat einer privatrechtlich gestalteten Gefährdungshaftung sein. Ausdrücklich sind § 7 StVG[45] und § 2 HPflG[46] zu nennen.

157 Ansprüche aus Gefährdungshaftung können neben denen aus Amtshaftung geltend gemacht werden.

JURIQ-Klausurtipp

In einer Klausur achten Sie bitte auf entsprechende Hinweise im Sachverhalt, also Teilnahme am Straßenverkehr oder geht es um Schäden im Zusammenhang mit einem Rohrleitungssystem/Kanalisation. Wenn eine Gefährdungshaftung in Erwägung zu ziehen ist, so prüfen Sie sie natürlich vor einer Amtshaftung, da die Gefährdungshaftung im Gegensatz zur Amtshaftung gerade verschuldensunabhängig ist.

---

44 *Wolff/Bachof/Stober/Kluth* § 69 Rn. 4; *Maurer* § 29 Rn. 17 ff.

45 *BGHZ* 1, 388, 391; 113, 164, 165; 121, 161, 168.

46 *BGHZ* 158, 163 ff.; das Gesetz selbst finden Sie im Schönfelder unter Nr. 33.

E. Übungsfall Nr. 2

„Schaukel" 158

Die Stadt S betreibt ein Freibad. Neben den für ein Freibad typischen Einrichtungen befinden sich zusätzlich zahlreiche Spielgeräte für Kinder auf dem Gelände, u.a. auch eine Schaukel.

Die Benutzung des Freibades ist durch eine kommunale Satzung geregelt. Der Eintritt ist gegen Zahlung einer nach der Benutzungszeit gestaffelten Gebühr gestattet. In der Satzung wird zugleich die Haftung der Stadt S für Personen-, Sach- oder Vermögensschäden auf Vorsatz und grobe Fahrlässigkeit beschränkt. Weiter heißt es in der Satzung, dass die Verkehrssicherungspflicht im Freibad von der Stadt hoheitlich übernommen und von der Verwaltung im Rahmen der Amtspflicht wahrgenommen wird.

Die Überwachung und Wartung der Spielgeräte hat die Stadt S vertraglich dem Unternehmer U übertragen.

An einem Sonntag besucht der sechsjährige K mit seinen Eltern das Freibad. K fällt dabei von der Schaukel, weil sich eine Aufhängungskette gelöst hat. Wie sich später herausstellte, war die Aufhängungskette an einer gut sichtbaren Stelle fast durchgerostet. K erleidet eine Gehirnerschütterung und bricht sich das Handgelenk. Es entstehen Arztkosten in Höhe von 5000 €.

Die Eltern sind der Ansicht, die Stadt S müsse für den Schaden aufkommen.

Kann K von der Stadt S Schadensersatz verlangen und wenn ja, auf welchem Rechtsweg?

Lösung 159

1. Ansprüche aus öffentlich-rechtlichem Schuldverhältnis

K könnte möglicherweise von S Ersatz seines Schadens aus § 280 Abs. 1 BGB analog wegen der Verletzung einer Pflicht aus einem öffentlich-rechtlichen Schuldverhältnis verlangen.

Das setzt voraus, dass zwischen K und S ein verwaltungsrechtliches Schuldverhältnis besteht. Zudem müsste S aus diesem Schuldverhältnis eine Pflicht schuldhaft verletzt haben. Im Rahmen des öffentlich-rechtlichen Schuldverhältnisses sind dabei die schuldrechtlichen Bestimmungen des BGB entsprechend anzuwenden.

a) Bestehen eines öffentlich-rechtlichen Schuldverhältnisses

Zwischen K und S müsste ein verwaltungsrechtliches Schuldverhältnis bestehen. Auch wenn die einzelnen Voraussetzungen, wann ein solches Schuldverhältnis anzunehmen ist, in der Rechtsprechung und Literatur umstritten sind, so besteht Einigkeit darüber, dass ein öffentlich-rechtliches Schuldverhältnis durch eine besonders enge öffentlich-rechtliche Rechtsbeziehung zwischen einem Verwaltungsträger und dem Bürger oder zwischen verschiedenen Verwaltungsträgern geprägt ist.

Die Eltern des K haben gegen Zahlung des entsprechenden Betrags das Freibad betreten. Damit lag eine Einigung über die Benutzung der Freibadanlage, einschließlich der Spielgeräte vor, so dass ein Schuldverhältnis in Form eines Vertrags vorlag. Die Minderjährigkeit des K schadet nicht, da er wirksam von seinen Eltern vertreten wurde, §§ 108 Abs. 1, 182 Abs. 1 BGB.

Fraglich ist, ob es sich dabei auch um ein öffentlich-rechtliches Schuldverhältnis handelt. Das ist dann anzunehmen, wenn es sich bei dem Eintritt in das Freibad um den Zugang zu einer öffentlichen Einrichtung handelt.

Unter einer Einrichtung ist ein Sachbestand auf dem Gebiet der Daseinsvorsorge mit Zulassungsbeschränkung zu verstehen. Das ist bei einem Freibad mit Spielgeräten der Fall. Zudem ist davon auszugehen, dass die Stadt S das Freibad durch seine Inbetriebnahme für die Benutzung durch die Öffentlichkeit gewidmet hat. Es handelt sich deshalb bei dem Freibad um eine öffentliche Einrichtung. Die Frage der Zulassung zu einer öffentlichen Einrichtung ist immer öffentliche-rechtlicher Natur, da es um das „Ob" der Benutzung dieser Einrichtung geht. Bei einer Verletzung von Vertragspflichten geht es jedoch nicht um das „Ob" der Zulassung, sondern um das „Wie" der konkreten Ausgestaltung des Vertragsverhältnisses. Auf dieser Stufe ist die tatsächliche Rechtsnatur des Vertragsverhältnisses zu bestimmen.

Die Verwaltung besitzt grundsätzlich die Wahlfreiheit, wie sie ein Rechtsverhältnis ausgestalten will, privatrechtlich oder öffentlich-rechtlich. Fehlen Angaben, um die Rechtsnatur des Vertrags zu bestimmen, so ist von einem öffentlich-rechtlichen Charakter des Vertrags auszugehen. Aber auch dann hat die Verwaltung ein Wahlrecht zwischen privatrechtlicher oder öffentlich-rechtlicher Gestaltung des Leistungsverhältnisses. Fehlt auch hier eine klare Festlegung der Rechtsnatur, so ist sie anhand von Umständen zu ermitteln. Die Benutzung des Freibads ist durch eine Satzung geregelt, nicht durch Allgemeine Geschäftsbedingungen. Auch wird eine Gebühr und kein Eintrittsgeld erhoben. Aufgrund dieser Umstände ist von einem öffentlich-rechtlichen Vertragsverhältnis auszugehen. Es liegt daher ein öffentlich-rechtliches Schuldverhältnis vor.

b) Pflichtverletzung seitens der Stadt S

Die Stadt S müsste eine Pflicht aus diesem Schuldverhältnis verletzt haben.

Die fehlende Wartung der Schaukel stellt eine Pflichtverletzung dar.

Dabei muss sich S das Verhalten des Unternehmers U als Erfüllungsgehilfen zurechnen lassen, § 278 S. 1 BGB analog. Erfüllungsgehilfe ist derjenige, der mit Wissen und Wollen des Schuldners, hier der Stadt S, bei der Erfüllung der ihm obliegenden Verbindlichkeit als dessen Hilfsperson tätig wird. Nicht erforderlich ist, dass der Erfüllungsgehilfe der Weisungsbefugnis des Schuldners unterliegt.

Zwischen dem Unternehmer U und der Stadt S besteht eine vertragliche Vereinbarung über die Überwachung und Wartung der Spielgeräte. U handelt damit mit dem Willen der Stadt S in deren Pflichtenkreis, somit ist U als Erfüllungsgehilfe anzusehen.

c) Verschulden

Der Unternehmer U müsste weiterhin als Erfüllungsgehilfe der Stadt S schuldhaft gehandelt haben. Erforderlich ist, dass die Wartung vorsätzlich oder fahrlässig unterblieben ist.

Vorsatz ist im vorliegenden Fall nicht gegeben. Fahrlässigkeit liegt vor, wenn die im Verkehr erforderliche Sorgfalt außer Acht gelassen wird.

Allerdings könnte der Haftungsmaßstab durch die Satzung der Stadt S modifiziert worden sein. Danach könnte die Haftung durch die Beschränkung auf grobe Fahrlässigkeit für leichte Fahrlässigkeit ausgeschlossen sein.

Grundsätzlich ist ein Ausschluss leichter Fahrlässigkeit möglich, vgl. § 309 Nr. 7 BGB. Es ist kein sachlicher Grund ersichtlich, warum diese Haftungsmodifizierung nicht auch in einem öffentlich-rechtlichen Schuldverhältnis vorgenommen werden könnte. Die Verwaltung besitzt in der Ausgestaltung des Verhältnisses wie bereits erwähnt ein Wahlrecht. Eine Beschränkung der Haftung auf grobe Fahrlässigkeit ist in einem privatrechtlichen Benutzungsverhältnis unproblematisch denkbar. Aufgrund der Wahlfreiheit der Verwaltung ist eine derartige Haftungsbeschränkung auch in einem öffentlich-rechtlichen Schuldverhältnis möglich.

Die weitere Frage, ob dies im Hinblick auf die Regelung in § 309 Nr. 7a BGB auch wirksam durch eine Satzung erfolgen kann, stellt sich dann nicht, wenn U grob fahrlässig und damit im Rahmen des satzungsmäßig gerade nicht ausgeschlossenen Haftungsmaßstabes gehandelt hat. In diesem Fall liegt gar kein Ausschlusstatbestand vor, dessen Wirksamkeit zu erörtern wäre. Grobe Fahrlässigkeit liegt vor, wenn die im Verkehr erforderliche Sorgfalt in ungewöhnlich hohem Maße außer Acht gelassen worden ist, also etwas unbeachtet geblieben ist, was jedem in dem betreffenden Fall hätte einleuchten müssen. Die Aufhängungskette der Schaukel war an einer gut zu sehenden Stelle durchgerostet. Aus diesem Umstand kann geschlossen werden, dass die Schaukel schon über einen längeren Zeitraum nicht ordnungsgemäß überprüft worden ist. Da bei Schaukeln und anderen Spielgeräten eine hohe Unfallgefahr, gerade weil auch recht kleine, unerfahrene Kinder sie benutzen, besteht, bedarf es wegen des Gefahrenpotentials einer besonders genauen Untersuchung. Das hätte jedem einleuchten müssen. U hat eine genaue Kontrolle unterlassen und daher grob fahrlässig gehandelt.

Die in der Satzung der Stadt S festgelegte Haftungsbeschränkung wirkt sich demnach nicht zugunsten des U aus. U hat schuldhaft gehandelt.

Dass die in der Satzung vorgenommene Haftungsbeschränkung auf grobe Fahrlässigkeit gegen § 309 Nr. 7a BGB verstößt, spielt daher im vorliegenden Fall keine Rolle.

d) Kausaler Schaden

K müsste durch das Verhalten der Stadt S und ihres Erfüllungsgehilfen U einen Schaden erlitten haben. Für die Heilbehandlung des K mussten 5000 € aufgewandt werden, die sich daher als kausaler Schaden darstellen.

e) Ergebnis

K hat gegen die Stadt S einen Schadensersatzanspruch in Höhe von 5000 € aus § 280 Abs. 1 BGB analog.

2. Anspruch aus § 839 Abs. 1 S. 1 BGB i.V.m. Art. 34 GG

Möglicherweise hat K gegen die Stadt S auch einen Amtshaftungsanspruch aus § 839 Abs. 1 S. 1 BGB i.V.m. Art. 34 GG.

a) Handeln in Ausübung eines öffentlichen Amtes

§ 839 Abs. 1 S. 1 i.V.m. Art. 34 GG setzt voraus, dass jemand für den Staat oder einen Träger hoheitlicher Gewalt gehandelt hat. Das muss nicht zwingend ein Beamter im statusrechtlichen Sinne sein. Vielmehr reicht es aus, dass die betreffende Person öffentlich-rechtlich gehandelt hat. Es gilt der haftungsrechtliche Beamtenbegriff.

Als Handelnder kommt vorliegend allenfalls der Unternehmer U in Betracht. Aufgrund des haftungsrechtlichen Beamtenbegriffs können grundsätzlich auch Privatpersonen Amtswalter i.S.d. § 839 Abs. 1 S. 1 BGB sein. Für die Gruppe der Beliehenen und Verwaltungshelfer ist das unproblematisch.

Schwierig ist es hingegen für die Gruppe der privatrechtlich beauftragten Unternehmer. Teilweise wird darauf abgestellt, wie groß die Einwirkungsmöglichkeiten des Auftraggebers gegenüber dem Beauftragten sind. Das Maß der Weisungsgebundenheit soll entscheidend sein, sog. Werkzeugtheorie. Bei einem selbstständigen Unternehmer wie im vorliegenden Fall ist von einer hohen eigenverantwortlichen Vorgehensweise auszugehen, so dass eine Weisungsgebundenheit nicht angenommen werden kann. Letztlich kann mit dem Kriterium der Weisungsgebundenheit kaum eine Amtswalterschaft eines beauftragten Privaten begründet werden. Die Folge ist, dass sich der Hoheitsträger mit der Beauftragung eines Privaten stets einer Haftung entziehen könnte und das Schadensrisiko vom Hoheitsträger auf den Privaten abgewälzt wird. Bei dem in Rede stehenden Fall könnte sich K also nur an U halten nicht dagegen an die Stadt S.

Das Abgrenzungsmerkmal „Weisungsgebundenheit" ist zu ungenau und überzeugt deshalb nicht, zumal es zu unvorhersehbaren Ergebnissen führen kann. Vor diesem Hintergrund hat die Rechtsprechung die Werkzeugtheorie modifiziert. Danach kommt es für die Qualifizierung eines beauftragten Unternehmers auf eine Gesamtschau der Umstände des Falles an. Zu diesen Aspekten gehören der hoheitliche bzw. nicht hoheitliche Charakter der wahrgenommenen Aufgabe, die Sachnähe der übertragenen Aufgabe zu diesem Bereich und der vorhandene Entscheidungsspielraum des beauftragten Unternehmers. Die Konsequenz dieser Modifizierung ist, dass die Rechtsprechung im Regelfall den privatrechtlich beauftragten Unternehmer als Amtswalter einstuft. Im konkreten Fall handelt U im Rahmen der Verkehrssicherungspflicht eines in öffentlich-rechtlicher Form betriebenen Freibads. Damit lässt sich U trotz seines vorhandenen Entscheidungsspielraums wegen des öffentlich-rechtlichen Charakters der übertragenen Aufgabe und ihrer Sachnähe zum hoheitlichen Bereich als Amtswalter einordnen.

Die Literatur kritisiert die Werkzeugtheorie der Rechtsprechung auch in der modifizierten Form. Sie stellt, um eine Amtswaltereigenschaft zu begründen, auf einen funktionalen Ansatz ab. Es ist nur zu klären, ob die wahrgenommene Aufgabe hoheitlicher oder nichthoheitlicher Art ist. Das ist im konkreten Fall unproblematisch zu bejahen, da U die Verkehrssicherungspflicht eines öffentlich-rechtlich betriebenen Freibads hinsichtlich der Spielgeräte erfüllt. U ist danach auch nach Ansicht der Literatur Amtswalter.

Da beide Ansätze zum gleichen Ergebnis führen, bedarf es keiner weiteren Diskussion der dargelegten Lösungswege. U hat in Ausübung eines öffentlichen Amtes gehandelt.

b) Verletzung einer drittbezogenen Amtspflicht

U müsste weiterhin eine drittbezogene Amtspflicht verletzt haben.

Als hoheitliche Aufgabe kommt hier die Überwachung und Wartung der Spielgeräte im Freibad in Betracht. Dabei handelt es sich um eine Verkehrssicherungspflicht. Sie ist grundsätzlich privatrechtlicher Natur. Jedoch ist sie vorliegend durch die Satzung der Stadt S als Amtspflicht ausgestaltet. U handelt mithin in Erfüllung dieser Amtspflicht.

Die Unterlassung dieser hoheitlichen Aufgabe stellt sich als qualifiziertes Unterlassen gegenüber dem geschädigten K dar, weil Kinder als besonders gefährdete Personengruppe durch die Wartung der Spielgeräte genau vor den Schäden geschützt werden sollen, wie sie sich im Fall des K ereignet haben.

U hat somit eine Amtspflichtverletzung bei der Ausübung einer hoheitlichen Aufgabe begangen.

c) Verschulden und kausaler Schaden

U müsste schließlich schuldhaft gehandelt haben.

Die Amtshaftung ist verschuldensabhängig und verlangt ein vorsätzliches oder fahrlässiges Handeln.

In diesem Zusammenhang ist zu klären, wie sich die Haftungsbegrenzung in der Satzung der Stadt S auswirkt. Im Rahmen des Deliktsrechts ist ein Haftungsausschluss bzw. eine Haftungsbegrenzung nur durch ein förmliches Gesetz möglich. Vorliegend geht es um einen Ausschluss durch eine Satzung. Bei ihr handelt es sich gerade nicht um ein förmliches Gesetz, so dass ein Haftungsausschluss bzw. eine Haftungsbegrenzung durch eine Satzung im Rahmen der Amtshaftung unwirksam ist. U hat daher schuldhaft gehandelt.

Die Amtspflichtverletzung ist auch kausal für den bei K entstandenen Schaden.

d) Haftungsausschluss – Subsidiaritätsklausel

Möglicherweise könnte die Stadt S dem bis jetzt gegebenen Anspruch des K § 839 Abs. 1 S. 2 BGB entgegenhalten. Danach ist eine Haftung des Amtswalters ausgeschlossen, wenn er nur fahrlässig gehandelt hat und der Geschädigte auf andere Weise Ersatz für seinen Schaden zu erlangen vermag. Diese Regelung schließt die Entstehung des Amtshaftungsanspruchs aus, sog. Subsidiaritätsklausel oder Verweisungsprivileg.

U hat fahrlässig gehandelt, so dass die erste Bedingung eines Haftungsausschlusses erfüllt ist.

Es ist davon auszugehen, dass die Eltern des K und damit er selbst Mitglied einer gesetzlichen Krankenversicherung sind, gegen die sie im Krankheitsfalle Ansprüche geltend machen können. Damit liegt auch die zweite Voraussetzung des § 839 Abs. 1 S. 2 BGB vor.

Allerdings ist der Sinn und Zweck der Subsidiaritätsklausel zu berücksichtigen. Sie soll den persönlich haftenden Beamten bei fahrlässigem Handeln entlasten. Aufgrund des Art. 34 GG wird die Haftung des Beamten auf den Staat übergeleitet. Dem Staat selbst aber darf die Haftungsbeschränkung des persönlich haftenden Beamten gerade nicht zugute kommen. § 839 Abs. 1 S. 2 BGB ist daher auf die Fälle zu begrenzen, in denen es um die persönliche Haftung des Beamten, die nicht auf den Staat übergeleitet wird, geht und ist ansonsten teleologisch zu reduzieren.

In dem in Rede stehenden Fall würde der Staat selbst von der anderweitigen Ersatzmöglichkeit des K profitieren, was nicht dem ursprünglichen Sinn der Subsidiaritätsklausel gerecht wird. Die Stadt S kann sich demnach nicht auf § 839 Abs. 1 S. 2 BGB berufen.

e) Ergebnis

K hat auch aus § 839 Abs. 1 S. 1 BGB i.V.m. Art. 34 GG einen Anspruch gegen die Stadt S in Höhe von 5000 €.

3. Rechtsweg

K hat gegen die Stadt S sowohl aus einem öffentlich-rechtlichen Schuldverhältnis als auch aus Amtshaftung einen Schadensersatzanspruch.

Der Schadensersatzanspruch aus dem öffentlich-rechtlichen Schuldverhältnis ist im Zusammenhang mit dem Erfüllungsanspruch aus dem Benutzungsverhältnis zu sehen. Da es öffentlich-rechtlicher Natur ist, ist der Verwaltungsrechtsweg zunächst eröffnet. Gilt dies für Erfüllungsansprüche, so könnte das auch für die aus diesem Verhältnis herrührenden Schadensersatzansprüche gelten. Allerdings können Schadensersatzansprüche unter das Merkmal „Verletzung öffentlich-rechtlicher Pflichten" subsumiert werden, so dass § 40 Abs. 2 S. 1 Var. 3 VwGO einschlägig ist. Dieser Anspruch ist daher vor den ordentlichen Gerichten geltend zu machen.

Soweit es um den Amtshaftungsanspruch geht, ist nach Art. 34 S. 3 GG der ordentliche Rechtsweg eröffnet.

Für beide Ansprüche ist somit der ordentliche Rechtsweg gegeben.

Übungsfall Nr. 2

Online-Wissens-Check

Inwieweit kann eine Haftung bei einem öffentlich-rechtlichen Benutzungs- bzw. Leistungsverhältnis mittels AGB ausgeschlossen werden?

Überprüfen Sie jetzt online Ihr Wissen zu den in diesem Abschnitt erarbeiteten Themen. Unter **www.juracademy.de/skripte/login** steht Ihnen ein Online-Wissens-Check speziell zu diesem Skript zur Verfügung, den Sie kostenlos nutzen können. Den Zugangscode hierzu finden Sie auf der Codeseite.

4. Teil
Entschädigung wegen Beeinträchtigung des Eigentums

A. Grundlagen der Entschädigungsansprüche

I. Bedeutung des Eigentums

160 Entschädigung wegen Beeinträchtigung des Eigentums wird für **schuldloses** Verwaltungshandeln geleistet. Im Zentrum steht damit nicht wie bei der Amtshaftung oder bei den Ansprüchen aus öffentlich-rechtlichen Schuldverhältnissen ein persönliches Verhalten von Bediensteten des Staates und seiner Behörden. Vielmehr geht es allein um das Eigentum und seine Beeinträchtigung.

161 Die Eigentumsgarantie des Art. 14 Abs. 1 S. 1 GG ist ein Kernelement der Grundrechte des Grundgesetzes. Sie soll dem Einzelnen einen Freiheitsraum im vermögensrechtlichen Bereich sichern und ihm damit eine eigenverantwortliche Gestaltung seines Lebens ermöglichen.[1] Art. 14 Abs. 1 S. 1 GG beinhaltet neben seiner Funktion als Abwehrrecht gegen den Staat die Gewährleistung des Eigentums als Rechtsinstitut und ist damit konstitutives Element einer objektiv-rechtlichen Ordnung des Gemeinwesens, sog. Institutsgarantie.[2]

Aufgrund der herausragenden Bedeutung des Eigentums sind die Ausgestaltung, Bindung und Entschädigung im Fall einer Enteignung des Eigentums in Art. 14 GG auf Verfassungsebene genau festgelegt. Zugleich wird deutlich, dass das Eigentum nicht unantastbar ist. Es ist staatlichen Einwirkungen ausgesetzt. Diese Eingriffe können über den Primärrechtsschutz einer rechtlichen Kontrolle unterzogen und ggf. verhindert werden. Sollten die Eingriffe hinzunehmen sein, so ist dann auf der Sekundärebene ein Ausgleich zu leisten.

Hinweis

Denken Sie wieder daran: auch im Bereich der Eigentumsentschädigung gilt der Grundsatz vom Vorrang des Primärrechtsschutzes. Also kein Wahlrecht zwischen Rechtsschutz gegen die Eingriffsmaßnahme und einer Entschädigung, kein „dulde und liquidiere".

Nachfolgend geht es allein um die sekundäre Ebene eines Ausgleichs für erlittene Eigentumsbeeinträchtigungen.

II. Historische Entwicklung der Entschädigungsansprüche

162 Die Entschädigung für Eingriffe in das Eigentum wurzelt im Gedanken der Aufopferung. Er wurde in §§ 74, 75 Einl. Preußisches ALR[3] erstmals kodifiziert:

---

1 *BVerfGE* 30, 292, 334; 83, 201, 208; *Hesse* Rn. 441 ff.; *Sproll* JuS 1994, 1080; *Katz* Rn. 813.

2 *BVerfGE* 24, 367. 389.

3 Lies: §§ 74, 75 der Einleitung zum Preußischen Allgemeinen Landrecht.

§ 74.

Einzelne Rechte und Vorteile der Mitglieder des Staates müssen den Rechten und Pflichten zur Beförderung des gemeinschaftlichen Wohls, wenn zwischen beiden ein wirklicher Widerspruch (Kollision) eintritt, nachstehen.

§ 75.

Dagegen ist der Staat demjenigen, welcher seine besonderen Rechte und Vorteile dem Wohle des gemeinen Wesens aufzuopfern genötigt wird, zu entschädigen gehalten.

Aufopferung heißt demnach, dass der Einzelne Rechte zugunsten des Allgemeinwohls aufopfert, hingibt, er aber im Gegenzug entschädigt wird.

Daraus entwickelte sich die **sog. klassische Enteignung**. Sie meint die Übertragung des 163
Eigentums an einem Grundstück aus konkreten Gründen des Allgemeinwohls auf den Staat. Sie erfolgte durch einen Verwaltungsakt aufgrund eines Gesetzes und gegen Entschädigung. Sie sollte zum Zuge kommen, wenn eine privatrechtliche Einigung über den Grundstückserwerb nicht möglich war. Es handelte sich inhaltlich deshalb um eine Art Zwangskauf.[4]

Beispiel Landbeschaffung, um Verkehrswege zu errichten. ■

An die klassische Enteignung knüpfte Art. 153 WRV an – Enteignung zum Wohl der Allge- 164
meinheit gegen Entschädigung. Die Rechtsprechung des Reichsgerichts erweiterte die Enteignung unter allen Aspekten. Sie betraf nicht mehr nur Grundstücke, sondern alle vermögenswerten privaten Rechte. Sie konnte nicht mehr nur durch Verwaltungsakt aufgrund eines Gesetzes erfolgen, sondern auch durch ein Gesetz selbst. Sie meinte nicht mehr allein Übertragung eines Rechts, sondern auch seine Beschränkung. Schließlich entfiel ihre Begrenzung auf einen konkreten Grund des Allgemeinwohls zugunsten eines allgemeinen öffentlichen Interesses.

Zudem entwickelte das Reichsgericht die Einzelaktstheorie. Danach lag bei einem einzelnen 165
Eingriff eine entschädigungspflichtige Enteignung vor. Wurde dagegen das Eigentum generell beschränkt, handelte es sich nur um eine entschädigungslose Inhaltsbestimmung.[5]

Diesen erweiterten Enteignungsbegriff nahm die Rechtsprechung des *BGH* auf. Insbesondere 166
führte sie die erwähnte Einzelaktstheorie fort zur **Sonderopfertheorie**. Nach ihr ist eine entschädigungspflichtige Enteignung anzunehmen, wenn der Eingriff in das Eigentum den Betroffenen im Vergleich zu den Übrigen ungleich, sprich besonders trifft und ihn zu einem besonderen, den Übrigen nicht zugemuteten Opfer für die Allgemeinheit zwingt.[6]

Die Rechtsprechung des *BVerwG* stellte zur Abgrenzung zwischen Enteignung und Inhaltsbe- 167
stimmung des Eigentums auf die Schwere und Tragweite des Eingriffs ab, so genannte **Schweretheorie**. Sie stützte sich dabei auf den Grundsatz der Verhältnismäßigkeit.[7]

Darüber hinaus formte der *BGH* die Figur des **enteignungsgleichen Eingriffs** für rechtswid- 168
rige hoheitliche Eingriffe in das Eigentum.[8] Das Sonderopfer ist hier bereits in der Rechtswidrigkeit des Eingriffs in das Eigentum selbst zu sehen. Schließlich entwarf der *BGH* noch

4 *Maurer* § 27 Rn. 8; *Sproll* JuS 1995, 1081.
5 Vgl. *Maurer* 27 Rn. 16.
6 *BGHZ* 6, 270, 280; 30, 338, 341; 60, 145, 147; vgl. dazu auch *Lege* Jura 2011, 826, 830.
7 *BVerwGE* 5, 143, 145 f.; 19. 94, 98 f.; 36, 248, 251 f.; 41, 58, 66
8 *BGHZ* 6, 270, 290.

die Figur des **enteignenden Eingriffs**. Sie betrifft rechtmäßige hoheitliche Eingriffe, die als ungewollte, atypische Nebenfolge eine Beeinträchtigung des Eigentums zur Folge haben.[9]

III. Neuorientierung aufgrund der Rechtsprechung des BVerfG

1. Nassauskiesungsbeschluss

169 Diese skizzierte Entwicklung erfuhr mit der Rechtsprechung des *BVerfG* eine grundlegende Neuorientierung. Mit seinem Nassauskiesungsbeschluss[10] stellte das *BVerfG* klar, dass

- eine Entschädigung wegen Enteignung nur nach Maßgabe des Art. 14 Abs. 3 GG möglich ist, also nur, wenn der vollständige oder teilweise Entzug des Eigentums durch Gesetz oder aufgrund eines Gesetzes erfolgt, um dem Wohl der Allgemeinheit zu dienen. Damit sind die Form und der Zweck der Enteignung entscheidend für eine entschädigungspflichtige Enteignung. Die Frage nach einem Sonderopfer stellt sich in diesem Zusammenhang nicht mehr. Es gilt ein enger Enteignungsbegriff;[11]
- eine Entschädigung nach Art. 14 Abs. 3 GG nur auf der Grundlage eines Gesetzes, das Art und Ausmaß der Entschädigung regelt, gewährt wird. Fehlt eine derartige Regelung, ist die darauf gestützte Enteignung rechtswidrig. Eine Entschädigung kann dann mangels einer Rechtsgrundlage nicht geleistet werden. Mithin ist es nicht mehr möglich, eine Lücke richterrechtlich zu schließen. Es gilt das Prinzip des Gesetzesvorbehalts;
- eine strikte Trennung zwischen der Enteignung, Art. 14 Abs. 3 GG, einerseits und der Inhalts- und Schrankenbestimmung des Eigentums, Art. 14 Abs. 1 S. 2 GG andererseits zu beachten ist. Die Inhalts- und Schrankenbestimmung formt das Eigentum aus und liegt begrifflich damit vor einer Enteignung. Sie kann deshalb nicht als ihr Gegenpol dienen, um eine Enteignung festzulegen. Es gilt die Unterscheidung zwischen der Stufe der Eigentumsbestimmung und der Stufe der nachfolgenden Enteignung.[12]

Aus all dem folgt schließlich, dass ein Wahlrecht zwischen einem Rechtsschutz gegenüber der Enteignung (primäre Ebene) und einer Entschädigung (sekundäre Ebene) nicht besteht. **Also kein „dulde und liquidiere" mehr**. Es gilt das Prinzip des **Vorrangs des Primärrechtsschutzes**.[13]

170

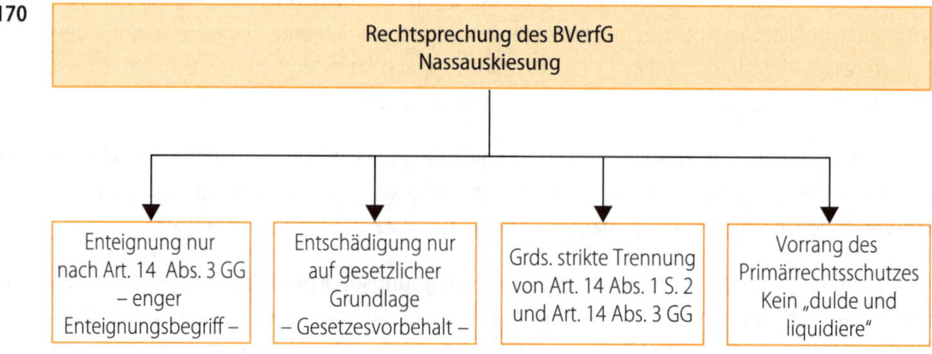

9 *BGHZ* 57, 359 ff.; *BGHZ* 64, 220 ff.; *BGH* NJW 1980, 770 ff.
10 *BVerfGE* 58, 300 ff.; zum Gegenstand des Verfahrens siehe Kurzfassung bei *Maurer* § 27 Rn. 26.
11 *BVerfGE* 58, 300, 330 f.
12 *BVerfGE* 58, 300, 328 ff.
13 *BVerfGE* 58, 300, 324.

2. Pflichtexemplarentscheidung

In Zusammenhang mit dem Nassauskiesungsbeschluss des *BVerfG* ist die kurz zuvor ergangene Pflichtexemplarentscheidung[14] zu sehen. Zwar gilt der Grundsatz, dass eine Inhalts- und Schrankenbestimmung, Art. 14 Abs. 1 S. 2 GG, entschädigungslos hinzunehmen ist. Jedoch macht das *BVerfG* in der genannten Entscheidung eine Ausnahme dann, wenn die Inhalts- und Schrankenbestimmung sich als unverhältnismäßige und gleichheitswidrige Belastung für den Betroffenen darstellt. In einem solchen Fall ist eine entsprechende Entschädigung zu leisten.[15] **171**

Damit ist die Grundlage für das Institut der ausgleichspflichtigen Inhalts- und Schrankenbestimmung gelegt.[16]

3. Überblick über Entschädigungen für Eingriffe nach Art. 14 GG

Als Ergebnis der Rechtsprechung des *BVerfG* lässt sich für die Entschädigung wegen Eingriffen in das Eigentum auf der Grundlage des Art. 14 GG festhalten: **172**

173

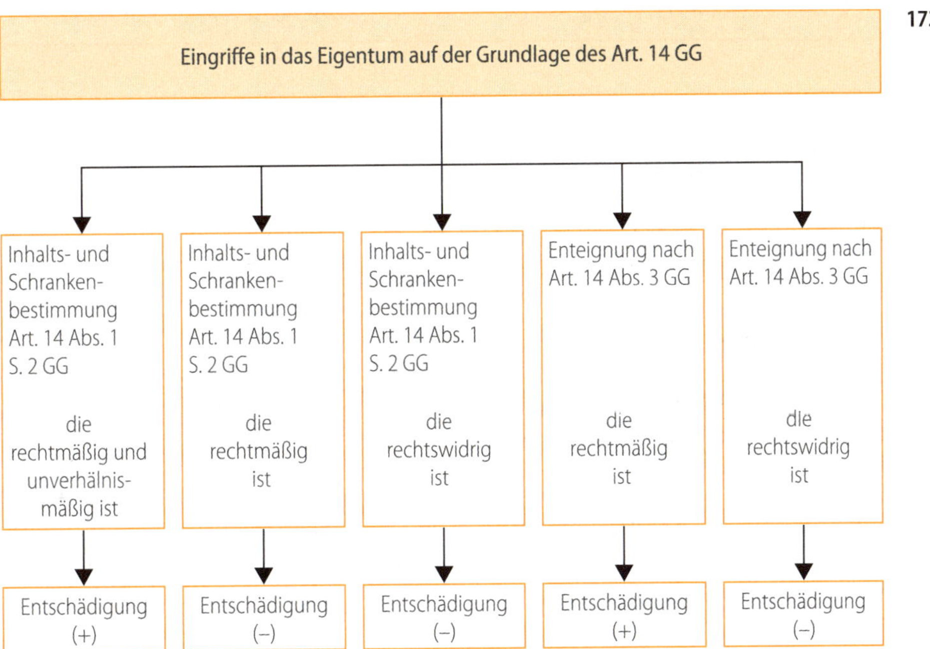

IV. Gesamtüberblick der vorhandenen Anspruchsgrundlagen

Da die Rechtsprechung des *BVerfG* sich nur auf die Enteignung und die Entschädigung im Rahmen des Art. 14 GG bezieht, sind die von der Rechtsprechung des *BGH* geschaffenen Figuren **„enteignungsgleicher" und „enteignender" Eingriff** nur insoweit betroffen, als sie sich nicht mehr auf Art. 14 GG stützen lassen. Vielmehr finden sie nunmehr ihre Rechts- **174**

14 *BVerfGE* 58, 137 ff.; zum Gegenstand des Verfahrens siehe Kurzfassung bei *Maurer* § 27 Rn. 32.
15 *BVerfGE* 58, 137, 144 f.
16 Bestätigt durch *BVerfGE* 100, 226 ff.

grundlage im allgemeinen Aufopferungsgedanken entsprechend den §§ 74, 75 Einl. Preußisches ALR in seiner richterrechtlich geformten Ausprägung.

175 In einem Gesamtüberblick verbleiben damit vier Anspruchsgrundlagen wegen Entschädigung aufgrund einer Beeinträchtigung des Eigentums:

- Ansprüche auf Enteignungsentschädigung nach Art. 14 Abs. 3 GG;
- Ansprüche auf Entschädigung wegen unverhältnismäßiger Inhalts- und Schrankenbestimmung nach Art. 14 Abs. 1 S. 2 GG – ausgleichspflichtige Inhalts- und Schrankenbestimmung;
- Ansprüche auf Entschädigung wegen rechtswidriger Eigentumsbeeinträchtigung, die nicht im Wege des Primärrechtsschutzes abzuwenden ist – enteignungsgleicher Eingriff;
- Ansprüche auf Entschädigung wegen rechtmäßiger Eigentumsbeeinträchtigung, die sich als unvorhersehbare, atypische Nebenfolge darstellt – enteignender Eingriff.

Hinweis

Diese vorstehenden vier Anspruchsmöglichkeiten müssen Sie kennen und auseinander halten.

B. Eigentumsbegriff

176 Alle genannten Entschädigungsansprüche gehen von einem Eingriff in das Eigentum aus. Dieser Begriff ist als immer wiederkehrender Prüfungspunkt vorweg zu klären.

I. Normative Prägung des Eigentums

177 Der Begriff des Eigentums in Art. 14 Abs. 1 S. 1 GG ist verfassungsrechtlich geprägt und nicht mit dem des Privatrechts identisch. Er ist viel weiter gefasst.[17]

Anders als andere Grundrechte, die einen konkreten sachlichen Bezug zum Leben haben, z.B. Recht auf Leben, körperliche Unversehrtheit, Meinungs- und Versammlungsfreiheit, ist der Begriff Eigentum selbst durch die Rechtsordnung auszugestalten.[18] Es handelt sich also um ein normativ geprägtes Grundrecht.

Aufgrund der durch den Gesetzgeber vorgenommenen normativen Ausprägung des Eigentums sind unter dem Begriff **Eigentum** grundsätzlich alle vermögenswerten Rechte zu verstehen, die dem Berechtigten von der Rechtsordnung in der Weise zugeordnet sind, dass er die damit verbundenen Befugnisse in eigenverantwortlicher Gestaltung ausüben kann, um sie für seine Zwecke zu nutzen.[19]

17 *BVerfGE* 58, 300, 335; *Maurer* § 27 Rn. 42.
18 *BVerfGE* 58, 300, 336; *Maurer* § 27 Rn. 38; *Wolff/Bachof/Stober/Kluth* § 71 Rn. 31.
19 *BVerfGE* 83, 201, 209; 97, 350, 371.

Zentrale Aspekte des Eigentumsbegriffs sind demnach seine Privatnützigkeit und die grundsätzliche Verfügungsbefugnis des privaten Inhabers.[20] Nicht dazu gehört das Eigentum hoheitlicher Rechtsträger wie Bund, Land, Kommune und Kreis. Deren Eigentum ist dem Schutzbereich des Art. 14 Abs. 1 S. 1 GG generell entzogen.[21]

II. Vermögenswerte Rechte des Privatrechts

Zu den vermögenswerten Rechten des Privatrechts gehören das Eigentum an Sachen, einschließlich dinglicher Rechte, Besitz – auch der eines Mieters[22] – vermögenswerte Mitgliedschafts- und Gesellschaftsrechte, Urheber- und Forderungsrechte.[23] **178**

Der eingerichtete und ausgeübte Gewerbebetrieb wird ebenfalls dazu gezählt. Mit diesem Begriff sind alle Faktoren gemeint, die in ihrer Gesamtheit den wirtschaftlichen Wert des Betriebs ausmachen.[24]

Das Vermögen als solches wird vom Eigentumsbegriff des Art. 14 Abs. 1 GG nicht erfasst und nicht geschützt.[25]

III. Vermögenswerte Rechte des öffentlichen Rechts

In den Schutzbereich des Art. 14 Abs. 1 S. 1 GG fallen auch vermögenswerte Rechte des öffentlichen Rechts. Voraussetzung ist aber neben ihrer Privatnützigkeit, dass sie auf Eigenleistungen des Begünstigten beruhen und seiner Existenzsicherung dienen. Es handelt sich dabei in erster Linie um sozialversicherungsrechtliche Ansprüche – Arbeitslosengeld I, Rentenansprüche.[26] **179**

Nicht erfasst werden hingegen öffentlich-rechtliche Ansprüche, die allein auf staatlicher Gewährung beruhen,[27] z.B. Kindergeld, Arbeitslosengeld II (Hartz IV).

IV. Grenzen des Eigentumsschutzes

Der Eigentumsbegriff des Art. 14 Abs. 1 GG schützt nur den Bestand der konkret vorhandenen Vermögenswerte. Nicht geschützt werden Erwerbschancen und Gewinnmöglichkeiten.[28] **180**

Ebensowenig wird eine rechtswidrige Eigentumsposition geschützt.

---

20 *BVerfGE* 52, 1, 30; 82, 6, 16; 89, 1, 6.

21 *Katz* Rn. 816.

22 *BVerfGE* 89, 1, 5 f.

23 *Maurer* § 27 Rn. 43; *Wolff/Bachof/Stober/Kluth* § 71 Rn. 34; jeweils m.w.N.

24 Vgl. *BGHZ* 92, 34, 37; *BVerwGE* 62, 224, 226; a.A. wohl *BVerfGE* 58, 300, 353; 74, 129, 148; 96, 375, 397 wonach offen ist, ob der eingerichtete und ausgeübte Gewerbebetrieb in den Schutzbereich des Art. 14 Abs. 1 GG fällt.

25 *BVerfGE* 91, 207, 220; 95, 267, 300.

26 *BVerfGE* 53, 257, 289 f.; 69, 272, 300; 97, 271, 283 f.; *Katz* Rn. 818, *Zippelius/Würtenberger* S. 281.

27 *Maurer* § 27 Rn. 44; *Detterbeck/Windthorst/Sproll* § 14 Rn. 27.

28 *BVerfGE* 102, 197, 211; *BGHZ* 62, 96 ff.; 111, 349, 357 f.; *Sproll* JuS 1995, 1083 f.

JURIQ-Klausurtipp

In einer Klausur sollten Sie möglichst genau herausarbeiten, in welcher Eigentumsposition der Anspruchssteller verletzt ist. Als Leitlinien zur Annahme des Schutzbereichs des Art. 14 Abs. 1 S. 1 GG gelten die Merkposten:

- Sacheigentum
- private Forderungsrechte
- öffentlich-rechtliche Forderungen, soweit sie auf eigener Leistung beruhen
- nur Bestand, nicht Chancen und Erwartungen
- nicht das Vermögen als solches
- nur rechtsmäßige Vermögenspositionen

C. Entschädigung wegen Enteignung, Art. 14 Abs. 3 GG

I. Anspruchsgrundlage / Prüfungsschema

181 Nach der Rechtsprechung des *BVerfG* – Nassauskiesungsbeschluss – wird eine Entschädigung nur auf der Grundlage eines Gesetzes, das Art und Ausmaß der Entschädigung regelt, gewährt. Als Anspruchsgrundlage kann deshalb nur ein einfaches Gesetz herangezogen werden. Insbesondere ist Art. 14 Abs. 3 GG selbst keine Anspruchsgrundlage,[29] enthält aber gleichwohl Tatbestandsvoraussetzungen für eine Entschädigung.

182 Anspruchsgrundlage ist vielmehr das konkrete Enteignungsgesetz, z.B. §§ 85 ff., 94 BauGB oder § 19 FStrG, bzw. die generellen Enteignungsregelungen der Landesenteignungs- und Entschädigungsgesetze z.B. EEG NRW[30] u. LEntgG BW.[31]

JURIQ-Klausurtipp

Als Anspruchsgrundlage in einer Klausur nennen Sie Art. 14 Abs. 3 GG i.V.m. der konkreten Entschädigungsnorm aus dem speziellen Gesetz bzw. die Norm aus dem allgemeinen Enteignungs- und Entschädigungsgesetz des Landes, z.B. § 9 EEG NRW, § 8 LEntG BW.

Sie beginnen mit Art. 14 Abs. 3 GG, obwohl es keine Anspruchsgrundlage ist. Art. 14 Abs. 3 GG enthält aber die für die Entschädigung notwendige Voraussetzung für eine Enteignung.

Diese Konstruktion können Sie in einer Klausur knapp darstellen.

---

29 *Maurer* § 27 Rn. 65.

30 *Hippel/Rehborn* Nr. 128.

31 *Dürig* Nr. 88.

Anspruchsgrundlage: Art. 14 Abs. 3 GG i.V.m. Spezialgesetz zur Entschädigungsregelung

PRÜFUNGSSCHEMA

I. Vorliegen einer Enteignung

II. Eigentum betroffen
Vollständige oder teilweise Entziehung Rn. 185, 187

III. Zur Erfüllung hoheitlicher Aufgaben

IV. Zulässigkeit oder Rechtmäßigkeit der Enteignung

V. Enteignung durch Gesetz oder aufgrund eines Gesetzes
Allgemeinwohlbedürfnis Rn. 196 f.

VI. Verhältnismäßigkeit

VII. Junktimklausel

II. Anspruchsvoraussetzung: Enteignung

Der Anspruch auf Enteignungsentschädigung verlangt als erste Voraussetzung eine Enteignung. Der Begriff ist gesetzlich nicht definiert. 183

Gleichwohl ist anerkannt, dass eine **Enteignung nach Art. 14 Abs. 3 GG** die vollständige oder teilweise Entziehung vermögenswerter Rechtspositionen i.S.d. Art. 14 Abs. 1 GG durch einen gezielten hoheitlichen Rechtsakt zur Erfüllung bestimmter öffentlicher Aufgaben voraussetzt.[32]

Eine Enteignung beinhaltet also vier Tatbestandsmerkmale. Es sind: eine als Eigentum geschützte Rechtsposition, die vollständige oder teilweise Entziehung dieser Rechtsposition, durch einen gezielten hoheitlichen Rechtsakt, mit dem Ziel der Erfüllung öffentlicher Aufgaben.[33]

1. Als Eigentum geschützte Rechtsposition

Das erste Merkmal einer Enteignung ist, dass eine als Eigentum geschützte Rechtsposition gegeben sein muss. 184

An dieser Stelle ist auf die Ausführungen in Rn. 176 ff. zu verweisen.

32 *BVerfGE* 58, 300, 332; 66, 248, 257; 100, 226, 239 f.; *BVerwGE* 94, 279, 283; *BGHZ* 120, 38, 42.
33 *Maurer* § 27 Rn. 41; vgl. auch *Sproll* JuS 1995, 1083.

2. Vollständige oder teilweise Entziehung

185 Das zweite Merkmal einer Enteignung ist die vollständige oder teilweise Entziehung der vermögenswerten Rechtsposition. Der Entzug bewirkt einen Rechts- und Vermögensverlust.[34]

a) Regelfall

186 Keine Probleme entstehen hinsichtlich eines vollen Rechtsentzugs.[35] Bei einer teilweisen Entziehung des Eigentums ist zu differenzieren zwischen einer sachlich-gegenständlichen Teilentziehung, einer rechtlichen Beschränkung bzw. einer faktischen Aushöhlung des Eigentums.

Die sachlich-gegenständliche Teilentziehung meint die tatsächliche Abtrennung eines Teils von der ganzen Eigentumsposition. Sie ist quantitativer Art.

Beispiel Ein abgrenzbarer Teil des Grundstücks wird entzogen. ■

Die rechtliche Beschränkung betrifft die Rechte, die sich aus einer Eigentumsposition als selbstständige Rechte herauslösen lassen. Sie ist qualitativer Art. Als Hilfsüberlegung kann darauf zurückgegriffen werden, ob die betreffende Rechtsposition auch unter Privaten übertragen werden könnte.[36]

Beispiel Die dingliche Belastung eines Grundstücks. ■

b) Abgrenzung Teilentziehung zu Inhalts- und Schrankenbestimmung, Art. 14 Abs. 1 S. 2 GG

187 Bei der qualitativen teilweisen Entziehung des Eigentums taucht die Frage nach der Abgrenzung zu Art. 14 Abs. 1 S. 2 GG – Inhalts- und Schrankenbestimmung – auf, die gerade keine Enteignung darstellt und damit grundsätzlich entschädigungslos hinzunehmen ist.

188 Derartige Abgrenzungsfragen können sich bei Nutzungsbeschränkungen finden, insbesondere im Bauplanungs-, Denkmal- und Naturschutzrecht. Die Abgrenzung ist auf der Basis des Nassauskiesungsbeschlusses des *BVerfG* im Grunde klar. Es gilt der enge Enteignungsbegriff, der die Enteignung formal an ein Gesetz bzw. eine gesetzliche Grundlage bindet und sie an Zwecke des Allgemeinwohls knüpft. Die Inhalts- und Schrankenbestimmung liegt begrifflich davor und gestaltet das Eigentum aus. Daraus ergeben sich als Abgrenzungskriterien:

- Ist die Maßnahme konkret auf einen Fall bzw. eine Sache gerichtet oder wird eine Fallgestaltung abstrakt generell geregelt?
- Erfolgt die Maßnahme zielgerichtet zur Verfolgung des Allgemeinwohls oder besteht nur ein allgemeines öffentliches Interesse?
- Betrifft die Maßnahme eine bestehende Rechtsposition oder gestaltet sie eine Rechtsposition für die Zukunft aus?

189 Liegt jeweils die erste Möglichkeit vor, dann handelt es sich um eine Enteignung, liegt hingegen die zweite Möglichkeit vor, ist eine Inhalts- und Schrankenbestimmung gegeben.[37]

---

34 *BVerfGE* 24, 367, 394; 83, 201, 211; *Papier* in: Maunz/Dürig/Herzog/Scholz, Art. 14 Rn. 522, 355.
35 *Schwerdtfeger/Schwerdtfeger* Rn. 550 f.
36 *Wolff/Bachof/Stober/Kluth* § 71 Rn. 41; vgl. auch *BVerfGE* 45, 297, 338 ff.
37 Vgl. *Peine* § 17 Rn. 1200, 1202 f.

Beispiel 1 A ist Grundstückseigentümer und plant sein Grundstück zu Gewerbezwecken zu nutzen. Ein neu erlassener Bebauungsplan weist das Gebiet, in dem das Grundstück des A liegt, als allgemeines Wohngebiet aus. A kann seine Pläne nicht verwirklichen und sieht sich enteignet. Er möchte Entschädigung. ■

Beispiel 2 Aufgrund des Denkmalschutzgesetzes wird ein Gebäude unter Schutz gestellt. Der Eigentümer E möchte das Gebäude grundlegend umgestalten. Die Denkmalschutzbehörde lehnt das Ansinnen des E ab. E sieht sich enteignet und möchte Entschädigung.

Unter Zugrundelegung der erwähnten Abgrenzungskriterien ergibt sich für die beiden *Beispiele*, dass die Nutzungsbeschränkungen aufgrund des Bebauungsplans bzw. des Denkmalschutzgesetzes abstrakt genereller Natur sind, sie nicht zielgerichtet aus Gründen des Allgemeinwohls, sondern aus allgemein öffentlichem Interesse erfolgen und eine Eigentumsposition zukünftig ausformen. Mithin liegt eine Inhalts- und Schrankenbestimmung i.S.d. Art. 14 Abs. 1 S. 2 GG vor.

Die auf die Regelungen zur Inhalts- und Schrankenbestimmung folgenden Einzelmaßnahmen – Umsetzung durch Verwaltungsakte – stellen nur eine Konkretisierung dar und bleiben im Bereich des Art. 14 Abs. 1 S. 2 GG. Es liegt keine Enteignung vor. Eine Entschädigung kann in beiden *Beispielen* nicht begehrt werden. ■

Eine Inhalts- und Schrankenbestimmung liegt auch vor bei der Umgestaltung eines beste- **190**
henden Rechts, bei dem Rechtspositionen verloren gehen.[38]

Beispiel Im Rahmen der Neuregelung eines Gesetzes entfällt ein bisher bestehendes Recht. ■

c) Faktische Enteignung

Die vollständige oder teilweise Entziehung einer Eigentumsposition ist an eine Rechts- **191**
position geknüpft. Es ist aber die Situation denkbar, in der die formale Eigentumsstellung unangetastet bleibt, aber alle mit dem Eigentum typischerweise verbundenen Nutzungs- und Verfugungsbefugnisse beschnitten werden. Es bleibt also nur die leere Hülse des Eigentumsrechts übrig.[39] Nach Maßgabe der Rechtsprechung des *BVerfG* und des engen Enteignungsbegriffs bleibt es auch dann bei einer Inhalts- und Schrankenbestimmung, selbst wenn sie faktisch einer Enteignung gleichkommt.[40] Ein Abstellen auf die Intensität der Entziehung der Eigentumsposition ist nach der Nassauskiesungsentscheidung des *BVerfG* nicht mehr möglich. Eine andere Frage ist, ob eine derartige Inhalts- und Schrankenbestimmung ihrerseits verfassungsgemäß ist.[41] Der auf sie gestützte Rechtsakt ist dann im Wege des Primärrechtsschutzes aufzuheben.

Hinweis

Im Zweifel nehmen Sie bei der Abgrenzungsthematik eine Inhalts- und Schrankenbestimmung an. Der Anwendungsbereich der Enteignung ist insgesamt gesehen deshalb stark eingeschränkt.

38 *BVerfGE* 83, 201, 211 f.; *BVerfG* NJW 1998, 367, 368.
39 *Maurer* § 27 Rn. 48; *Detterbeck/Windthorst/Sproll* § 14 Rn. 34 ff.; *Sproll* JuS 1995, 1084.
40 *BVerfGE* 100, 226, 240.
41 *BVerfGE* 100, 226, 243.

3. Durch gezielten hoheitlichen Rechtsakt

192 Das dritte Merkmal einer Enteignung ist ihre Vornahme durch einen gezielten hoheitlichen Rechtsakt.

Nach Art. 14 Abs. 3 S. 2 GG kann eine Enteignung nur durch Gesetz – Legislativenteignung – oder aufgrund eines Gesetzes – Administrativenteignung – erfolgen.

Die Legislativenteignung ist die Ausnahme, da sich in ihrem Fall der Rechtsschutz der Betroffenen auf die Verfassungsbeschwerde beschränkt.[42]

Eine Administrativenteignung kann konkret durch Verwaltungsakt, Rechtsverordnung oder Satzung erfolgen.[43] Sie muss auf ein Parlamentsgesetz zurückzuführen sein, dass hinreichend bestimmt festlegt, für welche Vorhaben unter welchen Voraussetzungen und für welche Zwecke eine Enteignung zulässig sein soll.[44]

Der Rechtsakt ist gezielt, wenn er bewusst und gewollt, also final auf die Entziehung bzw. Teilentziehung der Eigentumsposition gerichtet ist.

Hoheitlich ist der Rechtsakt, wenn er dem Öffentlichen Recht zuzurechnen ist.

4. Ziel: Erfüllung öffentlicher Aufgaben

193 Das vierte Merkmal einer Enteignung ist ihre Zielrichtung. Sie erfolgt zur Erfüllung öffentlicher Aufgaben. An dieser Stelle geht es nur um die Feststellung, dass die Enteignung die Intention hat, den öffentlichen Aufgaben und dem Allgemeinwohl zu dienen. Ob die konkrete Maßnahme der Enteignung tatsächlich dieses Kriterium erfüllt, ist sodann zu ermitteln.[45]

III. Anspruchsvoraussetzung: Zulässigkeit der Enteignung

194 Liegt eine Enteignung vor, so muss sie im konkreten Fall auch zulässig sein.

Infolge des Nassauskiesungsbeschlusses des *BVerfG* geht der **Primärrechtsschutz** gegen die enteignende Maßnahme selbst einem Entschädigungsanspruch vor. Das bedeutet, dass eine Enteignungsentschädigung nur geleistet wird, wenn eine rechtmäßige, sprich zulässige Enteignung vorliegt. Ist sie hingegen rechtswidrig, also unzulässig und unterbleibt ein rechtliches Vorgehen gegen eine solche Enteignungsmaßnahme, so wird sie verbindlich bzw. bestandskräftig. **Wegen des Vorrangs des Primärrechtsschutzes kann aber auch keine Entschädigung gewährt werden.**

1. Rechtsgrundlage

195 Die Enteignung ist nur zulässig, wenn sie durch oder aufgrund eines Gesetzes erfolgt, Art. 14 Abs. 3 S. 2 GG. Diese Voraussetzung ist bereits oben (Rn. 181 ff.) dargelegt worden. Allerdings

42 *BVerfGE* 24, 367, 402 f.; 45, 297, 324 ff.; *Wolff/Bachof/Stober/Kluth* § 71 Rn. 43.
43 *Sproll* JuS 1995, 1084; *Maurer* § 27 Rn. 50.
44 *BVerfGE* 45, 297, 327; 72, 282, 283 ff.
45 *Maurer* § 27 Rn. 53.

ist an dieser Stelle zu prüfen, ob die Rechtsgrundlage die Enteignung auch tatsächlich trägt. Das heißt, ob die Rechtsgrundlage rechtmäßig ist.

Hinweis

Beachten Sie den Unterschied: bei der Klärung, ob eine Enteignung überhaupt vorliegt, wird nur festgestellt, dass sie eine Rechtsgrundlage hat. Das ist grundsätzlich zu bejahen. Nicht festgestellt wird dabei aber, ob diese Rechtsgrundlage auch im konkreten Fall ausreichend ist. Das geschieht erst im Rahmen der Prüfung der Zulässigkeit der Enteignung.

Im Falle der Legislativenteignung bedeutete das, dass an dieser Stelle die formelle und materielle Rechtmäßigkeit des Enteignungsgesetzes zu prüfen ist. Im Falle der Administrativenteignung bedeutet das, dass zum einen die Ermächtigungsgrundlage für die Enteignungsmaßnahme – also das Gesetz – in formeller und materieller Hinsicht zu prüfen ist. Zum anderen ist in einem weiteren Schritt die auf die Ermächtigungsgrundlage folgende Maßnahme zur Enteignung ihrerseits ebenfalls auf eine formelle und materielle Rechtmäßigkeit hin zu untersuchen.

Sie haben es im Fall einer Administrativenteignung deshalb mit einer doppelten Rechtmäßigkeitsprüfung zu tun.

Wichtig dabei ist nur, dass Sie die Übersicht behalten:

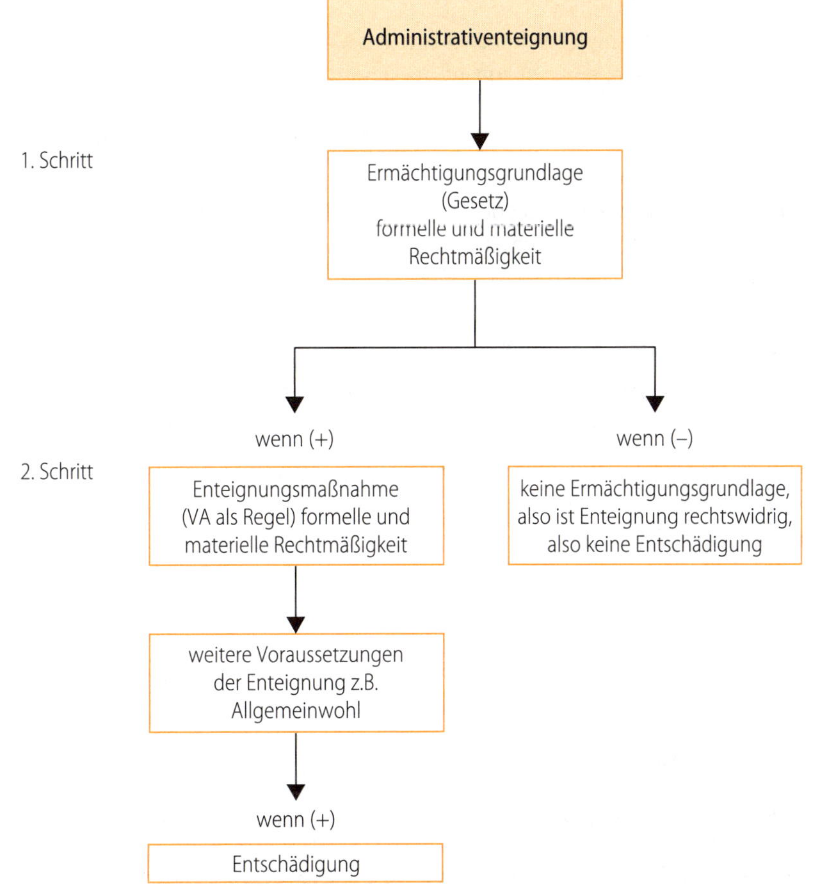

2. Zum Wohle der Allgemeinheit

196 Nach Art. 14 Abs. 3 S. 1 GG ist eine Enteignung nur zum Wohle der Allgemeinheit zulässig. Auch hier lässt sich an ein Merkmal der Enteignung anknüpfen. Eine Enteignung ist nur mit dem Ziel zur Erfüllung öffentlicher Aufgaben gegeben. Wurde dort nur die innere Zielrichtung der Maßnahme geprüft, so ist jetzt festzustellen, ob die enteignende Maßnahme auch tatsächlich dem Allgemeinwohl dient.

197 Der Begriff „zum Wohle der Allgemeinheit" ist ein unbestimmter Rechtsbegriff. Er bedarf der Konkretisierung seitens des Gesetzgebers.[46]

Als Ausgangspunkt, um das Allgemeinwohl zu bestimmen, ist der Schutz des Eigentums i.S.e. Bestandsschutzes zu sehen. Aufgrund der herausragenden Bedeutung des Eigentums in der Verfassungsordnung[47] kann also nur dann ein Allgemeinwohlerfordernis angenommen werden, wenn hierfür ein besonderes, dringendes Interesse besteht.[48] Bloß öffentliche oder fiskalische Interessen reichen nicht aus.[49] Ebenso wenig dient eine Enteignung für ein rechtswidriges Vorhaben dem Allgemeinwohl.[50]

Beispiel 1 Ein Grundstückseigentümer wird enteignet, um einen Verkehrsweg zu errichten (Autobahn/ICE-Strecke). ■

Das Allgemeinwohlerfordernis kann auch vorliegen, wenn die Enteignung zugunsten eines Privaten erfolgt. Maßgeblich ist nicht der durch die Enteignung Begünstigte und seine Interessen, sondern allein der mit der Enteignung verfolgte Zweck.[51]

Ergibt sich das Allgemeinwohlbedürfnis schon aus dem Unternehmensgegenstand selbst, bestehen keine Bedenken, eine Enteignung zugunsten eines Privaten vorzunehmen.[52]

Beispiel 2 Zur Sicherung der Energieversorgung werden Grundstücke zugunsten eines privaten Energieversorgers enteignet.

Hat die private Unternehmenstätigkeit nur einen mittelbaren Bezug zum Allgemeinwohl, dann muss der Gesetzgeber im Enteignungsgesetz den Zweck der Enteignung genau umschreiben, die Voraussetzungen der Enteignung und das Verfahren zu ihrer Ermittlung selbst festlegen und ausreichende Vorkehrungen zur dauerhaften Sicherung des mit der Enteignung verfolgten Allgemeinwohls treffen.[53] ■

Beispiel 3 Ein Automobilunternehmen will in einer strukturschwachen Region eine Teststrecke errichten. Zu diesem Zweck sollen Privatgrundstücke enteignet werden.

Der Unternehmensgegenstand ist in erster Linie auf Gewinnerzielung gerichtet. In zweiter Linie ergibt sich ein Allgemeinwohlinteresse in Form der Wirtschaftsförderung, Verbesserung der regionalen Wirtschaftsstruktur und Schaffung von Arbeitsplätzen. Da die priva-

---

46 *BVerfGE* 24, 367, 403; 74, 264, 286; *Peine* § 17 Rn. 1208; *Maurer* § 27 Rn. 57; *Sproll* JuS 1995, 1084.
47 Siehe Rn. 160 f.
48 *BVerfGE* 74, 264, 289; *OVG Hamburg* NVwZ 2005, 105.
49 *BVerfGE* 38, 175, 180.
50 *BVerwGE* 77, 86, 91.
51 *Peine* § 17 Rn. 1208; *Detterbeck/Windthorst/Sproll* § 16 Rn. 130; *Baldus/Grzeszick/Wienhues* Rn. 392.
52 *BVerfGE* 66, 248, 257 f.; *BVerwGE* 87, 241 ff.; 116, 365, 371 f.
53 *BVerfGE* 74, 264, 285 f.

ten Interessen hier im Vordergrund stehen, muss der Gesetzgeber im Enteignungsgesetz die erhöhten Anforderungen beachten. Ein bloßer Verweis auf die Vorschriften des BauGB in diesem Zusammenhang reicht nicht aus. ■

3. Verhältnismäßigkeit

Die Enteignung ist eine grundrechtsrelevante Maßnahme und muss deshalb dem sich aus dem Rechtsstaatsgebot, Art. 20 Abs. 3 GG, ergebenden Prinzip der Verhältnismäßigkeit genügen. Die Verhältnismäßigkeit bezieht sich dabei sowohl auf das Enteignungsgesetz als auch auf die konkrete Enteignungsmaßnahme selbst. **198**

Die Enteignung muss mit Blick auf den Eigentumseingriff geeignet, erforderlich und angemessen sein. Sie kommt immer nur als letztes Mittel zur Durchsetzung des Allgemeinwohlbedürfnisses in Betracht.[54]

Beispiel Ein für Allgemeinwohlzwecke benötigtes Grundstück wird enteignet, weil sich die Behörde nicht die Mühe der Verhandlungen über einen Kaufvertrag machen will.

Diese Enteignung ist unverhältnismäßig, da ein Erwerb des Grundstücks mittels eines Kaufvertrags im Verhältnis zur Enteignung das mildere Mittel darstellt. Die Behörde muss zunächst ernsthaft versuchen, das Grundstück auf diese Weise zu erlangen, vgl. § 87 Abs. 2 BauGB. ■

4. Exkurs: Rückübertragungsanspruch

Die Enteignung ist streng gebunden an die Voraussetzung eines konkreten Allgemeinwohlbedürfnisses. Wird der Zweck der Enteignung in der Folgezeit nicht realisiert, entsteht grundsätzlich ein Rückübertragungsanspruch aus Art. 14 Abs. 1 S. 1 GG bzw. einfach gesetzlichen Ansprüchen, z.B. § 102 BauGB, § 42 EEG NRW[55], § 42 LEntG BW.[56] **199**

Beispiel Ein Grundstück wird enteignet um Verkehrswege zu errichten. Aus Kostengründen und wegen fehlenden Bedarfs wird dieser Zweck nicht weiterverfolgt. Das Projekt wird aufgegeben.

Infolge der Nichtrealisierung ist das enteignete Grundstück zurück zu übertragen. ■

5. Junktimklausel

Art. 14 Abs. 3 S. 2 GG schreibt vor, dass das Gesetz, das zur Enteignung ermächtigt, selbst eine Regelung über Art und Ausmaß der zu leistenden Entschädigung enthalten muss. Damit wird eine Verbindung (Junktim) zwischen der Ermächtigung zur Enteignung und der dafür zu gewährenden Entschädigung hergestellt. **200**

Nur wenn ein solches Junktim besteht und es den Anforderungen des Art. 14 Abs. 3 S. 2 GG entspricht, ist die Enteignung rechtmäßig.[57]

---

54 *Peine* § 17 Rn. 1210.

55 *Hippel/Rehborn* Nr. 128.

56 *Dürig* Nr. 88. *BVerfGE* 38, 175, 181 ff.; *BGHZ* 84, 1, 5; vgl. auch *Detterbeck/Windthorst/Sproll* § 16 Rn. 177 ff.; *Maurer* § 27 Rn. 64a.

57 *BVerfGE* 24, 367, 418; 58, 300, 319, 323; *Maurer* § 27 Rn. 61.

Hinweis

Sie sehen, dass die Junktimklausel Voraussetzung der Rechtmäßigkeit der Enteignung ist. Fehlt sie oder werden die Anforderungen des Art. 14 Abs. 3 S. 2 GG nicht eingehalten, dann ist die Grundlage der Enteignung nicht gegeben. Der Enteignungsakt selbst ist dann rechtswidrig. Er ist nur im Wege des Primärrechtsschutzes zu beseitigen. Eine Entschädigung scheidet aus.

201 Sog. salvatorische Klauseln, nach denen vorsorglich für den Fall einer Enteignung eine Entschädigung vorgesehen ist, genügen den Anforderungen der Junktimklausel wegen fehlender Bestimmtheit nicht.[58]

Beispiel § 33 DSchG NRW[59]

Ein Anspruch auf Entschädigung kann auf sie nicht gestützt werden. ■

Hinweis

Die salvatorischen Klauseln spielen seit dem Nassauskiesungsbeschluss des *BVerfG* keine Rolle mehr, da der enge Enteignungsbegriff gilt. Er hat zur Folge, dass eine Enteignung wegen der formalen Anbindung an ein Gesetz vorhersehbar und damit auch bestimmbar ist, so dass sich die Entschädigung daran ausrichten kann.

Sollte dennoch wider Erwarten eine salvatorische Klausel eine Rolle spielen, so ist sie als verfassungswidrig zu qualifizieren. Die Enteignung ist auf eine fehlerhafte Rechtsgrundlage gestützt und muss im Wege des Primärrechtsschutzes angegriffen werden. Es wird keine Entschädigung geleistet.

IV. Verjährung

202 Der Anspruch auf Entschädigung wegen Enteignung verjährt unter analoger Anwendung der §§ 195 ff. BGB regelmäßig in drei Jahren.[60]

V. Inhalt und Umfang des Anspruchs

203 Der Anspruch wegen Enteignung ist auf Entschädigung gerichtet. **Entschädigung ist kein Schadensersatz**. Ein Rückgriff auf §§ 249 ff. BGB ist im Rahmen einer Entschädigung nicht möglich.

Die Entschädigung gewährt einen **Wertausgleich** für den durch die Enteignung entstandenen Vermögensverlust. Schadensersatz bedeutet dagegen, dass der Geschädigte so gestellt wird, wie er ohne das schädigende Ereignis stünde. Der Unterschied wird erkennbar bei dem Aspekt des entgangenen Gewinns: die Entschädigung deckt ihn nicht ab, der Schadensersatz wohl.

Die Entschädigung erfolgt grundsätzlich in Geld, kann aber auch im Falle einer Grundstücksenteignung in der Stellung von Ersatzland erfolgen, z.B. gemäß § 100 BauGB.

58 *BVerwGE* 84, 361, 364 ff.; *Baldus/Grzeszick/Wienhues* Rn. 403.

59 *Hippel/Rehborn* Nr. 116.

60 Vgl. *Maurer* § 27 Rn. 72a.

Die Höhe bzw. das Ausmaß der Entschädigung ist gemäß Art. 14 Abs. 3 S. 3 GG unter gerechter Abwägung der Interessen der Allgemeinheit und der Beteiligten zu bestimmen. Das bedeutet grundsätzlich vollen Ausgleich des Vermögensverlustes. Der Verlust an Vermögen bemisst sich nach dem Verkehrswert.[61] 204

Der Verkehrswert wird bei Grundstücken z.B. nach §§ 192 ff. BauGB, §§ 9, 12 der Gutachterausschussverordnung[62] bzw. §§ 10, 16 EEG NRW ermittelt,[63] §§ 9, 15 LEntG BW.[64]

Ausnahmsweise kann die Entschädigung auch unterhalb des Verkehrswertes liegen.[65]

Mit erfasst von der Entschädigung sind auch unmittelbare Folgeschäden u.a. Erwerbseinbußen, Umzugskosten, Beratungskosten, Verlegungskosten bei Gewerbebetrieben.[66] Nicht umfasst sind zu erwartende Wertsteigerungen.[67] 205

Der Umfang der Entschädigung kann sich aufgrund des Rechtsgedankens des Mitverschuldens[68] bzw. des Vorteilsausgleichs[69] mindern. 206

Grds. kann der Umfang des Entschädigungsanspruchs auch durch eine Aufrechnung seitens des Hoheitsträgers – Behörde – reduziert werden, soweit die Voraussetzungen einer Aufrechnung gegeben sind.[70]

VI. Prozessuale Fragen

1. Anspruchsgegner

Anspruchsgegner ist derjenige, der durch die Enteignung begünstigt wird. Erfolgt sie zugunsten des Staates, dann ist das der Verwaltungsträger, dessen Aufgabenerfüllung die Enteignung dient. Erfolgt sie zugunsten eines Privaten, dann ist er als Begünstigter entschädigungspflichtig. Sind mehrere Begünstigte vorhanden, so leisten sie als Gesamtschuldner Entschädigung. 207

2. Rechtsweg

Hinsichtlich des Rechtswegs ist Art. 14 Abs. 3 S. 4 GG zu beachten. Danach ist der Rechtsweg zu den ordentlichen Gerichten gegeben. Er betrifft nur die Frage, der zu leistenden Entschädigung einschließlich der Feststellung, dass eine Enteignung vorliegt.[71] 208

Davon zu trennen ist der Primärrechtsschutz gegen die Maßnahme der Enteignung selbst. Hierfür ist der Verwaltungsrechtsweg nach § 40 Abs. 1 VwGO einzuschlagen. 209

61 *BGHZ* 57, 359, 368; 67, 190, 192.
62 Zur NRW: *Hippel/Rehborn* Nr. 92.
63 *Hippel/Rehborn* Nr. 128.
64 *Dürig* Nr. 88.
65 *BVerfGE* 24, 367, 420 f.; 41, 126, 161.
66 *BGHZ* 55, 294, 296 ff.; *Ossenbühl/Cornils* S. 254 f.; *Wolff/Bachof/Stober/Kluth* § 71 Rn. 59.
67 *BGHZ* 66, 96 ff.
68 *BGHZ* 45, 290, 294; 56, 57, 64 ff.
69 *BGHZ* 54, 10, 14; 62, 305 ff.
70 *BVerwGE* 77, 19, 21 f.; *OVG Nds.* BeckRS 2015, 40713; *Waldhoff* JuS 2015, 959 f.
71 *Papier* in: Maunz/Dürig/Herzog/Scholz, Art. 14 Rn. 644, 646; *Sproll* JuS 1995, 1085.

D. Ausgleichspflichtige Inhalts- und Schrankenbestimmung

I. Herleitung der Anspruchsgrundlage

210 Mit dem Nassauskiesungsbeschluss des *BVerfG* ist die Enteignungsentschädigung auf die sich auf Art. 14 Abs. 3 GG stützende konkrete Gesetzesregelung fixiert. Als Folge scheidet Art. 14 Abs. 1 S. 2 GG als Grundlage für eine Enteignungsentschädigung aus. Art. 14 Abs. 1 S. 2 GG geht der Beeinträchtigung des Eigentums durch Enteignung auf einer ihr vorgelagerten Ebene voraus, da Art. 14 Abs. 1 S. 2 GG den Inhalt und die Schranken des Eigentums selbst festlegt. Die Inhalts- und Schrankenbestimmung ist deshalb grundsätzlich entschädigungslos hinzunehmen.[72]

Ebenfalls mit dem Nassauskiesungsbeschluss ist klargestellt worden, dass der **Primärrechtsschutz** gegen die enteignende Maßnahme **vorrangig vor einer Entschädigung** ist.[73]

211 Vor diesem Hintergrund ist eine Inhalts- und Schrankenbestimmung nach Art. 14 Abs. 1 S. 2 GG, die den Anforderungen der Verfassung nicht genügt, nur im Wege des Primärrechtsschutzes anzugreifen. Insbesondere gewährt sie keine Entschädigung, da dies nur nach Art. 14 Abs. 3 GG i.V.m. einem konkreten Gesetz möglich ist.

Davon ausgehend, dass eine Inhalts- und Schrankenbestimmung gerade nicht das Ziel hat, eine Eigentumsposition zu enteignen, bleibt ein Bereich zwischen Inhalts- und Schrankenbestimmung einerseits und Enteignung andererseits, der sich mit Blick auf den Verhältnismäßigkeitsgrundsatz als unzumutbar, gleichsam wie eine Enteignung darstellt, obwohl eine derartige Inhalts- und Schrankenbestimmung aus Gründen des Allgemeinwohls geboten sein kann.

212 Kurz: Es gibt die Situation einer im öffentlichen Interesse liegenden Eigentumsbeschränkung, aus der sich besondere Belastungen im Einzelfall ergeben können.[74] Diese Lage kann unter dem Blickwinkel des Nassauskiesungsbeschlusses nur mit Hilfe des Primärrechtsschutzes gelöst werden. Das Ergebnis ist dann die mögliche Unwirksamkeit der Inhalts- und Schrankenbestimmung, also eine Lösung zu Lasten des öffentlichen Interesses zugunsten der Beseitigung einer besonderen Belastung im Einzelfall. Eine Auflösung dieser „Entweder-oder"-Konstellation zeigt die Pflichtexemplarentscheidung des *BVerfG*.[75] Die Lösung für diese Konstellation liegt danach in einer Ausgleichsregelung für die absehbaren Härtefälle. Der Ausgleichsanspruch für die Inhalts- und Schrankenbestimmung ist somit gleichsam mit dem Gesetz, in dem die Inhalts- und Schrankenbestimmung vorgenommen wird, zu regeln. Aus dieser einfachgesetzlichen Regelung ergibt sich die Anspruchsgrundlage auf Ausgleich.[76] Sie passt damit als Ergänzung zu den Vorgaben des Nassauskiesungsbeschlusses des *BVerfG*.

Beispiel 1 Der Anlieger einer überaus stark befahrenen Hauptverkehrsstraße fordert Entschädigung wegen des Verkehrslärms, der die zulässigen Grenzwerte überschreitet. Der entsprechende Ausgleichsanspruch ergibt sich aus § 42 BImSchG. ■

---

72 *Maurer* § 27 Rn. 79.

73 In diesem Sinne auch: *Baldus/Grzeszick/Wienhues* Rn. 442 „Vorrang des Bestandsschutzes vor dem Wertschutz".

74 *Maurer* § 27 Rn. 81.

75 *BVerfGE* 58, 137 ff.; zum Gegenstand des Verfahrens siehe Kurzfassung bei *Maurer* § 27 Rn. 32.

76 *Lege* Jura 2011, 826, 835.

Beispiel 2 A betreibt eine große Gärtnerei, deren Zufahrt über eine Bundesstraße erfolgt. Infolge von umfangreichen Straßenbauarbeiten ist die Zufahrt zur Gärtnerei erheblich erschwert, was zu Umsatzeinbußen bei A führt. A begehrt Entschädigung.

Ein Ausgleichsanspruch ergibt sich aus § 8a Abs. 5 FStrG. ■

Beispiel 3 A führt ein kleines Ausflugslokal mit Ausblick. Vor dem Lokal soll eine ICE-Trasse geführt werden. Im Planfeststellungsverfahren wird zudem eine hohe Schallschutzwand festgelegt, so dass die Aussicht vom Lokal künftig nicht mehr gegeben ist. A fragt nach einer Entschädigung.

Ein Anspruch ergibt sich hier aus § 74 Abs. 2 S. 3 VwVfG. ■

II. Voraussetzungen des Anspruchs

Die Voraussetzungen für eine Ausgleichsregelung werden durch den Inhalt des Art. 14 Abs. 1 S. 1 GG bestimmt. Geschützt wird danach der Bestand des Eigentums.[77] Davon ausgehend ergeben sich folgende Voraussetzungen für eine Ausgleichsregelung:[78] **213**

- Eingriff in eine vermögenswerte Rechtsposition des Art. 14 Abs. 1 S. 1 GG,
- durch eine Inhalts- und Schrankenbestimmung nach Art. 14 Abs. 1 S. 2 GG,
- durch die die Eigentumsposition in besonderer und unzumutbarer Weise beeinträchtigt wird und
- keine den Bestand des Eigentums sichernde Möglichkeit besteht, z.B. durch Übergangs-, Ausnahme- und Härtefallregelungen.[79]

Die sich daraus ergebende Ausgleichsregelung muss Art und Maß des zu gewährenden finanziellen Ausgleichs selbstständig festlegen. Darüber hinaus ist durch Verfahrensvorschriften sicherzustellen, dass die Behörde mit dem das Eigentum beschränkenden Verwaltungsakt zugleich eine Entscheidung über den finanziellen Ausgleich trifft.[80] **214**

Diesen Anforderungen entsprechen die in einzelnen Gesetzen anzutreffenden salvatorischen Klauseln nicht.[81]

III. Verjährung

Der Anspruch auf Ausgleich wegen einer Inhalts- und Schrankenbestimmung verjährt nach §§ 195 ff. BGB regelmäßig in drei Jahren. **215**

IV. Inhalt des Anspruchs

Wie bereits erwähnt, muss die gesetzliche Regelung zur Inhalts- und Schrankenbestimmung auch Art und Maß des Ausgleichs festlegen. Dabei ist allein die Belastung auszugleichen, die über die hinzunehmende Inhalts- und Schrankenbestimmung hinausgeht. Da das im Regel- **216**

77 *Katz* Rn. 815.
78 So *Maurer* § 27 Rn. 85.
79 *BVerfGE* 100, 226, 245 f.
80 *BVerfGE* 100, 226, 246.
81 *BVerfGE* 100, 226, 244 ff.; für die Ansprüche vor dieser Entscheidung reicht eine salvatorische Klausel als Grundlage aus, *BGHZ* 146, 122, 137.

fall schwierig zu ermitteln sein wird, wird im Zweifel eine volle Entschädigung zu gewähren sein.[82] Im Übrigen gelten die Ausführungen zur Enteignungsentschädigung.[83]

V. Prozessuale Fragen

1. Anspruchsgegner

217 Anspruchsgegner ist der Rechtsträger, dessen Behörde die Maßnahme veranlasst hat, die den Ausgleichsanspruch auslöst.

2. Rechtsweg

218 Der Anspruch aus einer ausgleichspflichtigen Inhalts- und Schrankenbestimmung lässt sich nicht den Aufopferungsansprüchen des § 40 Abs. 2 S. 1 VwGO zuordnen. Vielmehr ist der Verwaltungsrechtsweg nach § 40 Abs. 1 VwGO eröffnet.[84]

3. Konkurrenzen

219 Der Ausgleichsanspruch wegen einer Inhalts- und Schrankenbestimmung kann neben einem Amtshaftungsanspruch geltend gemacht werden. Da die Inhalts- und Schrankenbestimmung selbst rechtmäßig ist, scheidet ein Anspruch aus rechtswidriger Eigentumsbeeinträchtigung, sprich enteignungsgleichem Eingriff, aus.[85]

JURIQ-Klausurtipp

Ein Anspruch wegen einer ausgleichspflichtigen Inhalts- und Schrankenbestimmung dürfte selten in einer Klausur vorkommen. Wenn doch, so dürfte das Problem in der Verfassungskonformität und den Voraussetzungen der Ausgleichsregelungen zu sehen sein, nicht hingegen, ob die tatsächlichen Voraussetzungen für die Annahme eines Anspruchs vorliegen.

Im Rahmen einer verfassungsrechtlichen Klausur ohne staatshaftungsrechtlichen Aspekt kann die Frage nach der verfassungsrechtlichen Zulässigkeit einer Inhalts- und Schrankenbestimmung selbstverständlich ein Kernproblem der Klausur darstellen.

E. Enteignungsgleicher Eingriff

I. Rolle des enteignungsgleichen Eingriffs

220 Neben der Enteignung und der ausgleichspflichtigen Inhalts- und Schrankenbestimmung besteht die Möglichkeit einer Eigentumsbeeinträchtigung aufgrund **rechtswidriger hoheitlicher Maßnahmen**.

Ein **enteignungsgleicher Eingriff** ist gegeben, wenn eine hoheitliche Maßnahme unmittelbar eine rechtswidrige Beeinträchtigung einer als Eigentum geschützten Rechtsposition bewirkt.

---

82 *Maurer* § 27 Rn. 86.

83 Siehe Rn. 203 ff.

84 *Wolff/Bachof/Stober/Kluth* § 72 Rn. 52; *Lege* Jura 2011, 826, 835.

85 *Wolff/Bachof/Stober/Kluth* § 72 Rn. 51.

Zwar gilt, wie bereits gezeigt, der **Grundsatz des Primärrechtsschutzes**, also dass vorrangig zunächst die rechtswidrige Maßnahme selbst anzugreifen ist. Jedoch sind Fälle denkbar, in denen ein Vorgehen gegen eine solche Maßnahme schlicht zu spät kommt, da sie sich bereits tatsächlich negativ ausgewirkt hat.

Beispiel 1 Aufgrund einer fehlerhaften Programmierung einer Ampelanlage, die deshalb für alle Fahrtrichtungen grün anzeigt, ereignet sich ein Unfall.

Der Fehler liegt in der fehlerhaften Programmierung der Ampelanlage. Ein vorheriges Vorgehen gegen diesen Fehler ist ausgeschlossen. Hier stellt sich die Frage nach einer verschuldensunabhängigen Entschädigung. ■

Beispiel 2 Aufgrund eines Versehens wird unbefugt von einem Privatgrundstück Kies zu Zwecken des Straßenbaus abgetragen.

Der Fehler liegt in der Eigentumsverletzung wegen der unberechtigten Kiesentnahme. Ein vorheriger Rechtsschutz ist auch hier ausgeschlossen, so dass sich die Frage nach einer verschuldensunabhängigen Entschädigung stellt.

Für derartige Fälle einer rechtswidrigen Eigentumsbeeinträchtigung besteht die Möglichkeit einer Entschädigung aufgrund des enteignungsgleichen Eingriffs. Betrafen Enteignung und ausgleichspflichtige Inhalts- und Schrankenbestimmung rechtmäßige hoheitliche Maßnahmen, so deckt der enteignungsgleiche Eingriff den Bereich des rechtswidrigen hoheitlichen Handelns ab. An der Notwendigkeit dieser Rechtsfigur besteht für den Fall, dass Primärrechtsschutz nicht möglich bzw. nicht erreicht werden kann, kein Zweifel.[86] ■

II. Herleitung des enteignungsgleichen Eingriffs

Infolge des Nassauskiesungsbeschlusses des *BVerfG* konnte die Entschädigung für einen ent- 221
eignungsgleichen Eingriff nicht mehr aus Art. 14 GG abgeleitet werden. Nunmehr wird die Grundlage dieses Rechtsinstituts im allgemeinen Aufopferungsgedanken der §§ 74, 75 Einl. Preußisches ALR in seiner richterrechtlichen Ausformung gesehen.[87] Der enteignungsgleiche Eingriff und seine Entschädigung sind gewohnheitsrechtlich anerkannt.

JURIQ-Klausurtipp

In einer Klausur sollten Sie die Anspruchsgrundlage des enteignungsgleichen Eingriffs kurz herleiten, indem Sie die Nassauskiesungsentscheidung des *BVerfG* mit der Konsequenz des engen Enteignungsbegriffs und der strikten Bindung an Art. 14 Abs. 3 GG erwähnen, um sodann, wie gezeigt, die Grundlage im allgemeinen Aufopferungsgedanken zu sehen. Eine Auseinandersetzung über dogmatische Fragen der Einordnung dieses Entschädigungsanspruchs mit Blick auf Art. 14 (gewohnheitsrechtlicher Anspruch §§ 74, 75 Einl. Preußisches ALR trotz Geltung des Art. 14 GG?) ist in einer Klausur nicht erforderlich, zumal hier viele Positionen streitig vertreten werden können.

86 *BGHZ* 6, 270, 290; 90, 17, 31; *Peine* § 17 Rn. 1219 ff.; vgl. auch *Maurer* § 27 Rn. 87.

87 *BGHZ* 90, 17, 31; 91, 243, 253; zur Entwicklung der Rechtsprechung ausführlich: *Ossenbühl/Cornils* S. 259 ff.; *Baldus/Grzeszick/Wienhues* Rn. 452.

III. Anspruchsvoraussetzungen

222 Die Entschädigung aus enteignungsgleichem Eingriff setzt im Kern voraus, dass durch einen hoheitlichen Eingriff eine Eigentumsposition unmittelbar rechtswidrig beeinträchtigt wird.

PRÜFUNGSSCHEMA

Enteignungsgleicher Eingriff

I. Rechtsgrundlage

II. Hoheitlicher Eingriff
durch Unterlassen? Rn. 226

III. In eine Eigentumsposition

IV. Unmittelbarkeit des Eingriffs
Zurechenbarkeit von Eingriffsfolgen Rn. 228

V. Rechtswidrigkeit des Eingriffs

VI. Sonderopfer

VII. Mitverschulden

VIII. Rechtsfolge: Entschädigung

1. Rechtsgrundlage

223 Bevor auf einen Anspruch aus enteignungsgleichen Eingriff als Rechtsgrundlage zurückgegriffen wird, sind spezialgesetzliche Ausformungen dieses Anspruchs zu beachten. So gewähren § 51 Abs. 2 Nr. 1 BPolG bzw. entsprechende landesrechtliche Vorschriften des Polizei- und Ordnungsrechts, z.B. §§ 39 Abs. 1b OBG NRW, 67 PolG NRW Ausgleichs- bzw. Entschädigungsansprüche.

Hinweis

An dieser Stelle wird nur der ungeregelte Entschädigungsanspruch behandelt. Die polizei- und ordnungsrechtlichen Ausgleichs- und Entschädigungsansprüche werden im 8. Teil dieses Skriptes behandelt.

Erst wenn sie nicht eingreifen, kann ein Anspruch aus enteignungsgleichem Eingriff geprüft werden. Anspruchsgrundlage ist, wie gezeigt, der allgemeine Aufopferungsgedanke aus §§ 74, 75, Einl. Preußisches ALR in seiner richterrechtlichen Ausformung.

2. Hoheitlicher Eingriff

224 Das hoheitliche Handeln kann in jeder Form erfolgen, also durch Rechtsverordnung,[88] Satzung[89] oder Verwaltungsakte[90] sowie durch Realakte.[91] Privatrechtliches Handeln des Staates

88 *BGHZ* 78, 41, 43; 111, 349, 352 f.
89 *BGHZ* 92, 34, 36.
90 *BGHZ* 86, 356, 358.
91 *Peine* § 17 Rn. 1231; *Detterbeck/Windthorst/Sproll* § 16 Rn. 19 ff.; *Sproll* JuS 1996, 130.

scheidet damit aus. Wenn statt des Hoheitsträgers selbst Private für ihn tätig werden, so ist deren Handeln nach den Grundsätzen der im Rahmen des Amtshaftungsanspruchs erörterten Werkzeugtheorie zuzurechnen.[92]

Nicht erfasst wird der Bereich des legislativen Unrechts. Damit wird für verfassungswidrige formelle Gesetze keine Entschädigung geleistet. Das gilt auch dann, wenn das formelle Gesetz gegen das Recht der Europäischen Union verstößt.[93] Zugleich werden solche Vollzugsakte, deren Rechtswidrigkeit ausschließlich auf der Verfassungswidrigkeit des formellen Gesetzes beruht, von der Entschädigungspflicht ebenfalls ausgenommen.[94] 225

Hinweis

Vorsicht! Sobald der Vollzugsakt auf einem anderen oder zusätzlichen Fehler als der Verfassungswidrigkeit des formellen Gesetzes beruht, kommt selbstverständlich eine Entschädigung in Betracht, da dann keine alleinige Verbindung zum legislativen Unrecht besteht.

Zur Begründung wird seitens der Rechtsprechung auf das Haushaltsrecht des Parlaments und die weitreichenden möglichen Folgen für die Staatsfinanzen hingewiesen.[95]

Der *BGH* sieht einen hoheitlichen Eingriff grundsätzlich nur in einem positiven Handeln. Ein Unterlassen begründet demnach keinen Entschädigungsanspruch.[96] Nur wenn die Behörde eindeutig ein an sich gebotenes Handeln ablehnt, sprich unterlässt, dies förmlich oder nicht förmlich unzweideutig dokumentiert und das unterlassene Handeln sich seiner Wirkung nach mit einem positiven Handeln vergleichen lässt, dann soll ein derartiges Verhalten in Form eines Unterlassens ausnahmsweise als Grund für eine Entschädigung dienen können, sog. qualifiziertes Unterlassen.[97] 226

Beispiel Eine beantragte Bauerlaubnis wird förmlich abgelehnt.

Hierin sieht die Rechtsprechung ein qualifiziertes Unterlassen, in einer bloßen Nichtbehandlung hingegen nur ein einfaches Unterlassen, das für einen hoheitlichen Eingriff durch Unterlassen nicht ausreicht.[98]

Diese Differenzierung der Rechtsprechung wird in der Literatur zum Teil abgelehnt, weil sie zu unscharf ist. Ein denkbares Unterscheidungsmerkmal kann hingegen eine bestehende Rechtspflicht zum Handeln sein. Liegen die Voraussetzungen für die Erteilung einer Genehmigung vor, so drückt sich im Anspruch darauf zugleich eine dahinter stehende grundrechtlich gestützte Position aus.[99] ■

92 Siehe oben Rn. 24 ff.
93 *BGH* NVwZ 2015, 1309; *Pagenkopf* NVwZ 2015, 1264 ff.
94 *BGHZ* 100, 136, 145; 102, 350, 364; 125, 27, 39; *Maurer* § 27 Rn. 91; *Baldus/Grzeszick/Wienhues* Rn. 458.
95 *Maurer* § 27 Rn. 91 mit anschließender kritischer Position dazu.
96 *BGHZ* 12, 52, 56; 32, 208, 211; 102, 350, 364.
97 *BGHZ* 125, 27, 39; *BGH* DVBl 1971, 464, 465; *BGH* NJW 1980, 387.
98 *BGH* DVBl. 1971, 464, 465; *Maurer* § 27 Rn. 92.
99 *Ossenbühl/Cornils* S. 309 f.; *Maurer* § 27 Rn. 92.

JURIQ-Klausurtipp

In der Klausur reicht es aus, wenn Sie die Position der Rechtsprechung darlegen und die Kritik mit dem Hinweis auf einen erforderlichen tatsächlichen Anknüpfungspunkt, nämlich einer wie auch immer dokumentierten Ablehnung, zurückweisen. Nur ein solcher Anknüpfungspunkt kann Ausgangspunkt der Überlegung sein, ob ein qualifiziertes Unterlassen vorliegt.

3. In eine Eigentumsposition

227 Der enteignungsgleiche Eingriff erfolgt in eine Eigentumsposition i.S.d. Art. 14 Abs. 1 GG, das heißt, in eine vermögenswerte Rechtsposition, wie sie bei der Enteignung vorliegen muss. Insoweit wird auf die dortigen Ausführungen verwiesen.[100]

4. Unmittelbarkeit des Eingriffs

228 Das hoheitliche Handeln muss beim enteignungsgleichen Eingriff nicht zielgerichtet sein. Vielmehr genügt es, dass die hoheitliche Maßnahme unmittelbar die Beeinträchtigung des Eigentums bewirkt.[101] Damit werden dem Hoheitsträger auch Eingriffsfolgen zugerechnet, die unbeabsichtigt sind. Damit das wiederum nicht ins Uferlose führt, wird die Zurechnung auf die Eingriffsfolgen beschränkt, die im Zusammenhang mit dem hoheitlichen Handeln typisch bzw. aus der Eigenart der hoheitlichen Maßnahme folgen. Es realisiert sich somit eine Folge, die in dem Handeln selbst angelegt ist.[102] Es kommt also gerade nicht darauf an, dass keine weiteren Umstände zwischen das hoheitliche Handeln und der Beeinträchtigung des Eigentums treten. Vielmehr erfolgt eine wertende Zurechnung.[103]

Beispiel 1 Im *Beispiel* mit der fehlerhaft programmierten Ampelanlage verwirklicht sich unmittelbar die Eigentumsbeeinträchtigung, da es im Falle des allseitigen Grüns typischerweise zu einem Unfall kommt, auch wenn die letzte Ursache die Fahrer der Fahrzeuge selbst gesetzt haben.[104] ■

Beispiel 2 Der Mieter einer gekündigten Wohnung soll die Wohnung aufgrund eines entsprechenden Räumungstitels räumen. Er wird, um die Obdachlosigkeit zu vermeiden, in die bisherige Wohnung wieder eingewiesen und verlässt sie nach einer gewissen Zeit, ohne den Vermieter zu informieren, in einem erheblich beschädigten Zustand.

Auch hier ist eine Unmittelbarkeit gegeben, da das Verhältnis zwischen Vermieter und Mieter wegen der Kündigung und dem anschließenden Räumungsverfahren typischerweise belastet ist. Über eine wertende Betrachtungsweise ist deshalb die hoheitliche Maßnahme – Einweisung – unmittelbarer Grund für die Beeinträchtigung des Eigentums des Vermieters, auch wenn sie tatsächlich durch den Eingewiesenen verursacht wurden.[105] ■

---

100 Siehe Rn. 176 ff.

101 *BGHZ* 37, 41, 47; 54, 384, 387 f.; 125, 19, 21.

102 *BGHZ* 100, 335, 339; 125, 19, 21; 131, 163, 166.

103 *Maurer* § 27 Rn. 93 mit zahlreichen Beispielen; *Schwerdtfeger/Schwerdtfeger* Rn. 344; *Zippelius/Würtenberger* S. 289.

104 Ursprünglich wurde die Unmittelbarkeit abgelehnt, *BGHZ* 54, 332, 338; nunmehr bejahend, *BGHZ* 99, 249, 254 f.

105 *BGHZ* 131, 163, 166 f.

JURIQ-Klausurtipp

Sie sehen, dass Sie in einer Klausur bei dem Merkmal „Unmittelbarkeit" neben grundsätzlichen Ausführungen frei, aber gestützt durch die Hinweise aus dem Sachverhalt, argumentieren müssen. Je entfernter die Beeinträchtigung des Eigentums zu liegen scheint, umso größer der Aufwand der Argumentation. Bedenken Sie aber auch, dass die Unmittelbarkeit nicht auf Biegen und Brechen „herbeiargumentiert" werden sollte.

5. Rechtswidrigkeit des Eingriffs

Bei dem Merkmal „Rechtswidrigkeit des Eingriffs" handelt es sich um das den enteignungsgleichen Eingriff prägende Element. Die Rechtswidrigkeit ergibt sich dabei aus der Maßnahme selbst, nicht aus den Folgen der Maßnahme. Ein bloß formell rechtswidriges hoheitliches Handeln reicht nicht aus, wenn es sich als materiell rechtmäßig erweist.[106] Hier zeigt sich letztlich der Gedanke aus § 46 VwVfG. **229**

JURIQ-Klausurtipp

An dieser Stelle ist die hoheitliche Maßnahme auf ihre Rechtmäßigkeit bzw. Rechtswidrigkeit hin zu prüfen, also vollständig. Das heißt: Ermächtigungsgrundlage, formelle und materielle Rechtmäßigkeit der Maßnahme.

Damit können Probleme des allgemeinen oder besonderen Verwaltungsrechts auftauchen. Vorsicht, sobald es ins Polizei- und Ordnungsrecht geht, bestehen spezialgesetzliche Anspruchsgrundlagen, die den hier behandelten Anspruch aus enteignungsgleichem Eingriff verdrängen.

6. Sonderopfer

Mit der Rechtswidrigkeit des hoheitlichen Handelns wird zugleich das **Sonderopfer** des Betroffenen, also eine besondere, den Übrigen nicht zugemutete Beeinträchtigung durch die hoheitliche Handlung[107] indiziert.[108] Gleichwohl ist dieser Punkt gesondert zu erwähnen, da so deutlich wird, dass der enteignungsgleiche Eingriff in dem Gedanken der Aufopferung wurzelt. **230**

7. Mitverschulden, § 254 BGB analog

Der Nassauskiesungsbeschluss des *BVerfG* hat neben der strikten Bindung der Enteignungsentschädigung an Art. 14 Abs. 3 GG auch den **Vorrang des Primärrechtsschutzes** und damit das **Ende** der Wahlmöglichkeit des **„dulde und liquidiere"** gebracht.[109] **231**

Die Rechtsprechung des *BGH* hat diese Konsequenz des Vorrangs des Primärrechtschutzes als negatives Merkmal in den Tatbestand des Anspruchs aus enteignungsgleichem Eingriff über den Rechtsgedanken des § 254 BGB aufgenommen.[110] Danach muss der von dem enteignungsglei- **232**

106 *BGHZ* 58, 124, 137 f.; *Detterbeck/Windthorst/Sproll* § 17 Rn. 34.
107 Siehe Rn. 192.
108 *BGHZ* 32, 208, 212; 58, 124, 127; *Zippelius/Würtenberger* S. 290; *Baldus/Grzeszick/Wienhues* Rn. 461.
109 *BVerfGE* 58, 300, 324; *Peine* § 17 Rn. 1234; siehe oben Rn. 169.
110 *BGHZ* 90, 17, 31 ff.; *Ossenbühl/Cornils* S. 316, 321; *Peine* § 17 Rn. 1234; *Maurer* § 27 Rn. 99.

chen Eingriff Betroffene das ihm Mögliche und Zumutbare veranlassen, einen Schaden durch ein Vorgehen gegen die hoheitliche Maßnahme zu vermeiden oder zumindest zu verringern. Unterlässt der Betroffene das, so setzt er sich dem möglichen Verlust des Anspruchs aus.

Konkret entfällt der Anspruch, wenn überhaupt eine Rechtsschutzmöglichkeit besteht, die Inanspruchnahme des Rechtschutzes objektiv zuzumuten ist und seine Nichtnutzung dem Betroffenen subjektiv vorgeworfen werden kann.[111] Die Zumutbarkeit einen Rechtsbehelf einzulegen, setzt voraus, dass der Betroffene die Rechtswidrigkeit der Maßnahme erkennt oder zumindest begründete Zweifel an ihr hat. Zu Bedenken ist jedoch stets, dass der Betroffene auf die korrekte Vorgehensweise der Verwaltung wegen deren Bindung an Recht und Gesetz, Art. 1 Abs. 3 u. Art. 20 Abs. 3 GG, vertraut, so dass keine überhöhten Anforderungen an das Erkennen der Rechtswidrigkeit bzw. an die Zweifel der Rechtmäßigkeit zu stellen sind.

233 Nicht zumutbar ist deshalb die Inanspruchnahme von Rechtsschutz, wenn die Erfolgsaussichten gering und das Kostenrisiko hoch ist.[112]

Ferner scheidet ein Mitverschulden des Betroffenen aus, soweit der Rechtsschutz nicht bzw. nicht rechtzeitig möglich ist, da der enteignungsgleiche Eingriff durch ein unvorhersehbares Ereignis erfolgte[113] oder die Schäden bereits während eines erforderlichen Verwaltungsverfahrens entstanden sind.[114]

IV. Verjährung

234 Die Verjährung des Anspruchs aus enteignungsgleichem Eingriff unterliegt den Bestimmungen der §§ 195 ff. BGB analog. Damit verjährt der Anspruch grundsätzlich in drei Jahren.

V. Inhalt des Anspruchs

235 Der Inhalt des Anspruchs aus enteignungsgleichem Eingriff folgt den gleichen Grundsätzen wie bei der Enteignungsentschädigung. Der Umfang der Entschädigung führt grundsätzlich zum vollen Ausgleich.[115]

VI. Prozessuale Fragen

1. Anspruchsgegner

236 Der Anspruch richtet sich gegen denjenigen Hoheitsträger, der durch den enteignungsgleichen Eingriff begünstigt wird. Lässt sich eine derartige Begünstigung nicht feststellen, dann ist der Hoheitsträger Anspruchsgegner, dessen Aufgabe wahrgenommen wird.[116] Demgegenüber stellt ein Teil der Literatur *(Maurer)* darauf ab, dass der Verwaltungsträger Anspruchsgegner ist, der den schädigenden Eingriff vorgenommen hat. Soweit eine Begünstigung bei einem anderen Hoheitsträger eingetreten ist, hat ein interner Vorteilsausgleich zu erfolgen.[117]

---

111 So *Maurer* § 27 Rn. 99.

112 *BGHZ* 92, 34, 50; *Maurer* § 27 Rn. 99.

113 *BGHZ* 99, 249 ff.

114 *BGH* NJW 1984, 1172.

115 Vgl. *Maurer* § 27 Rn. 100.

116 *BGHZ* 76, 387, 396; 87, 66, 80; 134, 316, 321.

117 So *Maurer* § 27 Rn. 101.

Hinweis

Die Auffassung von *Maurer* ist an Klarheit nicht zu überbieten, so dass Sie ihr folgen können. Allerdings in einer Klausur nur unter Hinweis auf die Vorgehensweise der Rechtsprechung, die aber gerade nicht immer zu klaren Ergebnissen führt, womit Sie auch schon ein Argument für Ihre Entscheidung zugunsten von *Maurer* haben.

2. Rechtsweg

Da es sich bei dem Anspruch aus enteignungsgleichem Eingriff nicht um eine Enteignungsentschädigung handelt, scheidet Art. 14 Abs. 3 S. 4 GG als Rechtswegzuweisung aus. Nach § 40 Abs. 2 S. 1 VwGO wird für diesen Anspruch der Rechtsweg zu den ordentlichen Gerichten eröffnet, da der Anspruch seine Grundlage im allgemeinen Aufopferungsgedanken findet.[118] 237

3. Konkurrenzen

Wie bereits ausgeführt, gehen dem ungeregelten Anspruch aus enteignungsgleichem Eingriff alle spezialgesetzlichen Bestimmungen vor. Das sind die Regelungen im Polizei- und Ordnungsrecht, nach denen für rechtswidriges Handeln Entschädigung zu leisten ist, z.B. § 51 Abs. 2 Nr. 1 BPolG, § 39 Abs. 1b OBG NRW, § 67 PolG NRW. Das betrifft den gesamten Bereich des Polizei- und Ordnungsrechts, da der Begriff „Maßnahme" weit auszulegen ist.[119] 238

Der Anspruch aus enteignungsgleichem Eingriff behandelt rechtwidriges, aber schuldloses Handeln eines Hoheitsträgers, so dass Ansprüche aus Amtshaftung – rechtswidriges und schuldhaftes Handeln eines Amtswalters – neben ihm geltend gemacht werden können.[120]

F. Enteignender Eingriff

I. Rolle des enteignenden Eingriffs

Nach den bisher erörterten Ansprüchen auf Entschädigung wegen Beeinträchtigung des Eigentums ist schließlich noch ein Anspruch auf Entschädigung wegen **atypischer, unvorhersehbarer Nebenfolgen rechtmäßigen hoheitlichen Handelns** denkbar.[121] 239

Ein **enteignender Eingriff** liegt vor, wenn eine rechtmäßige hoheitliche Maßnahme als Nebenfolge in eine als Eigentum geschützte Rechtsposition unmittelbar eingreift.

Infolge der Entwicklung des Instituts der ausgleichspflichtigen Inhalts- und Schrankenbestimmung wird der Bereich des rechtmäßigen hoheitlichen Handelns, das eine unverhältnismäßig starke Eigentumsbelastung darstellt, bereits über diese Entschädigungsmöglichkeit abgedeckt. Im Übrigen ist rechtmäßiges Handeln eines Hoheitsträgers per se nur in Ausnahmesituationen entschädigungsfähig. Es verbleibt damit ein Restbereich, der bisher nicht erfasst ist: Zufalls- 240

118 *BGHZ* 90, 17, 31.

119 *Maurer* § 27 Rn. 102.

120 *BGHZ* 13, 88, 93 ff.; 136, 182, 184; 146, 365, 371.

121 *BGHZ* 117, 240, 252; 129, 124, 134.

oder Unfallschäden, die gerade außerhalb des Vorhersehbaren und des Typischen liegen. Dieser schmale Bereich wird noch durch den Entschädigungsanspruch wegen enteignenden Eingriffs erfasst.[122]

Beispiel 1 Eine ordnungsgemäß genehmigte und betriebene kommunale Mülldeponie lockt Krähen und Möwen an, die die Aussaat auf den angrenzenden Feldern vernichten.

Die Deponie wird rechtmäßig betrieben. Die Folgen sind atypische, nicht vorhersehbare Auswirkungen des Betriebs.[123] ■

Beispiel 2 Eine ordnungsgemäß genehmigte und betrieben kommunale Kläranlage hat erhebliche Geruchsbelästigungen zur Folge.

Auch hier handelt es sich um nicht vorhersehbare Folgen.[124] ■

II. Herleitung des enteignenden Eingriffs

241 Der Anspruch aus enteignendem Eingriff findet seine Rechtsgrundlage im allgemeinen Aufopferungsgedanken der §§ 74, 75 Einl. Preußisches ALR in seiner richterrechtlichen Ausformung.[125] Es gilt hier im Übrigen das zum Anspruch aus enteignungsgleichem Eingriff Ausgeführte.[126]

III. Anspruchsvoraussetzungen

242 Eine Entschädigung aus enteignendem Eingriff verlangt im Wesentlichen einen Eingriff in eine als Eigentum geschützte Rechtsposition durch ein hoheitliches Handeln, das rechtmäßig ist, dessen Nebenfolgen aber unmittelbar zu Beeinträchtigungen führen, die wiederum für den Betroffenen eine besondere Belastung beinhalten. Die Anspruchsvoraussetzungen entsprechen zu großen Teilen denen des enteignungsgleichen Eingriffs.

PRÜFUNGSSCHEMA

Enteignender Eingriff

I. Rechtsgrundlage

II. Hoheitlicher Eingriff

III. In eine Eigentumsposition
- Unmittelbarkeit des Eingriffs Rn. 246
- Rechtmäßigkeit des Eingriffs Rn. 247
- Sonderopfer Rn. 248 f.

IV. Mitverschulden

V. Rechtsfolge: Entschädigung

122 *Maurer* § 27 Rn. 108 f.; *Detterbeck/Windthorst/Sproll* § 17 Rn. 56, *Sproll* JuS 1996, 130 f.
123 *BGH* NJW 1980, 770.
124 *BGHZ* 91, 20, 26 ff.
125 *BGHZ* 91, 20, 27 f.; 122, 76; 129, 124.
126 Siehe Rn. 221.

1. Rechtsgrundlage

Da es sich bei einem Anspruch aus enteignendem Eingriff um einen nicht normierten Anspruch handelt, sind spezialgesetzliche Vorschriften, die die atypischen Folgen rechtmäßigen Verwaltungshandelns betreffen, vorrangig und verdrängen den Anspruch aus enteignendem Eingriff. 243

So gewähren § 51 Abs. 1 BPolG bzw. entsprechende landesrechtliche Vorschriften, z.B. § 39 Abs. 1a OBG NRW, § 67 PolG NRW, Ausgleichs- bzw. Entschädigungen für die Inanspruchnahme von nicht verantwortlichen Personen. Bei einem Widerruf eines rechtmäßigen Verwaltungsaktes ist § 49 Abs. 6 VwVfG als Spezialnorm zu beachten. § 74 Abs. 2 S. 3 VwVfG geht aufgrund seines weiten, über das Erfordernis eines Sonderopfers hinausgehenden Anwendungsbereichs ebenfalls dem enteignendem Eingriff vor.

Bei §§ 41, 42 BImSchG ist zu beachten, dass sie lediglich für die Errichtung von Schallschutzmaßnahmen eine Entschädigung gewähren, die beim Bau des Verkehrswegs bereits zu erwarten sind. Weitergehende Ansprüche bleiben davon nach § 42 Abs. 2 S. 2 BImSchG unberührt. Insoweit bleibt also Raum für einen Anspruch aus enteignendem Eingriff.

Erst wenn keine spezialgesetzliche Regelung eingreift, kann auf einen Anspruch aus enteignendem Eingriff zurückgegriffen werden.

2. Hoheitlicher Eingriff

Als hoheitliche Eingriffe kommen, wie bei dem enteignungsgleichen Eingriff, Rechtsakte mit Ausnahme von formellen Gesetzen in Betracht. Zu beachten ist dabei jedoch, dass es sich bei einem Anspruch aus enteignendem Eingriff um atypische Nebenfolgen handelt, die ihn begründen. Deshalb scheiden Rechtsakte bei genauer Betrachtungsweise eigentlich aus, da sie einen hoheitlichen Eingriff in enteignender Qualität nicht verfolgen. Die Nebenfolge aber kann gleichwohl durch Rechtsakte herbeigeführt worden sein, denn hier liegt die enteignende Wirkung gerade außerhalb der Intention des hoheitlichen Handelns. Mit dieser ergänzenden Betrachtungsweise sind Rechtsakte als hoheitliche Eingriffe auch beim enteignenden Eingriff möglich.[127] 244

Den Hauptanwendungsfall eines Eingriffs stellen jedoch Realakte dar. Ein Unterlassen bzw. Untätigbleiben des Hoheitsträgers scheidet als Eingriff aus.[128]

3. In eine Eigentumsposition

Im Hinblick auf die durch den Eingriff betroffene Eigentumsposition gelten wie beim enteignungsgleichen Eingriff die Darlegungen zur Enteignung. Es ergeben sich keine Unterschiede. 245

127 Vgl. *Peine* § 17 Rn. 1237 f.
128 *BGHZ* 102, 350, 364.

4. Unmittelbarkeit des Eingriffs

246 Die **atypische Nebenfolge** des hoheitlichen Eingriffs muss, wie bei dem enteignungsgleichen Eingriff, zu einer unmittelbaren Beeinträchtigung der geschützten Eigentumsposition führen. Dabei kann es indessen nur um Aspekte gehen, die im hoheitlichen Eingriff bereits im Keim angelegt, dennoch aber nicht vorhersehbar sind. Es ist letztlich die Frage zu beantworten, in wessen Verantwortungsbereich die eingetretene Eigentumsbeeinträchtigung fällt bzw. wem sie zugerechnet werden kann.[129]

Hinweis

Sie bemerken die Problematik des Merkmals „Unmittelbarkeit": Handelt es sich um vorhersehbare Folgen, so sind sie bei rechtmäßigem Verwaltungshandeln grundsätzlich im Rahmen der Inhalts- und Schrankenbestimmung hinzunehmen. Sind die Auswirkungen atypisch, also gerade nicht vorhersehbar, ist auch die Frage nach der Unmittelbarkeit entsprechend abzuschwächen. Das wiederum verlangt nach einer Abgrenzung zu Ereignissen, die unabhängig von dem hoheitlichen Eingriff eintreten können, Stichwort „höhere Gewalt". Hier kommt es auf ihre Argumentation im Einzelfall an.

5. Rechtmäßigkeit des Eingriffs

247 In diesem Punkt liegt der zentrale Unterschied zum Anspruch aus enteignungsgleichem Eingriff, der an rechtswidriges hoheitliches Handeln anknüpft. Der Anspruch aus enteignendem Eingriff stellt dagegen auf rechtmäßiges hoheitliches Handeln ab und erfasst lediglich die atypischen Nebenfolgen. Gleichzeitig wird an dieser Stelle deutlich, dass in dem Augenblick, in dem es nicht mehr um atypische, unvorhersehbare Nebenfolgen geht, ein Anspruch aus enteignendem Eingriff ausscheidet. Wegen der vorhersehbaren typischen Nebenfolgen, die eine Eigentumsbeeinträchtigung zur Folge haben und damit rechtswidrig sind, soweit sie nicht der Inhalts- und Schrankenbestimmung nach Art. 14 Abs. 1 S. 2 GG unterfallen, greift dann der Anspruch aus enteignungsgleichem Eingriff ein.

JURIQ-Klausurtipp

Im Rahmen dieser Voraussetzung des Anspruchs aus enteignendem Eingriff, ist die Rechtmäßigkeit des hoheitlichen Handelns zu prüfen. Das Vorgehen entspricht dem beim Anspruch aus enteignungsgleichem Eingriff.

6. Sonderopfer

248 Anders als beim Anspruch aus enteignungsgleichem Eingriff, bei dem das Sonderopfer bereits mit der Rechtswidrigkeit des hoheitlichen Eingriffs indiziert wurde, liegt hier ein rechtmäßiges hoheitliches Handeln vor. Rechtmäßiges hoheitliches Handeln ist grundsätzlich hinzunehmen. Es stellt kein Sonderopfer dar, es sei denn, dass auch der rechtmäßige hoheitliche Eingriff bei dem Betroffenen zu einer im Verhältnis zu den übrigen Bürgern besonderen

129 Vgl. dazu *BGHZ* 100, 335, 338 f. – Ablehnung eines Entschädigungsanspruchs; *BGH* NJW 1980, 770 – Annahme eines Entschädigungsanspruchs.

Belastung führt. Damit muss beim Anspruch aus enteignendem Eingriff das Sonderopfer besonders begründet werden. Ein Sonderopfer trotz Rechtmäßigkeit des hoheitlichen Eingriffs ist hinsichtlich der Nebenfolge anzunehmen, wenn diesbezüglich keine Duldungspflicht besteht.[130] Der Maßstab hierfür ergibt sich aus einer entsprechenden Zugrundelegung des § 906 BGB.[131]

Insoweit wird darauf abgestellt, inwieweit die Auswirkungen des hoheitlichen Eingriffs für den Betroffenen nach Dauer, Art und Intensität so erheblich sind, dass ihm eine entschädigungslose Hinnahme nicht mehr zuzumuten ist.[132] Dies ist dann der Fall, wenn der Eingriff von besonderer Schwere ist oder einen Gleichheitsverstoß darstellt.[133] Damit wird deutlich, dass eine Opfergrenze nicht fest definiert ist. Sie ist nach den Umständen des Einzelfalls zu ermitteln. Dabei sind z.B. vorhandene Grenzwerte für Immissionen, wie sie sich aus den Technischen Anleitungen (TA) zum BImSchG ergeben, z.B. für Lärm bzw. Luft, zu berücksichtigen.[134] **249**

Kein Sonderopfer liegt dagegen vor, wenn sich der Betroffene freiwillig in die den enteignenden Eingriff auslösende Situation begeben hat.[135]

JURIQ-Klausurtipp

Keine Sorge! Sie finden diese Einzelfallumstände im Sachverhalt angegeben. Die konkreten Hinweise im Sachverhalt sind hier zu verwerten. Niemand erwartet von Ihnen, dass sie Technische Anleitungen und deren Grenzwerte kennen. Die Opfergrenze kann nur aufgrund des konkret vorliegenden Sachverhalts und seiner Informationen bestimmt werden. Keine spekulativen Erwägungen anstellen!

7. Mitverschulden § 254 BGB analog

Wie beim Anspruch aus enteignungsgleichen Eingriff, kann der Aspekt des Primärrechtsschutzes auch beim enteignenden Eingriff eine Rolle spielen. Allerdings handelt es sich hierbei eher um einen theoretischen Gesichtspunkt, weil zum einen rechtmäßiges hoheitliches Handeln grundsätzlich zu dulden ist[136] und zum anderen in der Praxis bei Realakten de facto kaum Zeit für ein Vorgehen im Wege des Primärrechtschutzes besteht.[137] **250**

IV. Verjährung

Der Anspruch aus enteignendem Eingriff verjährt grundsätzlich in drei Jahren, §§ 195 BGB analog. **251**

130 *BGH* NJW 1980, 770.
131 *BGHZ* 54, 384, 391; 91, 20, 26; *Detterbeck/Windthorst/Sproll* § 17 Rn. 64 ff.; *Ossenbühl/Cornils* S. 345.
132 *BGHZ* 57, 359, 366; *Baldus/Grzeszick/Wienhues* Rn. 485.
133 *BGHZ* 197, 43, 47; *Ossenbühl/Cornils* S. 344.
134 *Ossenbühl/Cornils* S. 346 mit Fn. 111; *Peine* § 17 Rn. 1242.
135 *BGHZ* 31, 1, 4; 44, 48; *BGH* NJW 1976, 1204 f.; vgl. aber auch *BGHZ* 197, 43, 49.
136 *Peine* § 17 Rn. 1243.
137 *Wolff/Bachof/Stober/Kluth* § 72 Rn. 13; *Ossenbühl/Cornils* S. 347 f.

V. Inhalt des Anspruchs

252 Der Inhalt des Anspruchs folgt den Grundsätzen der Enteignungsentschädigung und ist grundsätzlich auf vollen Ausgleich des erlittenen Vermögensverlusts gerichtet.[138]

VI. Prozessuale Fragen

1. Anspruchsgegner

253 Anspruchsgegner ist der durch den enteignenden Eingriff begünstigte Hoheitsträger bzw. der Hoheitsträger, dessen Aufgaben wahrgenommen werden, falls sich keine Begünstigung ermitteln lässt.[139] Auch hier sollte besser auf den Verwaltungsträger abgestellt werden, der den Eingriff vorgenommen hat.[140]

2. Rechtsweg

254 Der Rechtsweg zu den ordentlichen Gerichten ist nach § 40 Abs. 2 S. 1 VwGO auch für einen Anspruch aus enteignendem Eingriff gegeben, da nach der Rechtsprechung des *BGH* dieser Anspruch im allgemeinen Aufopferungsgedanken wurzelt.[141]

3. Konkurrenzen

255 Die Ansprüche aus enteignungsgleichem Eingriff und aus enteignendem Eingriff schließen sich gegenseitig aus. Im Verhältnis zum Amtshaftungsanspruch ist ebenfalls ein Nebeneinander mit enteignendem Eingriff nicht möglich. Wie bereits ausgeführt, schließen spezialgesetzliche Ansprüche auf Entschädigung das ungeregelte Haftungsinstitut des enteignenden Eingriffs ebenfalls aus.

---

138 *Maurer* § 27 Rn. 113.
139 *BGHZ* 117, 240, 258.
140 So *Maurer* § 27 Rn. 113, 101.
141 *BGHZ* 91, 20, 28.

4. Übungsfall Nr. 3

„Wasser marsch" 256

K ist Eigentümer eines Wohnhauses in Bochum-Stiepel, das wunderschön an einem Hang liegt. Hang aufwärts befinden sich zwei von der Stadt betriebene Regenrückhaltebecken. Sie dienen dazu, die im Einzugsbereich anfallenden Niederschlagsmengen aufzufangen, und sie gedrosselt in die städtische Kanalisation abzuführen.

Im Sommer 2018 kommt es immer wieder zu teilweise heftigen Regenfällen. Aufgrund dessen laufen die Rückhaltebecken Ende August 2018 über, so dass erhebliche Mengen an Regenwasser auf einmal den Hang hinabstürzen. Dadurch kommt es auch zu Beschädigungen und Überschwemmungen auf dem Grundstück des K. Unter anderem wird eine Hauswand erheblich beschädigt. Die Beseitigung des Schadens kostet 34 000 €.

K erhebt daraufhin Klage vor dem Landgericht Bochum gegen die Stadt Bochum auf Zahlung von 34 000 € mit der Begründung, die Stadt hafte ihm als Betreiber der Rohrleitungsanlage nach dem Haftpflichtgesetz.

Ist die Klage begründet?

Hat K den richtigen Rechtsweg beschritten?

Lösung[142] 257

A. Begründetheit der Klage

Die Klage des K ist begründet, wenn K gegen die Stadt Bochum einen Anspruch auf Erstattung von 34 000 € hat.

I. Schadensersatzansprüche

1. § 2 Abs. 1 S. 1 HPflG

K könnte einen Schadensersatzanspruch aus § 2 Abs. 1 S. 1 HPflG gegen die Stadt haben.

a) Sachbeschädigung durch die Wirkung von Flüssigkeiten

Es ist zu einer Beschädigung des Hauses des K gekommen. Dies ist auf die Wirkung des Wassers aus den Regenrückhaltebecken kausal und zurechenbar zurückzuführen.

b) Anlage i.S.d. HPflG

Des Weiteren müsste das Wasser, das diesen Schaden verursacht hat, von einer Stromleitungs- oder Rohrleitungsanlage oder einer Anlage zur Abgabe von diesen Stoffen ausgegangen sein, § 2 Abs. 1 S. 1 HPflG.

Bei der Kanalisation, in die das Wasser geführt werden sollte, handelt es sich um eine Rohrleitungsanlage i.S.d. § 2 Abs. 1 S. 1 Var. 2 HPflG. Fraglich ist allerdings, ob die Rückhaltebecken, die übergelaufen sind, selbst als Bestandteil dieser Rohrleitungsanlage anzusehen sind. Das kann mit der Begründung, dass das Wasser bis zu seinem Austritt aus den Rohren im Rückhaltebecken in einer dem Zweck der Anlage entsprechenden räumlichen und funktionellen Beziehung zum Kanalsystem stand, bejaht werden, so dass die gesamte Anlage samt der Becken als eine Rohrleitungsanlage anzusehen ist. Andererseits ist bei einer mehrteiligen Anlage, die teils verrohrt, teils offen angelegt ist, darauf abzustellen, an welcher Stelle die

142 Fall nach *BGH* Urteil vom 11.3.2004, *BGHZ* 158, 163 ff. = NVwZ 2004, 1018, Vorinstanz war *OLG Köln* Urteil vom 21.8.2003, VersR 2004, 69.

schadenstiftenden Flüssigkeiten ausgetreten sind. Für diese Auslegung spricht der Charakter des Anspruchs aus § 2 HPflG als Gefährdungshaftung, die wegen ihrer Verschuldensunabhängigkeit und damit verbundenen unmittelbaren Haftung restriktiv auszulegen ist. Durch das Überlaufen der Rückhaltebecken hat sich nicht die besondere Gefährlichkeit der Kanalanlage, konkret der verrohrten Anlage, realisiert, sondern ein allgemeines Risiko, das immer beim Auffangen und Zurückhalten von Wasser im Freien entsteht. Für diese Fälle ist die strenge Haftung des § 2 HPflG nicht konzipiert. Folglich stellen die Rückhaltebecken keine Anlage i.S.d. § 2 Abs. 1 S. 1 HPflG dar.

2. Zwischenergebnis

Ein Schadensersatzanspruch aus § 2 Abs. 1 S. 1 HPflG ist nicht gegeben.

3. § 839 Abs. 1 S. 1 BGB i.V.m. Art. 34 S. 1 GG

K könnte aber einen Schadensersatzanspruch aus § 839 Abs. 1 S. 1 BGB i.V.m. Art. 34 S. 1 GG gegen die Stadt Bochum haben.

Der Amtshaftungsanspruch nach § 839 Abs. 1 S. 1 BGB i.V.m. Art. 34 S. 1 GG setzt voraus, dass ein Amtswalter in Ausübung eines ihm anvertrauten öffentlichen Amts die ihm gegenüber einem Dritten obliegende Amtspflicht schuldhaft verletzt und dadurch einen Schaden verursacht hat.

Der Bau und der Betrieb der städtischen Kanalisation stellen ein öffentlich-rechtliches Handeln eines Amtswalters dar.

Es ist jedoch nicht ersichtlich, dass der Stadt Bochum bei der Planung, dem Bau oder dem Betrieb des Regenrückhaltebeckens oder sonstiger Teile der Kanalisation Fehler unterlaufen sind.

Es besteht mangels Pflichtverletzung kein Anspruch aus § 839 Abs. 1 S. 1 BGB i.V.m. Art. 34 S. 1 GG.

II. Entschädigungsansprüche

1. Anspruch aus enteignungsgleichem Eingriff

K könnte einen Anspruch aus enteignungsgleichem Eingriff haben.

a) Rechtsgrundlage

Der Anspruch aus enteignungsgleichem Eingriff wurzelt im allgemeinen Aufopferungsgedanken, wie er in §§ 74, 75 Einl. Preußisches ALR niedergelegt ist, und ist heute sowohl richterrechtlich als auch gewohnheitsrechtlich anerkannt.

b) Voraussetzungen

Der enteignungsgleiche Eingriff regelt die entschädigungsrechtlichen Folgen rechtswidriger hoheitlicher Maßnahmen. Ein Anspruch aus enteignungsgleichem Eingriff setzt voraus, dass die Eigentumsbeeinträchtigung gerade aus der Rechtswidrigkeit der schädigenden Maßnahme folgt. Hat die Verwaltung demgegenüber rechtmäßig gehandelt und führt lediglich die Eigentumsbeeinträchtigung zu unzumutbaren Folgen, kommt nur ein Anspruch aus enteignendem Eingriff in Betracht.

Vorliegend hat die Verwaltung im Zusammenhang mit der Errichtung und dem Betrieb des Regenrückhaltebeckens rechtmäßig gehandelt.

2. Zwischenergebnis

Ein Anspruch aus enteignungsgleichem Eingriff scheidet aus.

3. Anspruch aus enteignendem Eingriff

Möglicherweise besteht ein Anspruch aus enteignendem Eingriff.

a) Rechtsgrundlage

Der Entschädigungsanspruch aus enteignendem Eingriff ist im allgemeine Aufopferungsgrundsatz der §§ 74, 75 Einl. Preußisches ALR in seiner richterrechtlichen Ausprägung verankert.

Es wird jedoch die Auffassung vertreten, der Anspruch aus enteignendem Eingriff habe nach dem Nassauskiesungsbeschluss des *BVerfG* keine Existenzberechtigung mehr in Fällen, in denen über das zu duldende Maß hinausgehende Eigentumsbeeinträchtigungen vorherzusehen und daher auch abzuwehren sind.

Anerkannt ist der enteignende Eingriff jedenfalls für unvorhergesehene unfallartige Zufallsfolgen rechtmäßiger Verwaltungstätigkeit. Die unerwartet starken Regenfälle, mögen sie auch mit einer Naturkatastrophe nicht zu vergleichen sein, sind solche unvorhersehbaren Ereignisse, die jedenfalls vom Anspruch aus enteignendem Eingriff nach wie vor erfasst sind.

b) Voraussetzungen

Ein Anspruch aus enteignendem Eingriff kommt in Betracht, wenn an sich rechtmäßige hoheitliche Maßnahmen bei einem Betroffenen unmittelbar zu meist atypischen und unvorhergesehenen Nachteilen führen, die er aus rechtlichen oder tatsächlichen Gründen hinnehmen muss, die aber zugleich die Schwelle des enteignungsrechtlich Zumutbaren übersteigen.

aa) Hoheitliches Handeln

Ausgangspunkt für einen Anspruch aus enteignendem Eingriff kann nur ein hoheitliches Handeln des Staates sein. Auf privatrechtliche Tätigkeit finden die Ansprüche des allgemeinen Zivilrechts Anwendung. Die Beseitigung von Regenwasser und Abwasser stellt ebenso wie der Betrieb von Kläranlagen einen Teil der öffentlichen Daseinsvorsorge dar und ist damit der schlicht-hoheitlichen Verwaltung zuzuordnen. Folglich liegt ein hoheitliches Handeln vor.

bb) Eingriff in das Eigentum

Es müsste infolge dieses Handelns zu einem Eingriff in das Eigentum des K gekommen sein.

Der Eingriff besteht beim Anspruch aus enteignendem Eingriff in einer unbeabsichtigten und atypischen Nebenfolge rechtmäßigen Verwaltungshandelns. Folge des Betriebs der Auffangbecken war deren Überlaufen. Das hat am Grundstück und Haus des K zu erheblichen Schäden geführt. Ein Eingriff in das Eigentum des K am Grundstück samt Gebäude liegt daher vor.

cc) Unmittelbarkeit

Unmittelbarkeit setzt voraus, dass die eigentumsschädigende Auswirkung des Eingriffs für die konkrete Betätigung der Hoheitsgewalt typisch ist und aus der Eigenart der Maßnahme folgt. Der Staat soll nicht für Risiken haften, die im Verhältnis zum Bürger außerhalb der staatlichen Einfluss- und Verantwortungssphäre liegen. Der Überlauf ist zwar erst infolge der anhaltenden Regenfälle eingetreten. Regenfälle, mögen sie auch besonders stark gewesen sein, liegen jedoch nicht außerhalb der von der öffentlichen Hand geschaffenen und im Bauwerk selbst angelegten Gefahrenlage. Vielmehr realisiert sich bei einem Überstau allein die ständige latente Gefährdung der Anliegergrundstücke, die der Stadt als Betreiberin der Anlage zuzurechnen ist. Etwas anderes ließe sich bei wertender Betrachtung allenfalls für einen ganz ungewöhnlichen und seltenen Starkregen (Katastrophenregen) annehmen, auf den die Gemeine ihr Kanalsystem auch unter dem Gesichtspunkt der besonderen Gefährdung benachbarter Grundstücke nicht auslegen muss. Folglich sind die Beschädigungen am Haus des K unmittelbare Folgen des Betriebs der Kanalisation.

dd) Sonderopfer

Der Eingriff müsste K ein Sonderopfer im entschädigungsrechtlichen Sinne abverlangt haben. Wie dies zu bestimmen ist, wird unterschiedlich beurteilt. Die Schweretheorie des *BVerwG* stellt darauf ab, ob der Eingriff und seine unmittelbaren Folgen so schwerwiegend für den Betroffenen sind, dass ihm die entschädigungslose Hinnahme nicht zugemutet werden kann.

Demgegenüber hebt die Sonderopferlehre des *BGH* darauf ab, ob der Betroffene in einer Weise belastet wird, die anderen Eigentümern in dieser Form nicht zugemutet werden und deshalb eine Ungleichbehandlung vorliegt. Insoweit ist die sog. Situationsgebundenheit des Eigentums zu berücksichtigen, d.h. der Betroffene muss Belastungen hinnehmen, die sich lediglich als Konkretisierung der immanenten Beschränkung der Rechte des Eigentümers wegen der besonderen Lage und sonstigen Situation des Grundstücks darstellen.

Doch auch unter Berücksichtigung der Hanglage des Grundstücks und der „naturgegebenen" Nähe zu den Regenauffangbecken der Kanalisationsanlage treffen K die Folgen des Überlaufens der Becken unzumutbar schwer und belasten ihn auch in einer Weise, die ihm im Vergleich zu den anderen Grundstückseigentümer nicht zugemutet werden können. Daher liegt nach beiden Auffassungen ein Sonderopfer vor.

c) Mitverschulden, § 254 BGB analog

Beim Anspruch aus enteignendem Eingriff ist dem Eigentümer vorwerfbares Mitwirken bei der Schadensentstehung in entsprechender Anwendung von § 254 Abs. 1 BGB anspruchsmindernd zu berücksichtigen. K konnte gegen das Überlaufen der Regenbecken allerdings weder in tatsächlicher noch in rechtlicher Hinsicht vorgehen, zumal sich die Situation in relativ kurzer Zeit negativ entwickelt hat. Gegen den Betrieb der Kanalisationsanlage und damit auch gegen die Auffangbecken konnte K nichts unternehmen, denn rechtmäßiges Verhalten, hier Errichtung und Unterhaltung des Regenrückhaltebeckens, muss der Eigentümer dulden. Ein Mitverschulden kann K daher nicht angelastet werden.

d) Rechtsfolge

Der enteignende Eingriff ist kein Schadensersatz-, sondern ein Entschädigungsanspruch. Die Höhe der Entschädigung richtet sich nach den allgemeinen Grundsätzen des Entschädigungsrechts. Wegen der Ausgleichsfunktion der Entschädigung richtet sich ihr Umfang jedoch nach dem Wert der Sache, die beeinträchtigt worden ist. Daher kann K vollen Ausgleich der Einbußen verlangen, die er zur Schadensbeseitigung erlitten hat, also Zahlung von 34 000 €.

e) Passivlegitimation

Anspruchsgegner beim Anspruch aus enteignendem Eingriff ist der durch den Eingriff unmittelbar begünstigte Verwaltungsträger, also derjenige, dessen Aufgaben wahrgenommen worden sind. Danach haftet die Stadt Bochum als Betreiberin der Auffangbecken gegenüber K.

III. Ergebnis

K kann Entschädigung in Höhe von 34 000 € von der Stadt Bochum verlangen. Die Klage ist also begründet.

B. Rechtsweg

K hat den richtigen Rechtsweg beschritten, wenn der Zivilrechtsweg eröffnet ist. Es könnte jedoch auf Grund von § 40 Abs. 1 S. 1 VwGO der Verwaltungsrechtsweg gegeben sein.

I. Öffentlich-rechtliche Streitigkeit nichtverfassungsrechtlicher Art

Da es um die entschädigungsrechtlichen Folgen schlicht-hoheitlichen Verwaltungshandelns geht, handelt es sich um eine öffentlich-rechtliche Streitigkeit, die zudem auch keinen verfassungsrechtlichen Charakter aufweist.

II. Abdrängende Sonderzuweisung

Der Verwaltungsrechtsweg ist nach § 40 Abs. 1 S. 1 Hs. 2 VwGO gleichwohl nicht eröffnet, wenn eine abdrängende Sonderzuweisung eingreift („soweit die Streitigkeiten nicht durch Bundesgesetz einem anderen Gericht zugewiesen sind"). Eingreifen könnte § 40 Abs. 2 S. 1 Hs. 1 Var. 1 VwGO, wonach für vermögensrechtliche Ansprüche aus Aufopferung für das gemeine Wohl der ordentliche Rechtsweg gegeben ist. Der Anspruch aus enteignendem Eingriff ebenso wie der Anspruch aus enteignungsgleichem Eingriff fußen auf dem allgemeinen Aufopferungsgedanken und stellen daher Aufopferungsansprüche im weiteren Sinn dar. Allerdings bestimmt nunmehr § 40 Abs. 2 S. 1 Hs. 2 VwGO, dass Ansprüche aus Inhalts- und Schrankenbestimmungen vor die Verwaltungsgerichte gehören. Möglicherweise hat sich dadurch die Rechtslage geändert. Die Bestimmung des § 40 Abs. 2 S. 1 Hs. 2 VwGO wurde im Jahre 2001 eingefügt. Erklärter Gesetzeszweck war es, den Streit zwischen dem *BGH* und dem *BVerwG* um den Rechtsweg bei ausgleichspflichtigen Inhalts- und Schrankenbestimmungen zugunsten der Zulässigkeit des Verwaltungsrechtswegs zu entscheiden. Zugleich hat der Gesetzgeber jedoch erklärt, dass infolge der Neuregelung nunmehr die Ausnahmeregelung des § 40 Abs. 2 S. 1 Var. 1 VwGO auf die klassischen Tatbestände der Aufopferung von Leib und Leben beschränkt ist. Der Gesetzgeber sieht also auch die Entschädigungsansprüche aus enteignungsgleichem und enteignendem Eingriff als von § 40 Abs. 2 S. 1 Hs. 2 VwGO als geregelt an, da die klassische Aufopferung nur Verletzungen anderer Rechtsgüter als das Eigentum erfasst.

Maßstab für die objektive Auslegung ist jedoch nicht der im Gesetzgebungsverfahren geäußerte Wille des Gesetzgebers, sondern der Wortlaut des Gesetzes. Die geschilderte gesetzgeberische Intention hat jedoch im Wortlaut des § 40 Abs. 2 S. 1 Hs. 2 VwGO keinen hinreichenden Ausdruck gefunden. Ansprüche aus enteignungsgleichem und enteignendem Eingriff sind keine ausgleichspflichtigen Inhalts- und Schrankenbestimmungen, sondern Rechtsinstitute eigener Art, die aus dem allgemeinen Aufopferungsgedanken in seiner richterrechtlichen Ausprägung herzuleiten sind. Zudem ist nicht davon auszugehen, dass der Gesetzgeber durch eine Äußerung im Gesetzgebungsverfahren mit einer jahrzehntealten Rechtsprechung brechen wollte. Es bleibt daher dabei, dass für Ansprüche aus enteignungsgleichem und enteignenden Eingriff gem. § 40 Abs. 2 S. 1 Hs. 1 Var. 1 VwGO der Zivilrechtsweg eröffnet ist.

III. Ergebnis

K hat den richtigen Rechtsweg gewählt.

Online-Wissens-Check

Welche Voraussetzungen haben die Entschädigung wegen einer Enteignung, einer Inhalts- und Schrankenbestimmung, eines enteignungsgleichen Eingriffs und eines enteignenden Eingriffs?

Überprüfen Sie jetzt online Ihr Wissen zu den in diesem Abschnitt erarbeiteten Themen. Unter **www.juracademy.de/skripte/login** steht Ihnen ein Online-Wissens-Check speziell zu diesem Skript zur Verfügung, den Sie kostenlos nutzen können. Den Zugangscode hierzu finden Sie auf der Codeseite.

5. Teil
Entschädigung wegen Beeinträchtigung immaterieller Rechtsgüter – Allgemeiner Aufopferungsanspruch

A. Bedeutung des allgemeinen Aufopferungsanspruchs

258 Neben der Beeinträchtigung von Eigentumspositionen können durch hoheitliches Handeln auch andere Rechtsgüter betroffen sein. Die Beeinträchtigung dieser immateriellen Rechtsgüter wird durch einen Entschädigungsanspruch aus Aufopferung ausgeglichen.

Eine **Aufopferung** liegt vor, wenn ein rechtmäßiger oder rechtswidriger hoheitlicher Eingriff in eine immaterielle Rechtsposition i.S.d. Art. 2 Abs. 2 GG und dadurch für den Betroffenen ein Sonderopfer in Form eines Vermögensschadens eingetreten ist.

B. Herleitung

259 Der allgemeine Aufopferungsanspruch hat seine Rechtsgrundlage im Rechtsgedanken der §§ 74, 75 Einl. Preußisches ALR in seiner richterrechtlichen Ausgestaltung und ist gewohnheitsrechtlich anerkannt.[1] Die Rechtsprechung des *BGH* unterscheidet dabei nicht, ob die Beeinträchtigung der immateriellen Rechtsgüter aufgrund rechtswidriger, dann aufopferungsgleicher, oder rechtmäßiger, dann aufopfernder Eingriffe erfolgt. Sie spricht in beiden Fällen von einem Aufopferungsanspruch.[2]

JURIQ-Klausurtipp

Die praktische Relevanz des allgemeinen Aufopferungsanspruchs ist sehr gering, da der Ausgleich für eine Beeinträchtigung immaterieller Rechtsgüter überwiegend spezialgesetzlich geregelt ist.

Soweit er relevant ist, ist ein Hinweis auf seine Rechtsgrundlage ausreichend. Insbesondere bedarf es keines Rückgriffs auf den Nassauskiesungsbeschluss des *BVerfG*, da dieser nur Beeinträchtigungen des Eigentums betrifft.

Ebenso entfällt die Diskussion der Frage, ob der allgemeine Aufopferungsanspruch Verfassungsrang besitzt oder nicht.[3]

---

1 *BGHZ* 9, 83, 85; *Ossenbühl/Cornils* S. 130; *Peine* § 17 Rn. 1159; *Baldus/Grzeszick/Wienhues* Rn. 336.
2 *BGHZ* 36, 379, 391; 45, 58, 81; *Wolff/Bachof/Stober/Kluth* § 72 Rn. 77.
3 Vgl. dazu *Maurer* § 28 Rn. 1; *Wolff/Bachof/Stober/Kluth* § 72 Rn. 76.

C. Anspruchsvoraussetzungen

Der allgemeine Aufopferungsanspruch setzt voraus, dass ein hoheitlicher Eingriff in eine nicht vermögenswerte Rechtsposition erfolgt, der unmittelbar zu einem Sonderopfer bei dem Betroffenen führt. 260

Allgemeiner Aufopferungsanspruch

PRÜFUNGSSCHEMA

I. Rechtsgrundlage

II. Hoheitlicher Eingriff

III. in ein nicht vermögenswertes Recht

IV. Unmittelbarkeit des Eingriffs
Sonderopfer Rn. 266

V. Mitverschulden

VI. Rechtsfolge: Entschädigung

I. Rechtsgrundlage

Der allgemeine Aufopferungsanspruch findet, wie schon erwähnt, seine Grundlage im Rechtsgedanken der §§ 74, 75 Einl. Preußisches ALR in seiner richterrechtlichen Ausformung. Er kommt aber nur zum Zuge, soweit nicht spezialgesetzliche Normen als Entschädigungsgrundlage eingreifen. Solche speziellen Regelungen finden sich z.B. in § 51 BPolG bzw. in den entsprechenden landesrechtlichen Bestimmungen, z.B. § 39 Abs. 1 OBG NRW, § 67 PolG NRW und §§ 60 ff. IfSG[4] oder §§ 1 ff. StrEG.[5] 261

Darüber hinaus tritt er zurück, wenn ein Schadensausgleich aus anderen Gründen erfolgt, z.B. durch Leistungen der Sozialversicherung oder aus einer seitens der Gemeinde abgeschlossenen Dienstunfallversicherung.[6] Die Rechtsprechung begründet diese Subsidiarität mit dem Charakter des allgemeinen Aufopferungsanspruchs als äußerstem Rechtsbehelf.[7]

Durch diese gesetzlichen Regelungen ist der Anwendungsbereich des allgemeinen Aufopferungsanspruchs sehr stark eingeschränkt.

II. Hoheitlicher Eingriff

Ein hoheitlicher Eingriff liegt vor, wenn hoheitlicher Zwang in weitestem Sinne ausgeübt wird.[8] Ausreichend ist insoweit auch psychischer Zwang.[9] Er muss nicht zielgerichtet sein.[10] Im Übrigen kann auf die Ausführungen zum enteignungsgleichen Eingriff verwiesen werden.[11] 262

4 *Sartorius* Ergänzungsband Nr. 285.
5 *Schönfelder* Nr. 93.
6 *Maurer* § 28 Rn. 6.
7 *BGHZ* 20, 81, 83 f.; 45, 58, 81; *BGH* NJW-RR, 1994, 213.
8 *Ossenbühl/Cornils* S. 139 f.; *Wolff/Bachof/Stober/Kluth* § 72 Rn. 80.
9 *BGHZ* 24, 45; 31, 187, 190; 45, 45, 46 f.
10 *Maurer* § 28 Rn. 9.
11 Siehe Rn. 224 ff.

263 Ein Eingriff liegt nicht vor, wenn sich der Geschädigte freiwillig oder selbstverschuldet in die Situation gebracht hat, die zur Beeinträchtigung des immateriellen Rechtsguts geführt hat.[12]

Beispiel 1 Freiwillige amtsärztliche Untersuchung. ■

Beispiel 2 Strafgefangener S wird von einem Mithäftling körperlich schwer verletzt.

Der Eingriff muss in erster Linie dem Gemeinwohl dienen. Anknüpfungspunkt ist die Zielsetzung der Maßnahme, nicht das tatsächliche Ergebnis.[13] Eingriffe zugunsten Privater scheiden damit aus.[14]

Ob der Eingriff rechtmäßig oder rechtswidrig ist, spielt für die Annahme eines allgemeinen Aufopferungsanspruchs keine Rolle, da die Rechtsprechung keine Unterscheidung zwischen aufopferungsgleichem oder aufopferndem Eingriff vornimmt.[15] ■

III. In ein nicht vermögenswertes Recht

264 Der allgemeine Aufopferungsanspruch betrifft nur die Beeinträchtigung immaterieller Rechtsgüter. Dazu zählen nach der Rechtsprechung Leben, Körper, Gesundheit und Freiheit i.S.d. körperlichen Bewegungsfreiheit, also die Rechtsgüter des Art. 2 Abs. 2 GG.[16] Eine Ausweitung der geschützten immateriellen Rechtspositionen auf die Berufs- und Gewerbefreiheit, Art. 12 Abs. 1 GG, sowie das Allgemeine Persönlichkeitsrecht, Art. 2 Abs. 1 GG, wird zwar seitens der Literatur[17] befürwortet, aber von der Rechtsprechung abgelehnt.[18]

IV. Unmittelbarkeit des Eingriffs

265 Hinsichtlich der Unmittelbarkeit gilt, dass der hoheitliche Eingriff unmittelbar zur Rechtsbeeinträchtigung führt. Eine Unmittelbarkeit ist gegeben, wenn die Auswirkungen des Eingriffs typisch für ihn sind bzw. aus der Eigenart des hoheitlichen Handelns folgen. Im Übrigen verhält es sich diesbezüglich wie beim enteignungsgleichen bzw. enteignenden Eingriff.[19]

V. Sonderopfer

266 Der hoheitliche Eingriff muss zu einer Rechtsgutverletzung führen, die dem Geschädigten im Verhältnis zu den übrigen Bürgern mehr zumutet, er also ungleich stärker belastet wird und so eine die allgemeine Opfergrenze überschreitende Belastung hinzunehmen hat. Zur Beurteilung, ob die Opfergrenze überschritten ist, ist nicht nur auf den Eingriff selbst, sondern auch auf seine Auswirkungen abzustellen.[20] Wann die allgemeine Opfergrenze überschritten ist, ist im Einzelfall zu ermitteln. Als Orientierung dient dabei, ob die Folgen des Eingriffs

12 *Maurer* § 28 Rn. 10 mit nachfolgenden Beispielen.
13 *BGHZ* 9, 83, 91; *Ossenbühl/Cornils* S. 141.
14 *Peine* § 17 Rn. 1172.
15 Siehe Rn. 261.
16 *BGHZ* 65, 196, 206; 111, 349, 355 ff.
17 *Maurer* § 28 Rn. 3; *Ossenbühl/Cornils* S. 137 f.; *Detterbeck/Windthorst/Sproll* § 16 Rn. 62; *Baldus/Grzeszick/Wienhues* Rn. 340.
18 *BVerfG* NVwZ 1998, 271; *BGHZ* 111, 349, 355 ff.
19 Siehe Rn. 228 und Rn. 246.
20 *Maurer* § 28 Rn. 13; *Peine* § 17 Rn. 1175.

gesetzlich gewollt und gefordert sind, sprich, vom Zweck der Norm gedeckt werden.[21] Liegen die Folgen außerhalb dieses Zwecks, so liegt ein Sonderopfer vor.

Ein Sonderopfer scheidet hingegen aus, wenn sich in der Beeinträchtigung lediglich das allgemeine Lebensrisiko realisiert.[22]

Auch die Rechtswidrigkeit des hoheitlichen Eingriffs kann berücksichtigt werden, auch wenn die Rechtsprechung hier eine Differenzierung nicht vornimmt.[23]

VI. Mitverschulden, § 254 BGB analog

Der Gedanke des Mitverschuldens, § 254 BGB analog, ist zu berücksichtigen bei einem **267** rechtswidrigen hoheitlichen Eingriff. Hier besteht für den Geschädigten die Möglichkeit, ein Rechtsmittel zur Abwendung des Schadens zu ergreifen. Bei einem rechtmäßigen hoheitlichen Eingriff entfällt diese Möglichkeit und beschränkt sich auf die Pflicht, den Schaden zu minimieren.[24]

D. Verjährung

Der Anspruch aus allgemeiner Aufopferung verjährt grundsätzlich in drei Jahren, § 195 BGB **268** analog.

E. Inhalt des Anspruchs

Der Inhalt des allgemeinen Aufopferungsanspruchs ist auf den Ausgleich der erlittenen **269** Beeinträchtigung, die sich als Sonderopfer darstellt, gerichtet. Er ist kein Schadensersatzanspruch, so dass der Anspruch aus allgemeiner Aufopferung hinter einem Schadensersatzanspruch zurückbleiben kann.[25] Der Ausgleich erfolgt in einer Entschädigung in Geld.

Erfasst wird nur der insoweit eingetretene Vermögensschaden.[26]

Die bisherige Auffassung, immaterielle Nachteile seien davon nicht umfasst,[27] ist aufgegeben worden. Ein Grundsatz, dass immaterielle Schäden nur ausnahmsweise zu ersetzen sind, existiert nicht mehr. Das ergibt sich zum einen aus dem 2002 neugefassten § 253 Abs. 2 BGB und zum anderen aus den zum Teil bestehenden landesrechtlichen Regelungen zum polizei- bzw. ordnungsrechtlichen Entschädigungsrecht, die auch immaterielle Nachteile einschließen.[28] Für den Aufopferungsanspruch gilt nunmehr, dass das Sonderopfer neben dem materiellen auch die daraus resultierenden immateriellen Nachteile beinhaltet.[29]

---

21 *BGHZ* 9, 83, 87 f.; *Maurer* § 28 Rn. 13.

22 *BGHZ* 46, 327, 330 ff., heute aber gesetzlich geregelt: § 2 Abs. 1 Nr. 8b SGB VII; *BGH* NJW-RR 1994, 213, 214.

23 *BGHZ* 45, 46, 77; *Peine* § 17 Rn. 1174.

24 *BGHZ* 45, 290, 294 ff.; zum Ganzen: *Peine* § 17 Rn. 1176.

25 *BVerfG* NVwZ 1998, 271.

26 *Maurer* § 28 Rn. 15.

27 So *BGHZ* 20, 61, 68 ff.; *Maurer* § 28 Rn. 15.

28 Siehe Rn. 370 f.

29 *BGH* NJW 2017, 3384; *Kingreen* Jura (JK) 2018, 427; *OLG Frankfurt* NVwZ – RR 2014, 142.

Beispiel Krankenhauskosten, Verdienstausfall. ■

270 Schmerzensgeld kann mit einem allgemeinen Aufopferungsanspruch nicht geltend gemacht werden.[30]

F. Prozessuale Fragen

I. Anspruchsgegner

271 Anspruchsgegner ist, wie beim enteignungsgleichen bzw. enteignenden Eingriff der Hoheitsträger, der begünstigt ist bzw. dessen Aufgaben wahrgenommen werden, falls sich eine Begünstigung nicht ermitteln lässt. Auch hier sollte wieder besser auf den Verwaltungsträger abgestellt werden, der den hoheitlichen Eingriff vorgenommen hat.[31]

II. Rechtsweg

272 Gemäß § 40 Abs. 2 S. 1 VwGO ist für den Entschädigungsanspruch aus allgemeiner Aufopferung der Rechtsweg zu den ordentlichen Gerichten gegeben.

III. Konkurrenzen

273 Wie bereits ausgeführt, tritt der allgemeine Aufopferungsanspruch hinter die spezialgesetzlich geregelten Ansprüche zurück.

Der allgemeine Aufopferungsanspruch und ein Amtshaftungsanspruch können nebeneinander geltend gemacht werden.

Online-Wissens-Check

Worauf lässt sich eine Entschädigung wegen einer Aufopferung stützen?

Überprüfen Sie jetzt online Ihr Wissen zu den in diesem Abschnitt erarbeiteten Themen. Unter **www.juracademy.de/skripte/login** steht Ihnen ein Online-Wissens-Check speziell zu diesem Skript zur Verfügung, den Sie kostenlos nutzen können. Den Zugangscode hierzu finden Sie auf der Codeseite.

30 *BGHZ* 20, 61, 68 ff.; 45, 46, 77.

31 Siehe Rn. 236 bzw. Rn. 253.

6. Teil
Öffentlich-rechtlicher Erstattungsanspruch

A. Grundlagen

> Der **öffentlich-rechtliche Erstattungsanspruch** ist im System des Staatshaftungsrechts im weitesten Sinne ein Wiederherstellungsanspruch. Er soll eine mit der Rechtsordnung nicht übereinstimmende Vermögenslage wieder in Übereinstimmung mit ihr bringen. 274

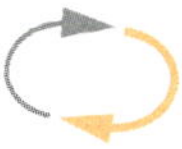

Es geht damit beim öffentlich-rechtlichen Erstattungsanspruch **nicht um Schadensersatz** oder **Entschädigung** für einen hoheitlichen Eingriff, sondern um die **Rückabwicklung** fehlerhafter Vermögensverschiebungen.[1] Derartige rechtsfehlerhafte Vermögenslagen können im Verhältnis Staat-Bürger, Bürger-Staat und zwischen zwei Hoheitsträgern eintreten.

Beispiel 1 Das Land L zahlt an einen Kulturverein aufgrund eines Datenfehlers einen Subventionsbetrag doppelt aus. ■

Beispiel 2 Der Bürger B zahlt aufgrund eines öffentlich-rechtlichen Vertrags einen Betrag an die Stadt S für die Errichtung eines Kinderspielplatzes, der aus technischen Gründen in der Folgezeit aber nicht realisiert wird. Daraufhin tritt B vom Vertrag zurück. ■

Beispiel 3 Das Land L gewährt der Stadt S einen zweckgebundenen Zuschuss für die Errichtung von Radwegen, die aber nicht gebaut werden. Die Stadt S will die Zuschüsse gleichwohl nicht zurückzahlen und sie in ihrem städtischen Haushalt für andere Zwecke verwenden.

In allen drei Fällen ist eine Vermögenslage eingetreten, die nicht mit der Rechtslage übereinstimmt. ■

Der öffentlich-rechtliche Erstattungsanspruch ist gewohnheitsrechtlich anerkannt. Nachdem früher seine Grundlage in der entsprechenden Anwendung der §§ 812 ff. BGB gesehen wurde,[2] ergibt sich nach nunmehr h.A. seine Grundlage als eigenständiges Rechtsinstitut aus dem Grundsatz der Gesetzmäßigkeit der Verwaltung, Art. 20 Abs. 3 GG.[3] 275

JURIQ-Klausurtipp

In einer Klausur müssen Sie den öffentlich-rechtlichen Erstattungsanspruch nicht mehr herleiten. Er ist als gegeben zu unterstellen. Der Hinweis auf seine gewohnheitsrechtliche Anerkennung reicht aus.

Der öffentlich-rechtliche Erstattungsanspruch ist teilweise positiv geregelt. Insoweit ist kein Raum mehr für den gewohnheitsrechtlich anerkannten öffentlich-rechtlichen Erstattungsanspruch.[4] 276

---

1 *Ossenbühl/Cornils* S. 530.

2 *BayVGH* NJW 1974, 2021.

3 *BVerwGE* 71, 85, 89; *BVerwG* NJW 2006, 3225, 3226; *Maurer* § 29 Rn. 21; *Peine* § 14 Rn. 1025; *Windthorst* JuS 1996, 895.

4 *Ossenbühl/Cornils* S. 534 ff., 539.

Insbesondere liegen derartige ihn ausschließende Regelungen mit § 49a Abs. 1 S. 1 VwVfG, § 50 Abs. 1 S. 1 SGB X, § 20 Abs. 1 S. 1 BAföG vor. Besonders zu beachten ist an dieser Stelle, dass die Rückforderung von überzahlten Beträgen im Bereich der Verwaltungsvollstreckung NRW ebenfalls spezialgesetzlich geregelt ist in § 77 Abs. 4 S. 1 VwVG NRW i.V.m. § 21 Abs. 1 GebG NRW.

JURIQ-Klausurtipp

Damit ist in Verwaltungsvollstreckungsrechtsklausuren, soweit es um Rückzahlungen von entsprechenden Beträgen geht, in NRW der allgemeine öffentlich-rechtliche Erstattungsanspruch als Rechtsgrundlage nicht mehr relevant.

B. Anspruchsvoraussetzungen

277 Der öffentlich-rechtliche Erstattungsanspruch setzt voraus, dass in einer öffentlich-rechtlichen Beziehung eine Vermögensverschiebung ohne Rechtsgrund erfolgt ist. Der öffentlich-rechtliche Erstattungsanspruch ist stark an den §§ 812 ff. BGB orientiert.[5]

PRÜFUNGSSCHEMA

Öffentlich-rechtlicher Erstattungsanspruch

I. Öffentlich-rechtliche Rechtsbeziehung

II. Vermögensverschiebung

III. Ohne Rechtsgrund

IV. Rechtsfolge: Herausgabe des Erlangten

I. Öffentlich-rechtliche Rechtsbeziehung

278 Ein öffentlich-rechtlicher Erstattungsanspruch kann nur angenommen werden, wenn eine öffentlich-rechtliche Rechtsbeziehung vorliegt. Dabei ist auf die Rechtsnatur des rückabzuwickelnden Verhältnisses abzustellen. Die Qualifizierung der Rechtsnatur erfolgt also auf der Grundlage, die vermeintlich für die Vermögensverschiebung angenommen wurde bzw. später weggefallen ist.

279 Die Zuordnung zum Öffentlichen Recht oder zum Privatrecht entscheidet sich nach den allgemeinen Abgrenzungstheorien. Liegt kein öffentlich-rechtliches Verhältnis vor, so sind §§ 812 ff. BGB direkt in einem zivilrechtlichen Verfahren anzuwenden.

Beruht die Rechtsbeziehung auf einem Verwaltungsakt oder einem öffentlich-rechtlichen Vertrag, §§ 54 ff. VwVfG, so ist auch das Rückabwicklungsverhältnis als Kehrseite öffentlich-rechtlicher Natur.[6] Der Gesetzgeber hat das auch z.B. in § 49a Abs. 1 S. 2 VwVfG zum Ausdruck gebracht.

5 *BVerwGE* 71, 85, 88; 87, 169, 172; *Maurer* § 29 Rn. 21.
6 *BVerwGE* 40, 85, 89; 89, 345, 350; *Maurer* § 10 Rn. 7 und § 29 Rn. 29.

Fehlt ein derartiger Anhaltspunkt, so kann die erbrachte und jetzt rückabzuwickelnde Leistung nur nach Zurechnungskriterien dem Öffentlichen Recht oder dem Privatrecht zugeordnet werden; konkret danach, in welchem Zusammenhang die Leistung erbracht worden ist.[7] Besteht zwischen dem Hoheitsträger bzw. seiner Behörde und dem Empfänger der Leistung kein öffentlich-rechtliches Verhältnis, so kann auf den Zweck oder die Motivation der Leistung zur Bestimmung der Rechtsnatur zurückgegriffen werden[8]

Beispiel Nach dem Tode des Beamten B laufen dessen Bezügezahlungen weiter. Die Hinterbliebenen freuen sich.

Hier besteht zwischen der zahlenden Behörde und den Empfängern keinerlei öffentlich-rechtliche Beziehung, denn die bestand nur zum Verstorbenen Beamten B. Die Geldleistung als solche ist neutral. Sie kann aber unter den Gesichtspunkten „Zweck/Motivation" dem ursprünglichen Beamtenverhältnis des Verstorbenen B zugeordnet werden und ist damit öffentlich-rechtlicher Natur.[9]

Dagegen kann auch der Standpunkt vertreten werden, dass keine öffentlich-rechtliche Beziehung besteht, da gerade das Beamtenverhältnis mit dem Tod des B erloschen ist und zu den Hinterbliebenen ein rein zivilrechtlich geprägtes Verhältnis anzunehmen ist.[10] ■

II. Vermögensverschiebung

Weiterhin setzt der öffentlich-rechtliche Erstattungsanspruch eine Vermögensverschiebung voraus, d.h., auf der einen Seite liegt eine Vermögensminderung und spiegelbildlich auf der anderen Seite eine Vermögensmehrung vor. Gegenstand der Vermögensverschiebung ist grundsätzlich Geld. Ausnahmsweise kann aber auch ein Grundstück Gegenstand einer Vermögensverschiebung sein. Im Übrigen kann insoweit auf die zu §§ 812 BGB ff. entwickelten Grundsätze verwiesen werden.[11] **280**

III. Ohne Rechtsgrund

Die Vermögensverschiebung muss schließlich ohne Rechtsgrund erfolgt sein. Das Merkmal „ohne Rechtsgrund" muss zu dem Zeitpunkt vorliegen, in dem der öffentlich-rechtliche Erstattungsanspruch geltend gemacht wird. Ob überhaupt ein Rechtsgrund für die **281**

7 *BVerwGE* 25, 72, 76; 30, 77, 79.
8 *Ossenbüh/Cornils* S. 538 f.
9 *BVerwG* DVBl. 1990, 870; *Detterbeck/Windthorst/Sproll* § 24 Rn. 12 f.
10 *BVerwG* NJW 1990, 2482; *BayVGH* NJW 1990, 933 f.
11 *Peine* § 14 Rn. 1036.

Vermögensverschiebung vorgelegen hat oder er später in Fortfall gekommen ist, ist völlig unerheblich.[12]

282 Rechtsgrund für eine Vermögensverschiebung ist im Regelfall ein Verwaltungsakt. Der Verwaltungsakt ist grundsätzlich unabhängig von seiner Rechtmäßigkeit wirksam, d.h., zu beachten, es sei denn, dass er nichtig ist, § 43 Abs. 2 u. 3 VwVfG. Also selbst im Falle seiner bloßen Rechtswidrigkeit ist der Verwaltungsakt immer noch wirksamer Rechtsgrund einer Vermögensverschiebung. Allein eine Nichtigkeit, § 44 VwVfG, lässt ihn als Rechtsgrund ausscheiden.

Das hat für den Fall der bloßen Rechtswidrigkeit zur Folge, dass der Verwaltungsakt als Rechtsgrund zunächst durch eine Behörde oder ein Gericht aufgehoben werden muss, um überhaupt die tatbestandsmäßigen Voraussetzungen für einen öffentlich-rechtlichen Erstattungsanspruch zu erfüllen.[13]

283 Bildet ein öffentlich-rechtlicher Vertrag den Rechtsgrund, so ist er zunächst aufzuheben oder es ist seine Nichtigkeit bzw. Unwirksamkeit nach §§ 58, 59 VwVfG festzustellen. Eine bloße Rechtswidrigkeit des öffentlich-rechtlichen Vertrags reicht auch hier nicht aus.[14]

284 Schließlich kann ein Rechtsgrund kraft Gesetzes vorliegen. Zu denken ist dabei in erster Linie an Besoldungsvorschriften, z.B. § 2 Abs. 1 BBesG.[15]

JURIQ-Klausurtipp

Innerhalb eines öffentlich-rechtlichen Erstattungsanspruchs ist von Ihnen also zu prüfen, ob ein Rechtsgrund vorliegt oder nicht. Im Falle eines Verwaltungsaktes bzw. öffentlich-rechtlichen Vertrags prüfen Sie dessen formelle und materielle Rechtmäßigkeit. Nur im Falle einer Nichtigkeit entfällt der Rechtsgrund. Ansonsten bleibt er bestehen und ein öffentlich-rechtlicher Erstattungsanspruch besteht nicht.

Anders, wenn im Sachverhalt bereits die Aufhebung des Verwaltungsaktes bzw. öffentlich-rechtlichen Vertrags mitgeteilt wird. Dann ist lediglich aufgrund dieser Information der fehlende Rechtsgrund zu konstatieren.

C. Verjährung

285 Der öffentlich-rechtliche Erstattungsanspruch verjährt grundsätzlich in drei Jahren, §§ 195 ff. BGB analog.[16]

12 Vgl. *Maurer* § 29 Rn. 24.

13 *Maurer* § 29 Rn. 24; *Detterbeck/Windthorst/Sproll* § 24 Rn. 15 f.

14 *Peine* § 14 Rn. 1037.

15 *Sartorius* Nr. 230.

16 *BVerwG* Jura (JK) 2017, 1128 mit Bespr. *Eifert.*

D. Inhalt des Anspruchs

Der öffentlich-rechtliche Erstattungsanspruch beinhaltet die Herausgabe des Erlangten einschließlich der gezogenen Nutzungen. Ist die Herausgabe des Erlangten nicht möglich, so richtet sich der Erstattungsanspruch auf Wertersatz, der sich nach dem objektiven Verkehrswert richtet.[17] Die Grundsätze des § 818 Abs. 1 u. 2 BGB werden insoweit herangezogen. **286**

Hinsichtlich einer Anwendung des Rechtsgedankens aus § 818 Abs. 3 BGB ist zu unterscheiden, wer sich auf den Wegfall einer Bereicherung beruft. **287**

Der Hoheitsträger und seine Behörden können sich nicht auf einen Wegfall der Bereicherung berufen, da dem die grundsätzliche Leistungsfähigkeit des Staates und seine Bindung an Recht und Gesetz, Art. 20 Abs. 3 GG, entgegenstehen.[18] Dasselbe gilt im Verhältnis von Hoheitsträgern untereinander.[19]

Soweit sich ein Bürger auf den Gedanken des Einwands eines Wegfalls der Bereicherung stützt, ist erneut zu differenzieren. Wenn die rückgängig zu machende Vermögensverschiebung auf einem Verwaltungsakt beruht, ist dieser Verwaltungsakt als Rechtsgrundlage zunächst aufzuheben. Im Rahmen des Aufhebungsverfahrens kann sich der betroffene Bürger auf Vertrauensschutz bzgl. begünstigender Verwaltungsakte berufen. Der Vertrauensschutz übernimmt insoweit die Funktion der §§ 818 Abs. 3, 819 Abs. 1 BGB.[20] Hinsichtlich einer Rückerstattung der Leistung finden sich in §§ 48 Abs. 2 S. 3 Nr. 3, 49a Abs. 2 S. 2 VwVfG gesetzliche Regelungen, die den Einwand des Wegfalls der Bereicherung ausschließen.

Basiert die zurück zu gewährende Leistung nicht auf einem Verwaltungsakt, so verneint die Rechtsprechung des *BVerwG* einen Rückgriff auf den Rechtsgedanken der §§ 818 Abs. 3, 819 Abs. 1 BGB und zieht die Grundsätze des Vertrauensschutzes heran. Hintergrund dafür ist, dass anders als bei § 819 Abs. 1 BGB nicht nur positive Kenntnis vom fehlenden Rechtsgrund zum Ausschluss des Anspruchs führt, sondern auch grob fahrlässige Unkenntnis.[21] **288**

Die Literatur lehnt die Position der Rechtsprechung ab, da mangels eines Verwaltungsaktes nur die Vermögensverschiebung selbst als Anknüpfungspunkt für einen Vertrauensschutz verbleibt, was gerade als Vertrauensbasis nicht ausreicht.[22] **289**

JURIQ-Klausurtipp

Im Rahmen einer Klausur sollten Sie als erstes feststellen, ob ein Verwaltungsakt als Rechtsgrundlage für die Vermögensverschiebung vorlag oder nicht. Nur wenn das nicht der Fall ist, stellt sich die Frage, ob Vertrauensschutz oder der Gedanke aus §§ 818 Abs. 3, 819 Abs. 1 BGB anzuwenden ist. Sie können an dieser Stelle beide Positionen vertreten.

Im Übrigen wird der Inhalt des Anspruchs nicht wegen des Rechtsgedankens aus § 814 BGB ausgeschlossen, da ein Hoheitsträger stets an Recht und Gesetz, Art. 20 Abs. 3 GG, gebunden **290**

17 *BVerwG* NJW 1980, 2538; *BVerwG* NJW 1999, 1201, 1203.
18 *Peine* § 14 Rn. 1038; *Maurer* § 29 Rn. 26.
19 *BVerwGE* 36, 108, 113 f.; 71, 85, 89; *OVG Rh.-Pf.* NVwZ 1988, 448.
20 *Maurer* § 29 Rn. 27; *Peine* § 14 Rn. 1041.
21 *BVerwGE* 71, 85, 90 f.
22 *Maurer* § 29 Rn. 28; *Peine* § 14 Rn. 1042.

ist. Ein öffentlich-rechtlicher Erstattungsanspruch des Bürgers ist also nicht wegen Kenntnis der Rechtswidrigkeit der von ihm erbrachten Leistung ausgeschlossen.[23]

Der Gedanke aus § 817 S. 2 BGB findet ebenso keine Anwendung.[24]

Der Grundsatz von Treu und Glauben kann hingegen zur Beschränkung bzw. zum Verlust des Anspruchs führen.[25]

E. Prozessuale Fragen

I. Anspruchsgegner

291 Anspruchsgegner ist derjenige, von dem die Rückabwicklung der Vermögensverschiebung verlangt wird.

II. Rechtsweg

292 Der öffentlich-rechtliche Erstattungsanspruch ist öffentlich-rechtlicher Natur, so dass der Verwaltungsrechtsweg gemäß § 40 Abs. 1 VwGO eröffnet ist.

III. Statthafte Klageart

293 Klagt ein Bürger gegen den Hoheitsträger aus einem öffentlich-rechtlichen Erstattungsanspruch allein auf die reale Rückabwicklung der Vermögensverschiebung, ist die allgemeine Leistungsklage statthaft.

Möglicherweise kann die Vermögensverschiebung nur durch den vorherigen Erlass eines Verwaltungsaktes rückgängig gemacht werden. Dann muss der Bürger Verpflichtungsklage auf Erlass eines entsprechenden Verwaltungsaktes erheben, § 42 Abs. 1 VwGO.

Schließlich kann die Vermögensverschiebung auf einem Verwaltungsakt beruhen. In diesem Fall ist der Verwaltungsakt zunächst als Rechtsgrund im Wege einer Anfechtungsklage, § 42 Abs. 1 VwGO, zu beseitigen. In diesem Fall kann der öffentlich-rechtliche Erstattungsanspruch als Annexantrag nach § 113 Abs. 1 S. 2 VwGO mit der Anfechtungsklage verbunden werden.[26]

294 Klagt ein Hoheitsträger gegen den Bürger auf Rückgängigmachung der Vermögensverschiebung, so ist hierfür die allgemeine Leistungsklage statthaft.

Soweit der Hoheitsträger die Möglichkeit hat, seinen öffentlich-rechtlichen Erstattungsanspruch im Wege eines Verwaltungsaktes festzusetzen, z.B. über § 49a Abs. 1 S. 2 VwVfG, § 50 Abs. 3 SGB X, geht diese Möglichkeit vor, da sie das Rechtsschutzbedürfnis für eine Leistungsklage entfallen lassen dürfte.[27]

---

23 *OVG Rh.-Pf.* NVwZ 1992, 798; *VGH Bad.-Württ.* NVwZ 1991, 583, 587.

24 *BVerwG* NVwZ 2003, 993 f.; *VGH Bad.-Württ.* VBlBW 2004, 52, 54.

25 *BVerwG* NJW 1998, 3135.

26 *Kopp/Schenke*, § 113 Rn. 82.

27 *Kopp/Schenke* vor § 40 Rn. 50.

Neben den gesetzlich vorgesehenen Fällen soll nach der Rechtsprechung des *BVerwG* und seiner Kehrseitentheorie die Rückforderung immer durch Verwaltungsakt erfolgen, wenn die Leistung selbst durch Verwaltungsakt gewährt worden ist, da die Rückforderung einer Leistung nach dem gleichen Recht erfolgt wie ihre Gewährung.[28] Die Berechtigung, einen solchen Anspruch im Wege des Verwaltungsaktes durchzusetzen, ergibt sich auch aus der subordinationsrechtlichen Prägung des Verhältnisses Staat-Bürger.[29] 295

Dieser Position der Rechtsprechung des *BVerwG* ist entgegenzuhalten, dass weder die Kehrseitentheorie noch das Subordinationsverhältnis eine ausreichende Ermächtigungsgrundlage für einen Verwaltungsakt, der eine Rückforderung einer Leistung beinhaltet, darstellt. Es gilt das Prinzip des Vorbehalts des Gesetzes, Art. 20 Abs. 3 GG. Damit bleibt es bei der Möglichkeit des Hoheitsträgers, seinen Anspruch gegenüber dem Bürger mittels einer Leistungsklage zu verfolgen.

Die Geltendmachung eines öffentlich-rechtlichen Erstattungsanspruchs zwischen Hoheitsträgern untereinander erfolgt über eine allgemeine Leistungsklage.[30] 296

IV. Konkurrenzen

Der öffentlich-rechtliche Erstattungsanspruch kann neben einem Folgenbeseitigungsanspruch bzw. einer unberechtigten öffentlich-rechtlichen GoA geltend gemacht werden. Eine berechtigte öffentlich-rechtliche GoA stellt einen Rechtsgrund i.S.d. öffentlich-rechtlichen Erstattungsanspruchs dar. 297

28 *BVerwGE* 40, 85, 89; 89, 345, 350.
29 *BVerwGE* 21, 270, 271; 59, 13, 19 f.
30 *Ossenbühl/Cornils* S. 553.

F. Übungsfall Nr. 4

298 „Erkaufter Beamtenstatus"[31]

Nachdem B sein Studium an der Fachhochschule für öffentliche Verwaltung erfolgreich abgeschlossen hatte, schloss er mit dem Bundesland L einen Arbeitsvertrag als Angestellter im gehobenen Verwaltungsdienst. Eigentlich hatte er davon geträumt, gleich nach dem Abschluss der Ausbildung den Status eines Beamten zu erlangen. Aufgrund der angespannten Haushaltslage des Bundeslandes L konnte B aber nur als Angestellter beschäftigt werden. Der Anstellungsvertrag enthielt jedoch als Entgegenkommen zusätzlich zu dem üblichen Inhalt eines solchen Vertrages folgende Regelung in § 5:

„§ 5

(1) Der Arbeitgeber sichert zu, dass der Angestellte spätestens nach Ablauf von drei Jahren bei Vorliegen der beamtenrechtlichen Einstellungsvoraussetzungen in das Beamtenverhältnis auf Probe berufen wird.

Der Arbeitgeber gewährleistet dem Angestellten … eine Anwartschaft auf Versorgung bei verminderter Erwerbsfähigkeit, im Alter sowie auf Hinterbliebenenversorgung nach beamtenrechtlichen Vorschriften. Aufgrund der Gewährleistung dieser Anwartschaft besteht Versicherungsfreiheit in der gesetzlichen Rentenversicherung, so dass …

(3) Für die Zusicherung (Vollzeitbeschäftigung im Beamtenverhältnis und Anwartschaften) verpflichtet sich der Angestellte zu einer Geldleistung in Höhe von 150 € monatlich. Dieser Betrag wird mit den laufenden Vergütungsansprüchen verrechnet."

Nachdem B nach drei Jahren in das Beamtenverhältnis auf Probe übernommen worden war, klagt er nach Durchführung eines ordnungsgemäßen, aber erfolglosen Widerspruchsverfahren auf Rückzahlung der einbehaltenen 5400 € vor dem Verwaltungsgericht, da er der Ansicht ist, dass die Vereinbarung in § 5 Abs. 3 des Arbeitsvertrages unwirksam sei.

Das Bundesland L ist hingegen der Auffassung, dass bereits der Verwaltungsrechtsweg nicht gegeben sei, da es hier um einen privaten Arbeitsvertrag ginge.

Außerdem verstoße es gegen Treu und Glauben, wenn B die Rückabwicklung des Vertrages verlange, auf den er sich schließlich seinerzeit freiwillig eingelassen habe und den das Bundesland L durch seine Ernennung zum Beamten auf Probe auch erfüllt habe.

Prüfen Sie in einem Gutachten die Erfolgsaussichten der Klage des B.

299 Lösung

Die Klage des B hat Aussicht auf Erfolg, wenn sie zulässig und begründet ist.

A. Zulässigkeit

I. Eröffnung des Verwaltungsrechtswegs

Da B die Klage beim Verwaltungsgericht erhoben hat, muss der Verwaltungsrechtsweg eröffnet sein.

In Betracht kommt eine Sonderzuweisung nach § 54 Abs. 1 BeamtStG.

31 Fall nach *BVerf-K*-Beschluss vom 6.5.2008 = NVwZ 2008, 1111 = *Ehlers* JK 3/09 VwVfG § 59 II/2.

Nach dieser Vorschrift ist für alle Klagen der Beamten, Ruhestandsbeamten, früheren Beamten und Hinterbliebenen aus dem Beamtenverhältnis der Verwaltungsrechtsweg gegeben.

Diese besondere Rechtswegzuweisung ist weit auszulegen und erfasst auch Klagen auf Einstellung in den öffentlichen Dienst sowie die Klagen ehemaliger Beamter aus dem Beamtenverhältnis.

Im vorliegenden Fall wurde zwischen dem Bundesland L und dem Kläger B ein Arbeitsvertrag abgeschlossen. Der Rückerstattungsanspruch steht im Sachzusammenhang mit einer

Nebenabrede zu diesem Vertrag. Zwar diente diese Abrede der Vorbereitung der Einstellung in den öffentlichen Dienst als Beamter. Die Abrede ist jedoch davon geprägt, dass zur Zeit ihrer Geltung ein Beamtenverhältnis gerade nicht bestand. Der Rückerstattungsanspruch ist auch insoweit unabhängig vom Anspruch auf Ernennung als Beamter auf Probe zu betrachten. Damit greift die Sonderzuweisung des § 54 Abs. 1 BeamtStG nicht ein.

Der Verwaltungsrechtsweg könnte jedoch gemäß § 40 Abs. 1 VwGO eröffnet sein. Voraussetzung ist, dass eine öffentlich-rechtliche Streitigkeit nichtverfassungsrechtlicher Art vorliegt, die keinem anderen Gericht zur Entscheidung zugewiesen ist.

Zu klären ist, ob eine öffentlich-rechtliche Streitigkeit vorliegt. Das bestimmt sich nach der Rechtsnatur der der Rechtsstreitigkeit zugrunde liegenden Vorschriften.

B möchte vom Bundesland L die einbehaltenen 5400 € erstattet bekommen.

Der Erstattungsanspruch ist die Kehrseite zur Bereicherung. Er teilt deshalb die Rechtsnatur des zugrunde liegenden Leistungsanspruchs.

Es stellt sich in diesem Zusammenhang die Frage, welche Rechtsnatur die streitige Vertragsregelung des § 5 des Arbeitsvertrages hat. Die Rechtsnatur des Vertrages bestimmt sich nach dem Vertragsgegenstand. Vorliegend könnte die Vereinbarung ein öffentlich-rechtlicher Vertrag i.S.d. § 54 VwVfG sein.

Die Vereinbarung des § 5 des Vertrages ist dahingehend auszulegen, dass die vom Kläger B zu erbringende Zahlung die Gegenleistung für die Zusicherung seiner Einstellung in ein Beamtenverhältnis sein sollte.

Der maßgebliche Vertragsgegenstand ist damit dem Beamtenrecht zuzuordnen. Der öffentlich-rechtliche Charakter der Vereinbarung erstreckt sich auch auf den Zahlungsanspruch des beklagten Bundeslandes L (150 € mtl.) und ergibt sich aus dem engen Zusammenhang mit der Zusicherung, den Kläger B zum Beamten zu ernennen. Eine solche Verknüpfung ist ausreichend, um die Vereinbarung öffentlich-rechtlich zu prägen.

§ 5 des Vertrages betrifft nach seinem Gegenstand und Zweck einen dem Öffentlichen Recht zugeordneten Sachbereich.

Es handelt sich bei dem Vertrag um einen subordinationsrechtlichen Vertrag i.S.d. § 54 S. 2 VwVfG. Nach dieser Vorschrift kann die Behörde, anstatt einen Verwaltungsakt zu erlassen, einen öffentlich-rechtlichen Vertrag mit demjenigen schließen, an den sie sonst einen Verwaltungsakt richten würde. Diese Norm gilt für alle Verträge zwischen einer Privatperson und einem Träger der öffentlichen Verwaltung auf einem Gebiet, auf dem ein hoheitliches Verhältnis der Über- und Unterordnung besteht. Es kommt nicht darauf an, ob der konkrete Gegenstand der vertraglichen Vereinbarung durch Verwaltungsakt geregelt werden könnte.

Der Zahlungsanspruch ist mithin öffentlich-rechtlicher Natur. Dies gilt dann auch für den Rückzahlungsanspruch. Eine öffentlich-rechtliche Streitigkeit liegt demnach vor. Die Streitigkeit ist auch nicht verfassungsrechtlicher Art. Eine abdrängende Zuweisung der Entscheidung an ein anderes Gericht besteht nicht.

Damit ist der Verwaltungsrechtsweg gemäß § 40 Abs. 1 VwGO eröffnet.

II. Statthafte Klageart

Als statthafte Klageart kommt die allgemeine Leistungsklage in Frage. Die vom Kläger angestrebte Zahlungsverpflichtung des Bundeslandes L ist als reale Leistungsbewirkung Gegenstand der allgemeinen Leistungsklage.

Die Klage ist aber evtl. unzulässig, wenn der Rückzahlungsverpflichtung des Bundeslandes L ein Verwaltungsakt, der die Zahlung festsetzt, vorausgehen muss. Zur Vermeidung eines abweisenden Urteils muss das Gericht dann die Klage als Verpflichtungsklage verstehen, § 88 VwGO. Ob einer realen Leistungsbewirkung ein Verwaltungsakt vorgeschaltet ist, ergibt sich aus dem materiellen Recht. Wenn der Kläger auf einen öffentlich-rechtlichen Erstattungsanspruch klagt, beinhaltet dieser Anspruch unmittelbar die Verpflichtung des Bundeslandes L zur Zahlung. Ein vorausgehender feststellender Verwaltungsakt ist dann nicht erforderlich.

III. Klagebefugnis

Zur Vermeidung der Popularklage ist die Klagebefugnis analog § 42 Abs. 2 VwGO auch bei der allgemeinen Leistungsklage erforderlich. Das möglicherweise verletzte Recht des Klägers folgt hier aus dem geltend gemachten öffentlich-rechtlichen Erstattungsanspruch.

IV. Richtiger Klagegegner

Bei der allgemeinen Leistungsklage gilt das Rechtsträgerprinzip. Richtiger Beklagter ist das Bundesland L.

V. Zwischenergebnis

Die übrigen Voraussetzungen der Leistungsklage liegen vor, so dass die Klage des B zulässig ist.

B. Begründetheit

Die allgemeine Leistungsklage ist begründet, wenn der geltend gemachte Anspruch besteht.

Als Anspruchsgrundlage kommt der öffentlich-rechtliche Erstattungsanspruch in Betracht. Soweit er nicht ausdrücklich normiert ist, lehnt er sich an den Rechtsgedanken der ungerechtfertigten Bereicherung an. Dieser Rechtsgedanke ist gewohnheitsrechtlich anerkannt und gilt deshalb als allgemeiner Rechtsgedanke auch im Öffentlichen Recht.

Es müssen die Voraussetzungen des öffentlich-rechtlichen Erstattungsanspruchs erfüllt sein. Das ist der Fall, wenn das Bundesland L im Rahmen einer öffentlich-rechtlichen Beziehung etwas ohne Rechtsgrund vom Kläger erlangt hat. Das wiederum richtet sich maßgeblich danach, inwieweit die vertragliche Regelung des § 5 des Arbeitsvertrages wirksam ist.

I. Öffentlich-rechtliche Beziehung

Die Vermögensverschiebung muss im Rahmen einer öffentlich-rechtlichen Beziehung erfolgt sein. Das ist hier aufgrund des öffentlich-rechtlichen Vertrages (siehe oben Erörterung des Rechtsweges) der Fall.

II. Vermögensverschiebung

Eine Vermögensverschiebung liegt vor, wenn mit der Vermögensminderung auf der einen Seite spiegelbildlich auf der anderen Seite ein Vermögenszuwachs verbunden ist. Hier liegt eine Vermögensverschiebung zugunsten des Bundeslandes L aufgrund der einbehaltenen Bezüge vor.

III. Ohne Rechtsgrund

Die Vermögensverschiebung darf nicht durch einen bestehenden Rechtsgrund gerechtfertigt sein. Voraussetzung ist deshalb, dass entweder ein Rechtsgrund von Anfang an gefehlt hat oder er später weggefallen ist.

Wenn ein öffentlich-rechtlicher Vertrag vorliegt, so entfällt er nur im Falle seiner Nichtigkeit als Rechtsgrund der Vermögensverschiebung. Eine Nichtigkeit kann sich aus einem Handlungsformverbot oder aus § 59 VwVfG ergeben.

1. Handlungsformverbot

Ein Handlungsformverbot i.S.d. § 54 S. 1 Hs. 2 VwVfG ist nicht ersichtlich. Es könnte sich allenfalls aus § 2 BBesG ergeben, wenn einem Beamten eine höhere Besoldung versprochen wird als ihm kraft Gesetzes zusteht. Gegenstand des Arbeitsvertrages zwischen dem Bundesland L und dem Kläger ist jedoch die Verwendung des privaten Entgelts aus dem Arbeitsvertrag. Ein Handlungsformverbot besteht deshalb nicht.

2. Zustandekommen des Vertrages

Der Vertrag ist nach §§ 57, 58 VwVfG sowie nach §§ 62 VwVfG, 145 ff. BGB zustande gekommen. Die für den öffentlich-rechtlichen Vertrag zwingende Schriftform des § 57 VwVfG wurde ebenfalls beachtet.

3. Nichtigkeit nach § 59 VwVfG

Die Nichtigkeit des öffentlich-rechtlichen Vertrages beurteilt sich nach § 59 VwVfG.

Handelt es sich um einen subordinationsrechtlichen Vertrag, kommen zunächst die besonderen Nichtigkeitsgründe des § 59 Abs. 2 VwVfG zur Anwendung. Vorliegend hätte das Bundesland L die Übernahme in das Beamtenverhältnis auf Probe auch in Form einer Zusicherung nach § 38 VwVfG vornehmen können. Nach h.M. handelt es sich bei einer Zusicherung um einen Verwaltungsakt.

Damit liegt ein subordinationsrechtlicher Vertrag im vorliegenden Fall vor. § 59 Abs. 2 VwVfG ist anwendbar.

a) § 59 Abs. 2 Nr. 1 u. 2 VwVfG

Nach § 59 Abs. 2 Nr. 1 u. 2 VwVfG ist ein öffentlich-rechtlicher Vertrag dann nichtig, wenn er einen materiellen Fehler hat und dieser Fehler bei einem Verwaltungsakt mit vergleichbarem Inhalt zur Nichtigkeit führen würde oder wenn der Fehler den Vertragsparteien bekannt ist.

Der Inhalt des Vertrages ist rechtswidrig, soweit sich der Bürger zu einer Gegenleistung verpflichtet, die ihm im Zusammenhang mit der versprochenen Leistung nicht abverlangt werden durfte. Diese Rechtswidrigkeit wird von dem besonderen Nichtigkeitsgrund des § 59 Abs. 2 Nr. 4 VwVfG erfasst. Deshalb ist im Zusammenhang mit § 59 Abs. 2 Nr. 1 u. 2 VwVfG danach zu fragen, inwieweit die Leistung, die von der Behörde versprochen wird, ihrerseits gegen gesetzliche Vorschriften verstößt. Ist die Leistung der Behörde rechtswidrig, führt das unter den besonderen Voraussetzung des § 59 Abs. 2 Nr. 1 u. 2 VwVfG zur Nichtigkeit des Vertrages.

Die Behörde hat sich vorliegend verpflichtet, den Kläger nach Ablauf von drei Jahren zum Beamten auf Probe zu ernennen, wenn die Einstellungsvoraussetzungen vorliegen. Das Versprechen der Behörde entspricht damit dem gesetzlichen Tatbestand. Die Ernennung ist eine Ermessensentscheidung. Die Verpflichtung zu einer künftigen Ernennung könnte rechtswidrig sein, weil die versprochene Leistung – hier die spätere Ernennung zum Beamten auf Probe – wegen Ermessensausfall rechtswidrig sein könnte. Andererseits wird man der Verwaltung zugestehen müssen, dass sie die in drei Jahren anstehende Ermessensentscheidung mit dem Abschluss des Arbeitsvertrags antizipiert hat. Insoweit führt die Verpflichtung zur Gewährung des Beamtenstatus nicht zur Erfüllung eines Nichtigkeitsgrundes i.S.d. § 59 Abs. 2 Nr. 1 u. 2 VwVfG.

b) Koppelungsverbot

Nach § 59 Abs. 2 Nr. 4 i.V.m. § 56 VwVfG ist ein Austauschvertrag nichtig, wenn die Leistung, die sich die Behörde versprechen lässt, wegen sachwidriger Koppelung rechtswidrig ist. Im Zusammenhang mit einem Verwaltungshandeln darf dem Bürger nicht etwas abverlangt werden, das mit dem Leistungszweck nichts zu tun hat.

Die Vereinbarung des Bundeslandes L mit dem Kläger stellt einen Austauschvertrag i.S.d. § 56 Abs. 1 VwVfG dar. Diese Vorschrift erfasst nicht nur den Austauschvertrag im engeren Sinne, in dem jeder Vertragspartei auf der Grundlage der Gegenseitigkeit einen Rechtsanspruch auf die Leistung der anderen Vertragspartei eingeräumt wird. § 56 Abs. 1 VwVfG findet auch auf einen unvollständigen – hinkenden – Austauschvertrag, in dem die Leistung der Behörde Bedingung oder Geschäftsgrundlage für die vertraglich vereinbarte Gegenleistung des Bürgers ist, zumindest entsprechende Anwendung.

Die vorliegende Vereinbarung zwischen dem Bundesland L und dem Kläger könnte das Koppelungsverbot in § 56 Abs. 1 S. 2 VwVfG verletzen. Das Koppelungsverbot besagt zum einen, dass durch einen verwaltungsrechtlichen Vertrag nichts miteinander verknüpft werden darf, was nicht ohnedies in einem inneren Zusammenhang steht. Es verbietet zum anderen, hoheitliche Entscheidungen ohne entsprechende gesetzliche Ermächtigung von wirtschaftlichen Gegenleistungen abhängig zu machen. So könnte es sich hier verhalten, weil die vereinbarte Zahlungspflicht des Klägers nicht in sachlichem Zusammenhang mit der vom Bundesland L zugesicherten Ernennung des Klägers zum Beamten auf Probe stehen könnte.

Ausgehend vom Wortlaut des § 5 Abs. 3 des Vertrages könnte eine Gegenseitigkeit angenommen werden. Die Geldzahlungspflicht ist dann gerade als Gegenleistung für die Zusicherung der späteren Verbeamtung vereinbart worden. Eine derartige Vereinbarung verletzt allerdings den sich aus Art. 33 Abs. 2 GG ergebenden Leistungsgrundsatz als Ausprägung des Prinzips der Bestenauslese.[32] Demnach wird das Koppelungsverbot aus § 56 Abs. 1 S. 2 VwVfG verletzt. Folge daraus ist dann die Nichtigkeit der Vertragsabrede in § 5 Abs. 3 des Vertrages.

32 *BVerwG* NVwZ – RR 2003, 874, 875 = *Ehlers*, JK 12/03, VwVfG § 59 II/1; *OVG Nds*, NdsVbl. 2002, 160 = *Schoch*, JK 10/02, VwVfG § 59/3.

Gegen dieses Ergebnis könnte aber eine Auslegung des § 5 Abs. 3 des Vertrages nach seinem Sinn und Zweck sprechen. Mit Blick auf die in gleich gelagerten Fällen ergangene arbeitsgerichtliche Rechtsprechung[33] kann die Zahlung von 150 € mtl. auch allein auf die Versorgungsanwartschaften bezogen sein. Zwar spricht der Wortlaut des § 5 Abs. 3 des Vertrages eindeutig für eine unzulässige synallagmatische Verknüpfung zwischen der Zusage auf Verbeamtung und der Geldleistungspflicht. Jedoch ergibt eine an Sinn und Zweck orientierte Auslegung des § 5 Abs. 3 des Vertrages, dass die Zahlung als Ausgleich für die Gewährung der Versorgungsanwartschaften erfolgt. Dafür lässt sich anführen, dass das Arbeitsverhältnis unter Beachtung der beamtenrechtlichen Voraussetzungen in ein Beamtenverhältnis münden soll und als Folge davon die mit dem Beamtenverhältnis verbundenen Versorgungsanwartschaften sich bereits auf das Arbeitsverhältnis erstrecken sollen. Andernfalls reduzierten sich die Versorgungsanwartschaften um den Zeitraum des arbeitsvertraglichen Verhältnisses. Für eine an Sinn und Zweck orientierte Auslegung spricht darüber hinaus, dass sie die arbeitsvertragliche Nebenabrede des § 5 Abs. 3 des Vertrages erhält. Der entgegenstehende Wortlaut lässt sich vor diesem Hintergrund ähnlich einer falsa demonstratio entkräften.

Damit liegt im Ergebnis kein Verstoß gegen § 56 Abs. 1 VwVfG vor. Der öffentlich-rechtliche Vertrag ist unter diesem Aspekt nicht nichtig, sondern wirksam.

33 *BAG* NZA 2006, 684.

c) Nichtigkeit nach § 59 Abs. 1 i.V.m. Vorschriften des BGB

Nach § 59 Abs. 1 VwVfG ist ein öffentlich-rechtlicher Vertrag nichtig, wenn es sich aus der entsprechenden Anwendung zivilrechtlicher Vorschrift ergibt.

Der vorliegende Vertrag könnte dem beamtenrechtlichen Leistungsgrundsatz aus Art. 33 Abs. 2 GG widersprechen, weil die Verwaltung die Übernahme finanzieller Verpflichtungen des Bewerbers – Klägers – zur Voraussetzung für dessen spätere Beamtenernennung macht. Darin kann ein Verstoß gegen ein gesetzliches Verbot i.S.d. § 134 BGB gesehen werden. Andererseits ist gerade dieser Verstoß gegen das Koppelungsverbot von der spezielleren Aussage des § 59 Abs. 2 Nr. 4 VwVfG erfasst worden, so dass insoweit ein Rückgriff auf die Vorschriften des BGB weder erforderlich noch zulässig ist.

d) Ergebnis zur Nichtigkeit

Damit ist festzuhalten, dass der Arbeitsvertrag zwischen dem Bundesland L und dem Kläger nicht gemäß § 59 Abs. 2 Nr. 4 VwVfG nichtig ist. Die Leistung des Klägers ist mithin mit Rechtsgrund erfolgt, so dass die Voraussetzungen für einen öffentlich-rechtlichen Erstattungsanspruch nicht vorliegen.

VI. Ergebnis[34]

Die allgemeine Leistungsklage des B ist zulässig, aber unbegründet.

34 Dieses Ergebnis beruht auf der Änderung der bisherigen Rspr. des *BVerwG* Urteil vom 20.3.2003 = NVwZ-RR 2003, 874 f., nach der Nebenabreden wie im vorliegenden Fall nichtig seien.

Online-Wissens-Check

Nennen Sie die zwei wichtigsten positiv geregelten Anspruchsgrundlagen des öffentlich-rechtlichen Erstattungsanspruchs?

Überprüfen Sie jetzt online Ihr Wissen zu den in diesem Abschnitt erarbeiteten Themen. Unter **www.juracademy.de/skripte/login** steht Ihnen ein Online-Wissens-Check speziell zu diesem Skript zur Verfügung, den Sie kostenlos nutzen können. Den Zugangscode hierzu finden Sie auf der Codeseite.

7. Teil
Der Folgenbeseitigungsanspruch

A. Grundlagen

I. Funktion des Folgenbeseitigungsanspruchs

Neben den bisher dargelegten Ansprüchen im Staatshaftungsrecht gibt es die Situation, in der der vom hoheitlichen Handeln betroffene Bürger nicht Schadensersatz oder Entschädigung hierfür fordert, sondern schlicht die **Wiederherstellung** des früheren, vor dem hoheitlichen Handeln bestehenden Zustands verlangt. **300**

Dieses Ziel ist mit einer Entschädigung in Geld nicht zu erreichen, da sie gerade auf Ausgleich für einen erlittenen Nachteil, also nicht auf die Wiederherstellung des ursprünglichen Zustands abzielt. Auch ein Schadensersatz vermag das nicht zu leisten, weil es sich hier grundsätzlich ebenfalls um eine Ersatzleistung in Geld handelt. Selbst das Prinzip der Naturalrestitution ändert daran nichts, denn es ist auf die Herstellung eines Zustands gerichtet, wie er aktuell, ohne den hoheitlichen Eingriff, bestünde. Eine Naturalrestitution beinhaltet damit gerade nicht die Wiederherstellung eines früheren Zustands.[1]

Diese Lücke schließt der Folgenbeseitigungsanspruch. **301**

Geht es jedoch um Eingriffe, die erst in der Zukunft liegen, hilft der Folgenbeseitigungsanspruch nicht. Vielmehr kommt dann der allgemeine öffentlich-rechtliche Unterlassungsanspruch, der ggf. im Wege einer vorbeugenden Unterlassungsklage geltend zu machen ist, in Betracht.[2]

Der **Folgenbeseitigungsanspruch** ist auf die Beseitigung der tatsächlichen Folgen und damit auf die Wiederherstellung des früheren Zustands gerichtet.[3]

Beispiel 1 Ein Obdachloser wird in eine Wohnung eingewiesen. Nach Aufhebung der Einweisungsverfügung bzw. Ablauf der Einweisungszeit weigert sich die Behörde, den Obdachlosen aus der Wohnung zu entfernen. ■

Beispiel 2 Die Beschlagnahme eines Führerscheins wird aufgehoben. Die Behörde gibt ihn gleichwohl nicht heraus. ■

Beispiel 3 Bei der Errichtung eines Gehwegs im Rahmen eines Straßenbaus wird unberechtigt, aber unverschuldet ein Grundstücksstreifen des Anliegers A in Anspruch genommen. ■

In allen drei Fällen ist die Wiederherstellung des früheren Zustands das Ziel der Betroffenen. Er kann mithilfe des Folgenbeseitigungsanspruchs erreicht werden.

---

1 *Maurer* § 30 Rn. 2.

2 *BVerwGE* 102, 304, 315; *Mehde* Jura 2017, 783, 784.

3 *Detterbeck/Windthorst/Sproll* § 12 Rn. 5; *Sproll* JuS 1996, 220; *Baldus/Grzeszick/Wienhues* Rn. 20.

Der Folgenbeseitigungsanspruch erfasst darüber hinaus Fälle, in denen der ursprüngliche Zustand wegen seiner Natur der Sache nicht bzw. nur bedingt wiederhergestellt werden kann.

Beispiel 4 Seitens der zuständigen Behörde wird vor dem Gebrauch eines Produkts gewarnt. Später stellt sich die Warnung als falsch heraus. ■

Beispiel 5 Der Bürgermeister einer Stadt äußert sich negativ zu einer rechtspopulistischen Veranstaltung, deren Veranstalter sich dagegen wehren. ■

II. Rechtsgrundlage

1. Rolle des § 113 Abs. 1 S. 2 VwGO und Ausgangslage

302 Soweit es um die Wiederherstellung eines Zustands geht, der durch einen Verwaltungsakt und seinen Vollzug verändert worden ist, findet sich in § 113 Abs. 1 S. 2 VwGO eine Regelung. Sie ermöglicht, die Vollzugsfolgen gemeinsam mit einer Anfechtungsklage durch einen entsprechenden Antrag beseitigen zu lassen.

Allerdings handelt es sich hierbei um eine **prozessuale Regelung**, die die Durchsetzung der Beseitigung der Vollzugsfolgen erleichtern soll. § 113 Abs. 1 S. 2 VwGO ist selbst **keine materielle Rechtsgrundlage** für eine Vollzugsfolgenbeseitigung. Vielmehr setzt § 113 Abs. 1 S. 2 VwGO ihn voraus.[4]

Gleichwohl kommt in der gesetzlichen Regelung des § 113 Abs. 1 S. 2 VwGO zum Ausdruck, dass es einen Vollzugsfolgenbeseitigungsanspruch geben muss. Da er sich nur auf die Folgen des Vollzugs rechtswidriger Verwaltungsakte beschränkt, steht ihm ein allgemeiner Folgenbeseitigungsanspruch zur Seite, der die Folgen sonstigen rechtswidrigen Verwaltungshandelns betrifft.[5] Beide Aspekte werden mit dem Rechtsinstitut bzw. dem Begriff Folgenbeseitigungsanspruch erfasst.[6]

303 Der Folgenbeseitigungsanspruch hat vereinzelt eine konkret gesetzliche Fixierung erhalten, z.B. § 20 BDSG und §§ 32, 46 PolG NRW, die für die Ordnungsbehörden über § 24 Nr. 12 und 13 OBG NRW ebenfalls gelten. Vergleichbare Regelungen finden sich auch in den Polizei- und Ordnungsrechtmaterien der anderen Bundesländer.

2. Rechtliche Begründung des Folgenbeseitigungsanspruchs

304 Soweit der Folgenbeseitigungsanspruch nicht ausdrücklich gesetzlich geregelt ist, wird seine rechtliche Grundlage aus unterschiedlichen Aspekten hergeleitet.

Nach einer Ansicht findet er seine Grundlage in einer Analogie zu §§ 1004, 862, 12 BGB.[7] Zum Teil wird er im Rechtsstaatsprinzip, Art. 20 Abs. 3 GG, und seinen Grundsätzen – Gebot der Gerechtigkeit, Gesetzmäßigkeit der Verwaltung und Gesetzesvorbehalt – sowie der Rechtsschutzgarantie des Art. 19 Abs. 4 GG gesehen.[8] Eine weitere Auffassung sieht den Fol-

---

4 *BayVGH* NVwZ 1999, 1237; *VGH Bad.-Württ.* NVwZ-RR 1991, 334, 336; *Kopp/Schenke* § 113 Rn. 80 ff.; *Maurer* § 30 Rn. 4; *Peine* § 16 Rn. 1067.

5 *BVerwG* DVBl. 1971, 858, 860; *Ossenbühl/Cornils* S. 353 ff.

6 *BVerwG* DVBl. 1993, 1357 f.; *OVG NRW* NVwZ 2000, 217; *Peine* § 16 Rn. 1066; *Maurer* § 30 Rn. 3.

7 *Bettermann* DÖV 1955, 528 ff.; kurze Zusammenfassung dieser Position bei *Sproll* JuS 1996, 220.

8 *BVerwGE* 69, 366, 370; *BVerwG* NJW 1985, 817 f.; *OVG NRW* NVwZ 2000, 217 f.

genbeseitigungsanspruch in den Grundrechten selbst als Ausfluss eines subjektiven Abwehrrechts gegen den Staat verankert.[9]

Trotz der unterschiedlichen rechtlichen Herleitungen des Folgenbeseitigungsanspruchs besteht Einigkeit darüber, dass es ihn gibt, er gewohnheitsrechtlich anerkannt ist und an welche Voraussetzungen er geknüpft ist.[10]

JURIQ-Klausurtipp

Im Rahmen einer Klausur ist es völlig ausreichend, die drei vertretenen Herleitungen des Folgenbeseitigungsanspruchs kurz zu erwähnen, um eine Entscheidung unter Hinweis auf seine gewohnheitsrechtliche Anerkennung letztlich offen zu lassen.

B. Anspruchsvoraussetzungen

Nach Nennung und kurzer Herleitung seiner Rechtsgrundlage setzt der Folgenbeseitigungsanspruch voraus, dass durch einen hoheitlichen Eingriff in ein subjektives Recht ein rechtswidriger Zustand geschaffen worden ist, der noch andauert und eine Folgenbeseitigung nicht ausgeschlossen ist. 305

PRÜFUNGSSCHEMA

Folgenbeseitigungsanspruch

I. Hoheitlicher Eingriff
- durch Unterlassen Rn. 307 f.

II. In ein subjektives Recht

III. Schaffung eines rechtswidrigen und fortdauernden Zustands
- Duldungspflicht Rn. 311 ff.
- Zurechnung des Verhaltens Dritter Rn. 315 ff.

IV. Keine Ausschließungsgründe

I. Hoheitlicher Eingriff

Der Eingriff in die Rechte des Betroffenen muss aufgrund eines hoheitlichen Handelns erfolgen. Unter einem Eingriff ist jede rechtlich oder tatsächlich nachteilige Berührung einer Rechtsposition zu sehen.[11] Ob ein hoheitliches Handeln vorliegt, entscheidet sich auf der Grundlage der allgemeinen Abgrenzungstheorien zwischen Öffentlichem Recht und Privatrecht.[12] Sollte der Eingriff privatrechtlich erfolgen, so besteht evtl. ein zivilrechtlicher Beseitigungsanspruch aus § 1004 BGB. 306

9 Mit Bezug auf Grundrechte: *BVerwGE* 82, 76, 95; 94, 100, 103; 151, 228, 236; *Ossenbühl/Cornils* S. 365 f.; *Detterbeck/Windthorst/Sproll* § 12 Rn. 23 f.; *Sproll* JuS 1996, 221; *Maurer* § 30 Rn. 5.

10 *Ossenbühl/Cornils* S. 360 ff.; *Detterbeck/Windthorst/Sproll* § 12 Rn. 11; auch *BVerwGE* 94, 100, 103.

11 *Bumk*, JuS 2005, 22.

12 *Kemmler* JA 2005, 908; *Mehde* Jura 2017, 783, 785.

Beispiel 1 Die Beseitigung einer Basketballanlage eines städtischen Kinderspielplatzes kann mithilfe eines Folgenbeseitigungsanspruchs verfolgt werden. ■

Beispiel 2 Von einer in privatrechtlicher Form betriebenen kommunalen Abfallverwertungsanlage gehen Immissionen aus. Gegen sie kann nur im Wege eines privatrechtlichen Beseitigungsanspruchs nach § 1004 BGB vorgegangen werden. ■

Die Form des hoheitlichen Eingriffs – Verwaltungsakt, Satzung, Rechtsverordnung, öffentlich-rechtlicher Vertrag oder Realakt – ist dabei unerheblich.[13]

307 Ob auch ein Unterlassen einen hoheitlichen Eingriff darstellen kann, wird unterschiedlich beurteilt. Es wird vertreten, dass ein Unterlassen schon begrifflich im Rahmen eines Folgenbeseitigungsanspruchs nicht möglich ist, da im Fall eines Unterlassens es eben mangels einer Handlung nichts gibt, was wiederherzustellen ist.[14]

308 Die Rechtsprechung hat demgegenüber angedeutet, dass der Folgenbeseitigungsanspruch auch Folgen eines Unterlassens erfassen kann, ohne diesen Punkt jedoch weiter zu präzisieren.[15]

Um den Charakter des Folgenbeseitigungsanspruchs als Wiederherstellungsanspruch zu wahren, wird vermittelnd vertreten, dass ein Unterlassen nur dann zu berücksichtigen ist, wenn es einem Eingriff gleichsteht. Gemeint ist damit eine durch positives Tun geschaffene Risikoerhöhungslage, die ohne weiteres Zutun (Unterlassen) sich zu einer Rechtsbeeinträchtigung entwickelt.[16] Im Zweifel sollte, wenn es möglich ist, auf ein positives Handeln abgestellt werden.

Beispiel 1 Ein kommunaler Bolzplatz wird so intensiv genutzt, dass die Anpflanzungen des unmittelbar angrenzenden Grundstücks durch ständiges Ballholen erheblich beschädigt werden.

Hier könnte ein Unterlassen der Kommune darin gesehen werden, dass sie Schutzmaßnahmen unterlässt. Besser ist aber, an die Errichtung des Bolzplatzes selbst anzuknüpfen, da dieses positive Tun erst die Quelle der Beeinträchtigung geschaffen hat. ■

Beispiel 2 Im Fall einer Obdachloseneinweisung unternimmt die Behörde nach Ablauf der Einweisungszeit nichts, um den Obdachlosen zu entfernen.

Auch in diesem Fall ist an die Einweisungsverfügung anzuknüpfen und nicht an das Untätigbleiben der Behörde. Die Einweisung hat die Ursache für die Beeinträchtigung gesetzt. ■

Hinweis

Die Problematik des Handelns durch Unterlassen entschärft sich also wesentlich dadurch, dass der Anknüpfungspunkt im Zweifel im positiven Handeln gesehen wird, deren Auswirkungen sich auf den ersten Blick als Folgen eines Unterlassens darstellen.

---

13 *BVerwGE* 151, 228, 235; DVBl. 1971, 858, 860; *BayVGH*, NVwZ-RR 1991, 57 f.; *Sproll* JuS 1996, 221.

14 *Maurer* § 30 Rn. 9; i.d.S. auch *Detterbeck/Windthorst/Sproll* § 12 Rn. 30; *Peine* § 16 Rn. 1070; *Bumke* JuS 2005, 22; *Mehde* Jura 2017, 783, 785.

15 *BVerwGE* 69, 366, 367, 371.

16 *Schoch* Jura 1993, 482; *Sproll* JuS 1996, 222; vgl. auch *Ossenbühl/Cornils* S. 377 f.

II. In ein subjektives Recht

Das Ziel des hoheitlichen Eingriffs muss auf ein subjektives Recht bezogen sein. Zu den geschützten Rechtspositionen gehören die Grundrechte. Darüber hinaus zählen dazu aber auch sämtliche subjektiven Rechte, die durch das einfache Recht ihren Ausdruck gefunden haben.[17] **309**

Ein solches subjektives Recht besteht auch für eine politische Partei in der Form eines Anspruchs auf Chancengleichheit aus Art. 3 GG i.V.m. Art. 21 Abs. 1 GG.[18]

III. Schaffung eines rechtswidrigen Zustands, der fortdauert

1. Anknüpfungspunkt

Durch den hoheitlichen Eingriff in ein subjektives Recht muss schließlich ein rechtswidriger und fortdauernder Zustand geschaffen worden sein. Da an den eingetretenen Zustand angeknüpft wird, kommt es nicht auf die Rechtswidrigkeit der Handlung selbst an, sondern allein auf die Rechtswidrigkeit ihres Ergebnisses.[19] Im Regelfall kann von einer rechtswidrigen Handlung aber auch auf die Rechtswidrigkeit der verursachten Folgen geschlossen werden. **310**

2. Keine Duldungspflicht

Die rechtswidrigen Folgen eines Verwaltungshandelns muss der Betroffene grundsätzlich nicht dulden. **311**

Eine solche Duldungspflicht kann sich aber aus gesetzlichen Vorschriften, dem Rechtsgedanken des § 906 BGB – bei Immissionen – und insbesondere durch einen Verwaltungsakt oder öffentlich-rechtlichen Vertrag ergeben. **312**

Gerade ein Verwaltungsakt, aber auch ein öffentlich-rechtlicher Vertrag verpflichtet solange zur Hinnahme der Beeinträchtigung, wie er wirksam ist. Ein Verwaltungsakt ist wegen §§ 43 Abs. 2 und 3, 44 VwVfG auch im Falle seiner Rechtswidrigkeit zu beachten, es sei denn, er ist nichtig. Ein öffentlich-rechtlicher Vertrag ist ebenfalls so lange wirksam, bis seine Unwirksamkeit festgestellt ist. Erst die Aufhebung bzw. Nichtigkeit lassen die Wirksamkeit des Verwaltungsaktes entfallen mit der Folge, dass dann auch die Beseitigung seiner Auswirkungen über einen Folgenbeseitigungsanspruch verlangt werden kann.[20]

Beispiel Im Fall der Obdachloseneinweisung bildet die Einweisungsverfügung den Grund für die Duldung. Ist diese Verfügung rechtswidrig, so muss der von der Einweisung betroffene Wohnungseigentümer erst diese Verfügung angreifen. Hat er Erfolg, kann er sodann die Beseitigung der Folgen – konkret die Entfernung des nunmehr festgestellt zu Unrecht eingewiesenen Obdachlosen – über einen Folgenbeseitigungsanspruch verlangen. ■

---

17 *Ossenbühl/Cornils* S. 374 f.; *Detterbeck/Windthorst/Sproll* § 12 Rn. 11; *Sproll* JuS 1996, 222.

18 *VGH Hess.* Jura 2018, 639 mit Bespr. *Kingreen*.

19 *BVerwGE* 82, 76, 95; *BVerwG* DVBl. 2001, 726, 732; *Ossenbühl/Cornils* S. 379 f.; *Detterbeck/Windthorst/Sproll* § 12 Rn. 30; *Sproll* JuS 1996, 222; *Mehde* Jura 2017, 783, 786.

20 Vgl. *BVerwGE* 28, 155, 163; *Detterbeck/Windthorst/Sproll* § 12 Rn. 40; *Ossenbühl/Cornils* S. 380; *Maurer* § 30 Rn. 10; *Bumke* JuS 2005, 24.

313 Anders ist die Lage, wenn die Einweisungsverfügung infolge Zeitablaufs ihre Wirksamkeit verloren hat. Dann steht dem von der Rechtsbeeinträchtigung Betroffenen sofort der Folgenbeseitigungsanspruch zu, da hier die legitimierende Wirkung des Verwaltungsaktes von allein weggefallen ist.

Hinweis

Begehen Sie nicht den groben Fehler, von der Rechtswidrigkeit des Verwaltungsaktes direkt auf eine fehlende Duldungspflicht zu schließen. Denken Sie beim Verwaltungsakt stets an §§ 43 Abs. 2 u. 3, 44 VwVfG!

3. Legalisierung

314 Ein Folgenbeseitigungsanspruch kann auch entfallen, wenn das hoheitliche Handeln und seine rechtswidrigen Folgen nachträglich legalisiert werden. Das kann durch Ersetzung eines rechtswidrigen und aufgehobenen Verwaltungsaktes geschehen, indem ein neuer, nunmehr rechtmäßiger Verwaltungsakt erlassen wird. Die bloße Möglichkeit hierzu reicht jedoch nicht. Die Ersetzung muss stattgefunden haben.[21] Eine Legalisierung kann auch über eine nachträgliche Satzung oder Rechtsverordnung erfolgen.

4. Zurechnung des Verhaltens Dritter

315 Nachteilige Folgen hoheitlichen Handelns können sich auch gerade erst durch das Verhalten von Dritten ergeben.[22]

316 Der Hoheitsträger muss sich das Verhalten Dritter zurechnen lassen, wenn es als Folge von ihm intendiert war.[23]

Beispiel Benutzung von Kinderspielplätzen bzw. öffentlichen Einrichtungen. Die dabei entstehenden Immissionen muss sich die Verwaltung zurechnen lassen. ■

317 Für unbeabsichtigte Folgen, die durch das Verhalten eines Dritten entstehen, muss die Verwaltung grundsätzlich nicht einstehen.[24] Etwas anderes gilt, wenn die missbräuchliche Nutzung einer öffentlichen Einrichtung vorhersehbar oder der Behörde bekannt war. Dann ist die Verwaltung wegen ihrer Zustandsverantwortlichkeit verpflichtet, einzuschreiten.[25]

21 *BVerwG* NJW 1998, 118; *Maurer* § 30 Rn. 15; *Detterbeck/Windthorst/Sproll* § 12 Rn. 42; *Sproll* JuS 1996, 222.
22 Zum Ganzen: *Ellerbrok* Jura 2016, 125, 127 ff.
23 *BVerwGE* 81, 197; *BayVGH* NVwZ 1997, 96; *VG Köln* NVwZ 1993, 401; *Bumke* JuS 2005, 23.
24 *BayVGH* NVwZ 1997, 96; *VG Köln* NVwZ 1993, 401; *Bumke* JuS 2006, 23.
25 *BVerwG* NVwZ 1990, 858; *VG Osnabrück* NVwZ 2003, 1010 f.; *Bumke* JuS 2005, 23.

Beispiel Ein Altglascontainer wird stark genutzt, auch außerhalb der angegebenen Einwurfzeiten.

Die Beeinträchtigungen während der Einwurfzeiten muss sich die Behörde zurechnen lassen, nicht hingegen das missbräuchliche Einwerfen außerhalb der zugelassenen Zeiten. Der Missbrauch ist für die Behörde nicht vorherzusehen, da sie davon ausgehen darf, dass sich die Bürger grds. rechtstreu verhalten, die Einwurfzeiten also beachten. ■

5. Fortdauer des rechtswidrigen Zustands

Der rechtswidrige Zustand muss fortdauern. Andernfalls fehlt der Ansatzpunkt für die Wiederherstellung des früheren Zustands. Wenn der rechtswidrige Zustand sich erledigt hat, z.B. aufgrund einer Legalisierung, fällt der Folgenbeseitigungsanspruch weg.[26] Maßgeblicher Zeitpunkt für die Bestimmung des fortdauernden rechtswidrigen Zustands ist die letzte mündliche Verhandlung beim Verwaltungsgericht.[27] 318

IV. Keine Ausschlussgründe

Der Folgenbeseitigungsanspruch ist ausgeschlossen, wenn die Beseitigung der Folgen tatsächlich oder rechtlich unmöglich oder unzumutbar ist oder sich seine Durchsetzung als unzulässige Rechtsausübung darstellt. Eine Begrenzung bis hin zum Verlust des Anspruchs kann sich auch aus dem Gedanken des Mitverschuldens, § 254 BGB, ergeben. 319

1. Rechtliche und tatsächliche Möglichkeit der Folgenbeseitigung

Der Folgenbeseitigungsanspruch kann aus tatsächlichen Gründen ausgeschlossen sein. 320

Beispiel Die zu Unrecht sichergestellte Sache ist vor ihrer Herausgabe untergegangen. ■

Auch der Widerruf von ehrverletzenden Äußerungen ist mittels eines Folgenbeseitigungsanspruchs nicht möglich, da es sich um Werturteile handelt, die nicht einem Wahrheitsbeweis zugänglich sind und deshalb auch nicht in Form einer Gegendarstellung widerrufen werden können.[28]

Ein Ausschluss des Anspruchs aus rechtlichen Gründen ist vor allem in den Drittbeteiligungsfällen relevant. 321

26 *Peine* § 16 Rn. 1071; *Detterbeck/Windhorst/Sproll* § 12 Rn. 42; *Ossenbühl/Cornils* S. 383; *Bumke* JuS 2005, 24.
27 *BVerwGE* 80, 178, 181.
28 *VGH Bad.-Württ.* NJW 1990, 1808 f.; *Detterbeck/Windhorst/Sproll* § 13 Rn. 52.

Hier richtet sich die Folgenbeseitigung im Kern gegen einen Dritten. In dessen Rechte muss eingegriffen werden, um die Folgen beseitigen zu können. Das verlangt wiederum eine Ermächtigungsgrundlage. Sie wird zum Teil im Folgenbeseitigungsanspruch selbst gesehen, da eine Grundrechtsbeeinträchtigung des Betroffenen und Antragstellers zu beseitigen ist.[29]

Dem ist entgegenzuhalten, dass nach dem Rechtsstaatsprinzip, Art. 20 Abs. 3 GG, auch in dieser Konstellation der Vorbehalt des Gesetzes zu wahren ist. Es bedarf einer Rechtsgrundlage für den Eingriff in die Rechte des Dritten. Der Folgenbeseitigungsanspruch besteht also nur, wenn die Behörde rechtlich in der Lage ist, die Folgen zu beseitigen.[30]

322 Eine Rechtsgrundlage für einen derartigen Eingriff findet sich z.B. in der polizei- bzw. ordnungsrechtlichen Generalklausel, bei der das Ermessen wegen der Folgenbeseitigungslast auf Null reduziert ist.[31]

Beispiel Im Obdachlosenfall verbleibt der eingewiesene Obdachlose auch nach Ablauf der Einweisungsverfügung in der ihm zugewiesenen Wohnung. Die Behörde unternimmt nichts.

Die Ausweisung des nunmehr unberechtigt die Wohnung nutzenden Obdachlosen betrifft ihn in seinen Rechten. Schließlich verliert er sein Obdach. Die Behörde kann ihn aber auf der Grundlage der polizei- bzw. ordnungsrechtlichen Generalklausel aus der Wohnung ausweisen. Dabei ist wegen der Folgenbeseitigungslast von einer Ermessensreduzierung auf Null auszugehen. ■

JURIQ-Klausurtipp

Im Rahmen einer Klausur müssen Sie an dieser Stelle in einem Drittbeteiligungsfall prüfen, ob die Voraussetzungen für ein Einschreiten gegen den Dritten, der von dem hoheitlichen Eingriff begünstigt wurde, rechtlich möglich ist. Es handelt sich um eine inzidente Prüfung des noch gegen den Dritten zu erlassenden Verwaltungsaktes.

Besteht die Möglichkeit, einen Verwaltungsakt gegen den Dritten zu erlassen nicht, dann entfällt der Folgenbeseitigungsanspruch. Dem Betroffenen verbleiben ggf. Ansprüche aus Amtshaftung.

2. Zumutbarkeit

323 Der Folgenbeseitigungsanspruch ist dann ausgeschlossen, wenn die Wiederherstellung des ursprünglichen Zustands für den Hoheitsträger nur mit sehr hohen Aufwendungen zu leisten ist und sie zu dem Ziel der Folgenbeseitigung bei Achtung der beeinträchtigten subjektiven Rechte des Betroffenen in keinem vernünftigen Verhältnis stehen.[32]

Beispiel Die Beseitigung des unberechtigt auf einem Grundstücksstreifen des Anliegers A errichteten Gehwegs dürfte erheblich aufwändiger, kostenträchtiger sein, als die Zahlung eines Ausgleichsanspruchs. ■

29 *Ossenbühl/Cornils* S. 384 ff., 391 f.; *Schenke* DVBl. 1990, 328, 330 f.

30 *OVG NRW* DVBl. 1991, 1372; *VGH Hessen* NVwZ 1995, 300 f.

31 *BGH* DVBl. 1995, 1131 f.; *VGH Bad.-Württ.* NJW 1997, 2832 f.; *Detterbeck/Windthorst/Sproll* § 12 Rn. 46; *Ossenbühl/Cornils* S. 391.

32 *BVerwG* DVBl. 2004, 1493; *OVG NRW* NVwZ 1994, 795; *Maurer* § 30 Rn. 14; *Bumke* JuS 2005, 25 f.

Ist eine Unzumutbarkeit anzunehmen, so soll sich der Folgenbeseitigungsanspruch ausnahmsweise und gestützt auf den Rechtsgedanken des § 251 Abs. 2 BGB in einen Folgenentschädigungsanspruch wandeln können.[33] Ein Folgenentschädigungsanspruch sieht sich der Kritik ausgesetzt, dass er letztlich den Charakter des Folgenbeseitigungsanspruchs als Wiederherstellungsanspruch auflöst und zu einem allgemeinen Entschädigungsanspruch wird.[34] 324

3. Unzulässige Rechtsausübung

Ein Anspruch auf Folgenbeseitigung ist weiterhin ausgeschlossen, wenn seine Voraussetzungen zwar vorliegen, jedoch der als rechtswidrig und fortdauernd festgestellte Zustand kurzfristig legalisiert werden wird.[35] Ebenfalls ein Fall der unzulässigen Rechtsausübung liegt vor, wenn eine Wiederherstellung des ursprünglichen Zustands möglich ist, er aber seine ursprüngliche Funktion nicht mehr erfüllen kann.[36] 325

4. Mitverschulden

Eine Begrenzung erfährt der Folgenbeseitigungsanspruch durch die Anwendung des Rechtsgedankens des Mitverschuldens, § 254 BGB, der als allgemeiner Rechtsgedanke auch im Rahmen eines verschuldensunabhängigen Anspruchs anzuwenden ist.[37] 326

Dabei ist zu differenzieren, ob die Folgenbeseitigung teilbar ist, so dass ein Mitverschulden ohne Probleme anteilig berücksichtigt werden kann.[38] Ist die Folgenbeseitigung unteilbar, so schließt ein Mitverschulden den Anspruch in Gänze aus und wandelt sich entsprechend des Rechtsgedankens aus § 251 Abs. 2 BGB in einen Geldanspruch, der anteilig nach dem Mitverschulden gekürzt werden kann.[39]

C. Verjährung

Der Folgenbeseitigungsanspruch verjährt regelmäßig in drei Jahren, §§ 195 BGB analog.[40] 327

D. Inhalt des Anspruchs

Der Inhalt des Folgenbeseitigungsanspruchs ist auf die **Wiederherstellung** des früheren Zustands gerichtet. Nur das und **keine allgemeine Wiedergutmachung** kann verlangt wer- 328

33 *OVG NRW* NVwZ 2000, 217, 219; *BayVGH* NVwZ 1999, 1237 f.
34 *OVG NRW* NVwZ 1994, 795 f.; *Kopp/Schenke* VwGO § 113 Rn. 89.
35 *BVerwGE* 94, 100, 111.
36 *Ossenbühl/Cornils* S. 389.
37 *BVerwG* DÖV 1971, 857, 859; *Maurer* § 30 Rn. 18; *Ossenbühl/Cornils* S. 389 f.
38 *BVerwGE* 82, 24, 27; NJW 1989, 1284 f.; *Mehde* Jura 2017, 783, 789.
39 *BVerwG* DVBl. 1993, 1357, 1362; *Detterbeck/Windthorst/Sproll* § 12 Rn. 51; *Sproll* JuS 1996, 223; *Bumke* JuS 2005, 26.
40 *Baldus/Grzeszick/Wienhues* Rn. 66; anders: *Ossenbühl/Cornils* S. 399; *Franz* BayVBl. 2002, 485, 490.

den.[41] Die Wiederherstellung besteht genauer betrachtet darin, einen dem früheren Zustand entsprechenden Zustand zu schaffen, da der ursprüngliche Zustand infolge des Zeitablaufs bzw. der eingetretenen Umstände prinzipiell nicht zu erreichen ist.[42]

329 Zu beseitigen sind die Folgen des Verwaltungshandelns. Das umfasst allerdings nur die unmittelbaren Folgen des hoheitlichen Eingriffs, mittelbare Folgen hingegen nicht.[43]

330 Der Folgenbeseitigungsanspruch betrifft die Auswirkungen von hoheitlichen Handlungen, so dass kein Anspruch auf ein Rückgängigmachen des Verwaltungshandelns an sich besteht. Vielmehr ist er auf die Beseitigung der Auswirkungen dieses Handelns bezogen. Das bedeutet z.B., dass bei Immissionen die Auswirkungen durch Schutzmaßnahmen zunächst auf ein zumutbares Maß zu senken sind. Insbesondere besteht kein Anspruch auf Abriss oder Beseitigung von öffentlichen Einrichtungen, die nachteilige Folgen für den Anspruchsinhaber als Betroffenen hervorrufen. Zur Begründung wird darauf verwiesen, dass die Einrichtung als solche die Beeinträchtigung nicht verursacht.[44] Nur ausnahmsweise kann, wenn keine andere Möglichkeit besteht, den rechtmäßigen Zustand wiederherzustellen, die tatsächliche Beseitigung der Einrichtung verlangt werden.[45]

Bei politischen Stellungnahmen und Produktwarnungen kommt eine Korrektur bzw. ein Widerruf der in Rede stehenden Äußerung in Betracht.[46]

331 Vom Folgenbeseitigungsanspruch zu unterscheiden ist der **öffentlich-rechtliche Abwehranspruch**. Der öffentlich-rechtliche Abwehranspruch ist auf der Primärebene des Rechtsschutzes anzusiedeln, weil er sich gegen hoheitliches Handeln wendet. Er ist rein abwehrender Natur.

Demgegenüber ist der **Folgenbeseitigungsanspruch auf der Sekundärebene** zu finden. Er verlangt ein positives Handeln, das auf die Beseitigung der Folgen einer vorherigen Verwaltungstätigkeit gerichtet ist. Deshalb ist er dem Staatshaftungsrecht zuzuordnen. Diese beiden Rechtsinstitute sind gleichwohl eng miteinander verwandt und können ineinander übergehen, wenn der Primärrechtsschutz keinen Erfolg hatte oder zu spät kommt.

E. Prozessuale Fragen

I. Anspruchsgegner

332 Anspruchsgegner ist der Hoheitsträger, der die Befugnis hat, den früheren Zustand wiederherzustellen.[47]

41 *BVerwGE* 28, 155, 165 f.; 69, 366, 370 f.; 82, 76, 95; *BVerwG* NJW 2001, 1878, 1882; *Maurer* § 30 Rn. 11; *Peine* § 16 Rn. 1072; *Ossenbühl/Cornils* S. 367.

42 *Bumke* JuS 2005, 24.

43 *BVerwGE* 69, 366, 373; *BVerwG* DVBl. 2001, 744 f.; *Peine* § 16 Rn. 1075; *Baldus/Grzeszick/Wienhues* Rn. 31.

44 *BVerwGE* 94, 100, 119 f.

45 *OVG Schleswig-Holstein* NVwZ 1995, 1019, 1021.

46 *BVerwGE* 82, 76, 95 f.; *Mehde* Jura 2017, 783, 788.

47 *Ossenbühl/Cornils* S. 390 f.

II. Rechtsweg

Der Folgenbeseitigungsanspruch ist öffentlich-rechtlicher Natur. Damit ist nach § 40 Abs. 1 VwGO der Verwaltungsrechtsweg eröffnet. 333

III. Statthafte Klageart

Richtet sich der Folgenbeseitigungsanspruch auf die Beseitigung der Folgen eines Verwaltungsaktes, so ist Anfechtungsklage, § 42 Abs. 1 VwGO, zu erheben, die mit einem Antrag nach § 113 Abs. 1 S. 2 VwGO auf Vollzugsfolgenbeseitigung verbunden werden kann. 334

Ist der rechtswidrige Verwaltungsakt bereits bestandskräftig geworden, kann an eine Verpflichtungsklage, § 42 Abs. 1 VwGO, auf Aufhebung dieses Verwaltungsaktes nach § 48 VwVfG gedacht werden.

Im Übrigen ist die allgemeine Leistungsklage statthafte Klageart zur Geltendmachung eines Folgenbeseitigungsanspruchs.[48]

IV. Konkurrenzen

Der Folgenbeseitigungsanspruch kann neben einem Amtshaftungsanspruch und einem Anspruch aus enteignungsgleichem Eingriff sowie einem öffentlich-rechtlichen Erstattungsanspruch geltend gemacht werden. 335

48 *BVerwGE* 102, 304, 307; 149, 194, 198; *Mehde* Jura 2017, 783, 790.

F. Übungsfall Nr. 5

336 „Umbettung"

A ist Nutzungsberechtigte eines Doppelgrabes auf dem städtischen Friedhof der Stadt E. In dieser Grabstätte ist bereits ihr vor drei Jahren verstorbener Ehemann beigesetzt. Die bislang noch freie Stelle grenzt an die Grabstätte der Familie B. Nach dem Tod der Ehefrau des B ließ die Friedhofsverwaltung der Stadt E infolge eines Versehens die neben der Grabstätte des B gelegene Grabstelle auf der Grabstätte der A ausheben und für die Bestattung vorbereiten, die dann dort erfolgte. Als A dies bemerkt hatte und von B die Umbettung der Leiche verlangte, weigerte sich B unter Berufung auf den Schutz der Totenruhe, der Umbettung des Leichnams seiner Frau in seine eigene Grabstätte zuzustimmen.

A ist entsetzt. Sie hält es für unzumutbar, dass ihr Ehemann neben einer fremden Frau ruht und fragt daher, ob sie nicht die Stadt E verpflichten kann, die von ihr zur Nutzung erworbene Grabstelle durch Umbettung des Leichnams frei zu räumen.

Steht A ein Anspruch auf Umbettung zu?

337 Lösung

Möglicherweise hat A einen Anspruch auf Umbettung aufgrund eines Folgenbeseitigungsanspruchs.

I. Rechtsgrundlage

Zu klären ist zunächst, auf welcher Rechtsgrundlage der gesetzlich nicht geregelte Folgenbeseitigungsanspruch beruht.

Der allgemeine Folgenbeseitigungsanspruch ist gewohnheitsrechtlich in der Rechtsprechung und in der Literatur anerkannt.

Die Herleitung des Folgenbeseitigungsanspruchs wird jedoch unterschiedlich begründet. Als Grundlagen werden insbesondere eine Analogie zu §§ 1004, 862 und 12 BGB, das Gebot der Gerechtigkeit, das Rechtsstaatsprinzip, der Grundsatz der Gesetzmäßigkeit der Verwaltung, Art. 20 Abs. 3 GG, und die Freiheitsrechte und die Rechtsschutzgarantie des Art. 19 Abs. 4 GG genannt. Die Rechtsprechung des *BVerwG* hat in einer Vielzahl von Entscheidungen den Folgenbeseitigungsanspruch auf Art. 20 Abs. 3 GG gestützt. Zur Begründung wird angegeben, dass die vollziehende Gewalt an Recht und Gesetz gebunden ist und sich deshalb daraus auch die Verpflichtung des Staates ergibt, die rechtswidrigen Folgen einer Amtshandlung zu beseitigen. Die Literatur sieht diesen Ansatz kritisch und verweist darauf, dass Art. 20 Abs. 3 GG die Gesetzmäßigkeit der Verwaltung nur als objektiv-rechtliches Prinzip der Verfassung festlegt, so dass es nicht als Anspruchsgrundlage gegenüber dem Staat dienen kann. Nach Auffassung der Literatur ergibt sich der Anspruch auf Folgenbeseitigung unmittelbar aus der Abwehrfunktion der Freiheitsrechte. Dieser sog. status negativus gibt dem Bürger einen Anspruch darauf, dass der Staat Grundrechtseingriffe unterlässt. Wird also infolge eines Eingriffs eine rechtswidrige Beeinträchtigung des Grundrechts herbeigeführt, so richtet sich der Abwehranspruch auch auf die Beseitigung der Eingriffsfolgen. Der Folgenbeseitigungsanspruch ist damit letztlich eine spezielle Ausprägung der grundrechtlichen Abwehransprüche.

Eine abschließende Klärung der Rechtsgrundlage des Folgenbeseitigungsanspruchs kann offen bleiben, da er als gewohnheitsrechtlicher Grundsatz anerkannt ist.

II. Voraussetzungen des Folgenbeseitigungsanspruchs

Ein Anspruch auf Folgenbeseitigung kommt dann in Betracht, wenn durch einen hoheitlichen Eingriff in ein subjektives Recht ein rechtswidriger, noch andauernder Zustand geschaffen wurde, dessen Beseitigung aus rechtlichen oder tatsächlichen Gründen nicht ausgeschlossen oder unzumutbar ist.

1. Hoheitlicher Eingriff in ein subjektives Recht

Der Folgenbeseitigungsanspruch schützt alle grundrechtlichen Positionen. Darüber hinaus erstreckt er sich auch auf alle subjektiven Rechtspositionen, die durch das einfache Recht ausgeprägt sind. Dies ist vor allem dann einschlägig, wenn Inhalt und Schranken von Grundrechtspositionen einfachgesetzlich definiert werden.

Fraglich ist nun, ob durch die Belegung der freien Grabstätte auf dem Doppelgrab der A ein subjektives Recht der A verletzt wird. Dann müsste das der A verliehene Grabstättennutzungsrecht ein subjektiv-öffentliches Sondernutzungsrecht sein. Dies ist hier der Fall. Das Grabstättennutzungsrecht unterfällt, zumindest in einem Kernbereich, dem Schutz des Art. 14 Abs. 1 GG. Dieser Kernbereich des als Gegenleistung für die Gebührenzahlung erworbenen Rechts besteht in der Befugnis, die Grabstätte nach Maßgabe der jeweils geltenden Friedhofsordnung für die Bestattung, Grabanlage und Errichtung eines Grabmals oder anderer Grabeinrichtungen zu nutzen. Zudem entspricht die dem Nutzungsberechtigten eingeräumte Rechtsposition so sehr derjenigen eines Eigentümers, dass ihre Entziehung dem rechtsstaatlichen Gehalt des Art. 14 Abs. 1 GG widerspricht. Durch die falsche Belegung der Grabstätte wird der A dieses subjektive Recht zumindest teilweise entzogen.

Der Eingriff muss durch hoheitliches Handeln erfolgt sein. Dies erfordert eine Abgrenzung zu einem zivilrechtlichen Anspruch, z.B. nach § 1004 BGB. Die Abgrenzung erfolgt anhand der allgemeinen Abgrenzungstheorien zwischen Öffentlichem Recht und Privatrecht. Dabei ist grundsätzlich auf die Sichtweise des betroffenen Bürgers abzustellen.

Hier besteht die Handlung der städtischen Friedhofsverwaltung darin, dass sie anlässlich der Bestattung der verstorbenen Ehefrau des B, dessen Grabstätte sich neben dem Doppelgrab der A befindet, das an die Grabstätte des B angrenzende Grab auf der Grabstätte der A für die Beerdigung hergerichtet und die Bestattung der Verstorbenen dort vorgenommen hat. Die Bestattung der Ehefrau des B auf der Grabstätte der A stand somit in einem Sachzusammenhang mit dem öffentlich-rechtlichen Friedhofswesen. Mithin liegt ein hoheitliches Handeln vor. Unwichtig ist dabei die Rechtsnatur der Art des Handelns. Vom Folgenbeseitigungsanspruch werden sowohl Verwaltungsakte wie auch Realakte und schlichtes Verwaltungshandeln erfasst, also alle Beeinträchtigungen durch öffentlich-rechtliche Maßnahmen.

2. Andauernder rechtswidriger Zustand

Durch den Eingriff in das subjektive Recht der A müsste auch ein rechtswidriger Zustand entstanden sein, der noch andauert. A kann ihr Grabstättennutzungsrecht nicht mehr uneingeschränkt ausüben, weil der bis dahin freie Teil des Doppelgrabes nicht mehr für eine Bestattung entsprechend ihrer Wahl nach Maßgabe der Friedhofsordnung besteht. Dieser Zustand ist auch andauernd.

Der Zustand, der durch die Handlung der Friedhofsverwaltung der Stadt E entstanden ist, muss auch rechtswidrig sein. Rechtswidrig ist der Zustand, wenn den Bürger keine Duldungspflicht trifft.

Eine derartige Duldungspflicht kann sich u.a. aus gesetzlichen Vorschriften, die den Zustand rechtfertigen, einem Verwaltungsakt oder einem öffentlich-rechtlichen Vertrag ergeben. Solche Duldungspflichten, die zur Rechtmäßigkeit des dargelegten Zustands führen könnten, sind vorliegend nicht ersichtlich. Die rechtswidrige Handlungsweise der Friedhofsverwaltung der Stadt E hat unmittelbar zur Folge, dass das Grabstättennutzungsrecht der A beeinträchtigt wird, weil sie es nicht mehr nutzen kann.

III. Ausschluss des Folgenbeseitigungsanspruchs

Der Folgenbeseitigungsanspruch könnte jedoch ausgeschlossen sein, wenn die Folgenbeseitigung sich als das Verlangen einer unzulässigen Rechtsausübung darstellt. Es handelt sich bei der unzulässigen Rechtsausübung um einen rechtsvernichtenden Ausschlussgrund. Der Wiederherstellung des Zustands vor der rechtswidrigen Handlung des Hoheitsträgers könnten vorliegend Rechtsnormen entgegenstehen, die das Begehren der A als unzulässige Rechtsausübung erscheinen lassen.

Dem Verlangen der A nach Umbettung des Leichnams der Ehefrau des B könnte hier Art. 1 Abs. 1 GG entgegenstehen, der mit dem Schutz der unantastbaren Würde des Menschen auch den Schutz der Verstorbenen fordert. Die unantastbare Würde des Menschen wirkt über dessen Tod hinaus und gebietet eine ehrwürdige Bestattung sowie den Schutz der Totenruhe. Dieser Schutz genießt angesichts des Art. 79 Abs. 3 GG, der Art. 1 GG jeder Verfassungsänderung entzieht, nicht nur den höchsten Verfassungsrang, sondern entspricht darüber hinaus allgemeinem Sittlichkeits- und Pietätsempfinden und den Interessen des öffentlichen Gesundheitsschutzes. In den Gesetzen über das Friedhofs- und Bestattungswesen, die bestimmen, dass jeder die Ehrfurcht vor den Toten zu wahren und zu achten hat (so § 7 Abs. 1 BestG NRW) bzw. Friedhöfe würdig anzulegen sind und mit Leichen würdig umzugehen ist (so §§ 2 Abs. 1 S. 1 und 25 BestattG BW), hat dieser Schutz regelmäßig Vorrang gegenüber den Rechten der Angehörigen des Verstorbenen auf Grabnutzung und der damit verbundenen Totenfürsorge.

Aufgrund dieses grds. Rangverhältnisses zwischen dem Schutz der Totenruhe einerseits und dem Grabnutzungsrecht und der Totenfürsorge andererseits kann die Umbettung einer einmal beigesetzten Leiche grds. nur aus ganz besonderen Gründen beansprucht werden. Bei der Entscheidung der Friedhofsverwaltung über die Frage, ob der Anspruch auf Umbettung aus besonderen Gründen gerechtfertigt ist, kommt es auf die Besonderheit der Interessenlage an. Insbesondere kommt es darauf an, ob der geltend gemachte Anspruch unter Berücksichtigung der gesamten Sachlage der herrschenden sittlichen Auffassung entspricht und, ob dem Antragsteller erhebliche Umstände zur Seite stehen und der Wunsch auf andere Weise nicht erfüllt werden kann. Durch die Abwägung der jeweiligen Umstände ist ein gerechter Ausgleich zwischen dem Gebot der Totenruhe einerseits und dem Bedürfnis des Antragstellers auf Umbettung andererseits zu suchen.[49]

Zwar hat A ein erhebliches Interesse an der uneingeschränkten Nutzung der Grabstelle, um ihr Recht auf Totenfürsorge auszuüben. Der Schutz der Totenruhe ist gegenüber dem durch Art. 14 Abs. 1 GG geschützten Grabstättennutzungsrecht der A jedoch vorrangig. Dies gilt umso mehr, als A ihr Nutzungsrecht nur teilweise entzogen wurde, ihr mithin das Grabgestaltungsrecht im Übrigen verblieben sind und ihre Totenfürsorgeberechtigung nicht beeinträchtigt wird. Wie dargelegt ist davon auszugehen, dass der den Schutz der Totenruhe gewährleistende Art. 1 Abs. 1 GG aufgrund der durch Art. 79 Abs. 3 GG geschaffenen Ewigkeitsgarantie einen unantastbaren Rang hat und zu den tragenden Prinzipien der Verfassung gehört. Die Rücksichtnahme auf die Gefühle der Hinterbliebenen verbietet es der Friedhofsverwaltung in der Regel, gegen den Willen des Ehegatten oder eines anderen nahen Verwandten des Verstorbenen, hier gegen den Willen des B, der Umbettung zuzustimmen oder diese zu bewirken.

Aus alledem ergibt sich, dass A das Unterbleiben der Umbettung eher zuzumuten ist, als die Missachtung der Totenruhe der verstorbenen Ehefrau des B gegen dessen erklärten Willen.

Abschließend ist noch darauf hinzuweisen, dass A sich zur Durchsetzung ihres Begehrens nicht auf ihr Totenfürsorgerecht für ihren verstorbenen Ehemann berufen kann. Sie konnte und kann ihr Totenfürsorgerecht für diesen Angehörigen im Rahmen der verfassungsmäßigen Ordnung nach wie vor ausüben. Sie kann daraus aber keinen Anspruch auf Beein-

49 Vgl. auch *OVG NRW* NWVBl. 2008, 471 = *Ehlers* JK 8/09 GG Art. 1 I /5.

trächtigung verfassungsmäßig geschützter Rechte anderer, wie hier der Totenruhe der verstorbenen Ehefrau des B, herleiten.

Damit ist der Folgenbeseitigungsanspruch auf Umbettung des Leichnams der Ehefrau des B aus rechtlichen Gründen ausgeschlossen.

Ob A als angemessenen Ausgleich für den rechtswidrigen hoheitlichen Eingriff in ihre Rechte die Zurverfügungstellung einer an ihre Grabstelle angrenzenden Grabstätte, insbesondere die freie Grabstelle des B oder nach der in § 251 Abs. 1 BGB enthaltenen Regelung eine Geldleistung verlangen kann, bedurfte aufgrund des Sachverhaltes keiner Klärung, da das Begehren der A nicht darauf gerichtet ist.

IV. Ergebnis

A hat keinen Anspruch auf Umbettung.

Eine entsprechende Klage hätte keine Aussicht auf Erfolg.

Online-Wissens-Check

Welche Rechtsgrundlage hat der Folgenbeseitigungsanspruch?

Überprüfen Sie jetzt online Ihr Wissen zu den in diesem Abschnitt erarbeiteten Themen. Unter **www.juracademy.de/skripte/login** steht Ihnen ein Online-Wissens-Check speziell zu diesem Skript zur Verfügung, den Sie kostenlos nutzen können. Den Zugangscode hierzu finden Sie auf der Codeseite.

8. Teil
Entschädigung nach dem Polizei- und Ordnungsrecht

A. Grundlagen

338 Die Tätigkeit der Polizei- und Ordnungsbehörden kann zu Eingriffen in Rechtsgüter beim Bürger führen. Die dadurch entstandenen Belastungen sind unter bestimmten in diesem Teil näher darzulegenden Voraussetzungen auszugleichen. Der Gedanke eines Ausgleichs belastender hoheitlicher Maßnahmen fußt im weitesten Sinne auf dem Institut der Aufopferung, das seinerseits auf §§ 74, 75 Einl. Preußisches ALR[1] beruht[2] und den Ausgleich als Entschädigung charakterisiert.

Bei diesem Ausgleich handelt es sich um einen **Wertausgleich**, der allein wegen des hoheitlichen Verhaltens erfolgt, ohne dass es auf ein Verschulden des Hoheitsträgers ankommt.

339 Mit dieser Qualifizierung des Wertausgleichs als Entschädigung ist zugleich die Abgrenzung zur Amtshaftung erfolgt, die im Gegensatz zu ihr verschuldensabhängig ist. Ebenso wenig ist mit einem Wertausgleich die Wiederherstellung eines ursprünglichen bzw. einem dem ursprünglichen Zustand vergleichbaren oder gleichwertigen Zustand gemeint. Dieses Ziel einer Restitution kann mittels eines Folgenbeseitigungsanspruchs erreicht werden.

340 Die Entschädigung erfolgt aufgrund spezialgesetzlicher Regelungen[3] oder richtet sich nach den Vorschriften der Polizei- und Ordnungsgesetze.[4] Fehlen gesetzliche Regelungen, ist auf das allgemeine Staatshaftungsrecht zurückzugreifen.

Die polizei- und ordnungsrechtlichen Entschädigungsregelungen lassen sich zum einen orientiert an der hoheitlichen Handlung in Ansprüche eines Betroffenen wegen einer rechtmäßigen oder wegen einer rechtswidrigen Maßnahme unterteilen.[5] Zum anderen lässt sich eine Differenzierung nach den Anspruchsberechtigten vornehmen. Dann kommt es als Kriterium darauf an, ob es sich um einen Nichtverantwortlichen (Nichtstörer), unbeteiligten Dritten, Polizeihelfer oder einen Verantwortlichen (Störer), Anscheinsverantwortlichen (Anscheinsstörer) oder um einen wegen des Verdachts einer Gefahr Inanspruchgenommenen (Verdachtsstörer) handelt.[6]

---

1 Text der genannten Vorschriften, s.o. Rn. 162.

2 *Ossenbühl/Cornils* S. 486.

3 Z.B. §§ 56 ff. IfSG, Sartorius Erg.band Nr. 285; 66 ff. TierSG, Sartorius Nr. 870.

4 §§ 51–56 BPolG; Art. 70–73 PAG Bay, Art. 11 LStVG Bay; §§ 55–58 PolG BW; 59–65 ASOG Berl; 70 PolG Bbg, 38–42 OBG Bbg; 56–62 PolG Brem; 10 Abs. 3–5 SOG Hamb; 64–70 SOG Hess; 72–77 SOG MV; 80-86 SOG Nds; 67 PolG NRW, 39–43 OBG NRW; 68–74 POG RP; 68–74 PolG Saar; 52–58 PolG Sachs; 69–75 SOG SachsAn; 221–226 LVwG SH; 68–74 PAG Thür, 52 OBG Thür.

5 *Pieroth/Schlink/Kniesel* § 26 Rn. 7 ff., 20 ff.; *Götz* § 15 Rn. 2 ff., 23 ff.; *Ossenbühl/Cornils* S. 491 ff., 511 ff.

6 *Schenke* Rn. 679 ff., 684 ff.; *Sydow*, Jura 2007, 7, 8 ff.

JURIQ-Klausurtipp

Zu bevorzugen ist eine Prüfung möglicher Entschädigungsansprüche anhand der polizei- bzw. ordnungsrechtlichen Maßnahme. Sie stellt den Gegenstand dar, der im Rahmen einer Klausur zu überprüfen ist. Aus der polizei- bzw. ordnungsrechtlichen Maßnahme leiten sich die Entschädigungsansprüche ab. Nicht zuletzt orientieren sich die Gesetzgeber des Bundes und der Länder an dieser Differenzierung.

Die nachfolgende Darstellung folgt deshalb der Unterscheidung in rechtmäßige und rechtswidrige Maßnahmen eines Hoheitsträgers.

B. Anspruchsvoraussetzungen

I. Entschädigung wegen rechtmäßiger Maßnahmen der Polizei- und Ordnungsbehörden

Ein **Entschädigungsanspruch** im Zusammenhang mit einer **rechtmäßigen Maßnahme** setzt **341**
eine Anspruchsgrundlage voraus, nach der der Adressat infolge dieses Handelns einen Schaden erlitten hat, der gerade aufgrund seiner Inanspruchnahme entstanden ist. Dieser Schaden darf zudem nicht gesetzlich ausgeschlossen oder eingeschränkt sein.

Entschädigung wegen rechtmäßiger Maßnahmen

PRÜFUNGSSCHEMA

I. Nennung der Rechtsgrundlage

II. Rechtmäßige Maßnahme einer Polizei- bzw. Ordnungsbehörde

III. Inanspruchnahme als
1. Nichtverantwortlicher (Nichtstörer)
2. Unbeteiligter Dritter
3. sog. Polizeihelfer Rn. 348
4. Verantwortlicher (Störer)
5. Anscheins- oder Verdachtsverantwortlicher (Anscheins- oder Verdachtsstörer) Rn. 350 ff.

IV. Kausaler Schaden

V. Ausschluss- oder Einschränkungsgründe

1. Rechtsgrundlagen

Eine Entschädigung wegen rechtmäßiger Maßnahmen der Polizei- und Ordnungsbehörden **342**
gründet in dem **Sonderopfer**, das der Adressat einer solchen Maßnahme erbringt. Sie bildet damit den klassischen Fall einer Aufopferung[7] und ist ausdrücklich geregelt.[8]

7 *Ossenbühl/Cornils S. 486* –„Aufopferung im engeren Sinne"; *Baldus/Grzeszick/Wienhues* Rn. 244.

8 § 51 Abs. 1 Nr. 1 BPolG; Art. 70 PAG Bay, Art. 11 LStVG Bay; §§ 55 Abs. 1 PolG BW; 59 Abs. 1 Nr. 1 ASOG Berl; 70 PolG Bbg, 38 Abs. 1 a) OBG Bbg; 56 Abs. 1 S. 1 PolG Brem; 10 Abs. 3 S. 1 SOG Hamb; 64 Abs. 1 S. 1 SOG Hess; 72 Abs. 1 SOG MV; 80 Abs. 1 S. 1 SOG Nds; 67 PolG NRW, 39 Abs. 1 a) OBG NRW; 68 Abs. 1 S. 1 POG RP; 68 Abs. 1 PolG Saar; 52 Abs. 1 S. 1 PolG Sachs; 69 Abs. 1 S. 1 SOG SachsAn; 221 Abs. 1 LVwG SH; 68 Abs. 1 S. 1 PAG Thür, 52 OBG Thür.

2. Rechtmäßige Maßnahme einer Polizei- bzw. Ordnungsbehörde

343 Die erste Voraussetzung ist, dass eine rechtmäßige Maßnahme einer Polizei- bzw. Ordnungsbehörde vorliegt. Der Begriff der Maßnahme ist dabei so zu verstehen, dass er sich auf Verwaltungsakte und Standardmaßnahmen bezieht. Nur sie zielen auf die Herbeiführung einer Rechtsfolge ab, für die es wiederum eines Adressaten bedarf. Anknüpfungspunkt ist hier daher der von der rechtmäßigen Maßnahme als Nichtverantwortlicher Betroffene.[9] Soweit es um sonstige Maßnahmen geht, erfolgt eine Entschädigung nach dem allgemeinen Aufopferungsanspruch oder in Analogie zu der Entschädigung eines Nichtverantwortlichen.[10]

Hinweis

Die Auslegung des Begriffs „Maßnahme" erfolgt in der Rechtsprechung und Literatur grds. im Zusammenhang mit einem rechtswidrigen behördlichen Handeln, da sie dort wegen ihrer Rechtswidrigkeit umfassender verstanden werden muss, um staatliches Unrecht vollumfänglich entschädigungspflichtig zu machen. Zudem knüpft hier die Entschädigung an die rechtswidrige Maßnahme selbst an.

344 Die Maßnahme muss rechtmäßig sein. Das Merkmal „rechtmäßig" ist nicht ausdrücklich in den gesetzlichen Regelungen erwähnt. Das Erfordernis einer Rechtmäßigkeit ergibt sich aber aus der Recht- und Gesetzesbindung des polizei- bzw. ordnungsbehördlichen Handelns. Soweit es überhaupt an dieser Stelle gesetzliche Anhaltspunkte[11] zur Qualifizierung der Maßnahme gibt, folgt die Notwendigkeit der Rechtmäßigkeit dann aus dem Rückschluss zu den Bestimmungen über eine Entschädigung für rechtswidrige Maßnahmen einer Polizei- bzw. Ordnungsbehörde.

Die Rechtmäßigkeit der Maßnahme selbst beurteilt sich nach den einschlägigen Polizei- und Ordnungsgesetzen.

JURIQ-Klausurtipp

1. An dieser Stelle ist eine inzidente Prüfung der in Rede stehenden Maßnahme vorzunehmen. D.h. im Falle eines Verwaltungsaktes also: Ermächtigungsgrundlage, formelle und materielle Rechtmäßigkeit; im Falle eines Standardmaßnahme, ob sie sich innerhalb dieser Maßnahme und ihrer gesetzlichen Vorgaben bewegt.
2. Häufig ist die Frage der Rechtmäßigkeit einer Maßnahme bereits in einem zuvor gestellten Aufgabenteil separat zu bearbeiten, so dass auf die dort getroffenen Feststellungen verwiesen werden kann.

---

9 Vgl. *Schoch* JuS 1995, 504, 509; a.A. *Schenke* Rn. 684, der den Begriff der Maßnahme weit fasst, so dass es auf die Rechtsform nicht ankommt.

10 *Schoch* JuS 1995, 504, 509.

11 So in §§ 51–56 BPolG; 59–65 ASOG Berl; 70 PolG Bbg, 38–42 OBG Bbg; 56–62 PolG Brem; 64–70 SOG Hess; 80–86 SOG Nds; 67 PolG NRW, 39–43 OBG NRW; 68–74 POG RP; 68–74 PolG Saar; 69–75 SOG SachsAn; 68–74 PAG Thür, 52 OBG Thür.

3. Inanspruchnahme

Ob eine Entschädigung für eine rechtmäßige polizei- bzw. ordnungsbehördliche Maßnahme zu leisten ist, hängt entscheidend davon ab, wer im Zusammenhang mit dieser Maßnahme in Anspruch genommen worden ist. Die Inanspruchnahme kann als Adressat oder als Mitwirkender bei der Maßnahme erfolgt sein. Denkbar ist schließlich auch, dass die Inanspruchnahme nur darin zu sehen ist, dass der Betroffene durch sie einen Nachteil erlitten hat. **345**

a) als Nichtverantwortlicher (Nichtstörer)

Die Inanspruchnahme eines Nichtverantwortlichen ist als Adressat einer polizeilichen bzw. ordnungsbehördlichen Maßnahme unter bestimmten Voraussetzungen zulässig.[12] Sie erfolgt **zielgerichtet zur Gefahrenabwehr**. Der rechtmäßig herangezogene Nichtverantwortliche erbringt in diesem Fall ein Sonderopfer, um eine der Allgemeinheit drohende Gefahr oder Störung zu beseitigen. Genau dieses Sonderopfer wird durch die Entschädigung ausgeglichen.[13] Infolgedessen sind in allen Polizei- bzw. Ordnungsgesetzen der Länder[14] und im Bundespolizeigesetz[15] entsprechende Anspruchsgrundlagen normiert. **346**

b) als unbeteiligter Dritter

Von der Situation, in der ein Nichtverantwortlicher (Nichtstörer) gezielt Adressat einer gefahrenabwehrrechtlichen Maßnahme ist, ist der Fall zu unterscheiden, in dem ein unbeteiligter Dritter durch eine solche Maßnahme einen Nachteil erleidet. Die Schädigung des unbeteiligten Dritten stellt sich als eine **unbeabsichtigte Nebenfolge**,[16] als **Zufallsschaden**[17] dar. Entscheidend ist, dass der unbeteiligte Dritte ohne eigenen, zurechenbaren Anteil in die ihn schädigende und von der Behörde nicht beabsichtigte Situation geraten ist.[18] **347**

Beispiel Ein durch ein Unwetter stark geschädigter Baum an einer belebten Straße in der Stadt S droht umzustürzen. Bei den Fällarbeiten stürzt ein Teil des Baumes unvorhergesehen auf das in der Nähe abgestellte Fahrrad des A. Das Fahrrad ist erheblich beschädigt.

Die Maßnahme, den Baum zu fällen, ist rechtmäßig. Sie richtet sich nicht gezielt gegen A. Ein Anspruch auf Entschädigung wegen einer Inanspruchnahme als Nichtverantwortlicher scheidet daher aus. Es liegt vielmehr ein Zufallsschaden vor.[19] ■

12 § 20 Abs. 1 BPolG; Art. 10 PAG Bay, Art. 9 Abs. 3 LStVG Bay; §§ 9 PolG BW; 16 ASOG Berl; 7 PolG Bbg, 18 OBG Bbg; 7 PolG Brem; 10 Abs. 1 SOG Hamb; 9 SOG Hess; 71 Abs. 1 SOG MV; 8 SOG Nds; 6 PolG NRW, 19 OBG NRW; 7 POG RP; 6 PolG Saar; 7 PolG Sachs; 10 SOG SachsAn; 220 Abs. 1 LVwG SH; 10 PAG Thür, 13 OBG Thür.

13 *Ossenbühl/Cornils* S. 492; *Pieroth/Schlink/Kniesel* § 26 Rn. 7; *Sydow* Jura 2007, 7, 8.

14 Art. 70 Abs. 1 PAG Bay, Art. 11 LStVG Bay; §§ 55 Abs. 1 PolG BW; 59 Abs. 1 Nr. 1 ASOG Berl; 70 PolG Bbg, 38 Abs. 1 a) OBG Bbg; 56 Abs. 1 S. 1 PolG Brem; 10 Abs. 3 S. 1 SOG Hamb; 64 Abs. 1 S. 1 SOG Hess; 72 Abs. 1 SOG MV; 80 Abs. 1 S. 1 SOG Nds; 67 PolG NRW, 39 Abs. 1 a) OBG NRW; 68 Abs. 1 S. 1 POG RP; 68 Abs. 1 S. 1 PolG Saar; 52 Abs. 1 S. 1 PolG Sachs; 69 Abs. 1 S. 1 SOG SachsAn; 221 Abs. 1 LVwG SH; 68 Abs. 1 S. 1 PAG Thür, 52 OBG Thür.

15 § 51 Abs. 1 Nr. 1 BPolG.

16 *Pieroth/Schlink/Kniesel* § 26 Rn. 11; *Götz* § 15 Rn. 29.

17 *Sydow* Jura 2007, 7, 9.

18 *Ossenbühl/Cornils* S. 499 f. mit Beispielen zur Abgrenzung zur Inanspruchnahme als Nichtverantwortlicher.

19 Vgl. auch Beispiel bei *Ossenbühl/Cornils* S. 499 mit Hinweis auf *BGHZ* 20, 81, 82 – abirrende Polizeikugel/Querschläger verletzt Passanten oder zerstört Schaufenster.

Ein Anspruch des unbeteiligten Dritten auf Entschädigung wegen einer rechtmäßigen Maßnahme ist zum Teil ausdrücklich geregelt.[20] Soweit es an einer gesetzlichen Regelung fehlt, wird der Entschädigungsanspruch auf eine Analogie zu den Regelungen über die Inanspruchnahme als Nichtverantwortlicher (Nichtstörer)[21] gestützt[22] oder aus dem allgemeinen Aufopferungsanspruch hergeleitet.[23]

c) als sog. Polizeihelfer

348 Anders als in den bisher dargestellten Konstellationen verhält es sich mit etwaigen Entschädigungsansprüchen eines sog. Polizeihelfers. Polizeihelfer ist derjenige, der **freiwillig** und mit Zustimmung der Polizei- bzw. Ordnungsbehörde **bei der Gefahrenabwehr mitwirkt**. Es handelt sich mithin um eine Person, die eine Nothilfeleistung erbringt. Im Unterschied zum Nichtverantwortlichen oder einem unbeteiligten Dritten, die grds. passiv mit einer gefahrenabwehrrechtlichen Maßnahme in Berührung kommen, übernimmt der Polizeihelfer eine aktive Rolle auf der Seite der Behörde und ihrer Aufgabenerfüllung.[24]

Beispiel Bei den Arbeiten, um einen Baum, der infolge eines Unwetters umzustürzen droht, zu fällen, bietet Anwohner A zur Unterstützung den behördlichen Einsatzkräften sein Werkzeug und seine persönliche Mithilfe an. Das Werkzeug wird trotz Beachtung der erforderlichen Sorgfalt beschädigt. A selbst verletzt sich bei seiner Hilfeleistung. A verlangt Entschädigung. ■

Ein Entschädigungsanspruch des Polizeihelfers ist zum Teil ausdrücklich gesetzlich vorgesehen.[25] Fehlt eine gesetzliche Regelung, so entfällt ein polizei- bzw. ordnungsrechtlicher Entschädigungsanspruch. Eine Analogie zu einem Entschädigungsanspruch eines Nichtverantwortlichen scheidet aus, da der Polizeihelfer gerade nicht in Anspruch genommen wird, sondern aus eigenem Antrieb bei der Gefahrenabwehr mithilft.[26] Eine Entschädigung soll sich aber, soweit sie Hilfeleistungen betrifft, die über die gesetzliche und entschädigungslos zu leistende Hilfspflicht des § 323c StGB hinausgeht,[27] aus dem allgemeinen Aufopferungsanspruch ergeben.[28] Teilweise wird dem Polizeihelfer ein Anspruch aus Geschäftsführung ohne Auftrag eingeräumt.[29]

Allerdings bestehen im Rahmen der gesetzlichen Unfallversicherung, §§ 2 Abs. 1 Nr. 11a, 13a, c SGB VII, Ersatzansprüche zugunsten des Polizeihelfers.

---

20 § 51 Abs. 2 Nr. 2 BPolG; Art. 70 Abs. 2 S. 1 PAG Bay, Art. 11 LStVG Bay; §§ 59 Abs. 1 Nr. 2 ASOG Berl; 73 SOG MV; 222 LVwG SH.

21 S.o. Rn. 346 mit Fn. 14 – Länder – u. 15 –Bund.

22 *LG Köln* NVwZ 1992, 1125, 1126; *Drews/Wacke/Vogel/Martens* S. 666 f.; *Schoch* JuS 1995, 504, 509; *Sydow* Jura 2007, 7, 9.

23 *BGH* MDR 2011, 659 f.; *Schenke* Rn. 691; *Ossenbühl/Cornils* S. 502.

24 *Pieroth/Schlink/Kniesel* § 26 Rn. 8; *Sydow* Jura 2007, 7, 9.

25 §§ 51 Abs. 3 Nr. 1 BPolG; 59 Abs. 3 ASOG Berl; 56 Abs. 2 PolG Brem; 10 Abs. 5 SOG Hamb; 64 Abs. 3 SOG Hess; 80 Abs. 2 SOG Nds; 68 Abs. 2 POG RP; 68 Abs. 2 PolG Saar; 69 Abs. 3 PolG Sachs; 69 Abs. 3 SachsAn; 68 Abs. 2 PAG Thür, 52 OBG Thür.

26 *Pieroth/Schlink/Kniesel* § 26 Rn. 9; *Sydow* Jura 2007, 7, 9.

27 *Pieroth/Schlink/Kniesel* § 26 Rn. 9; *Schenke* Rn. 694; *Götz* § 15 Rn. 30.

28 *Ossenbühl/Cornils* S. 498 f.

29 *Pieroth/Schlink/Kniesel* § 26 Rn. 9; *Schenke* Rn. 694.

JURIQ-Klausurtipp

Keine Sorge, Sie müssen keine Kenntnisse im Sozialversicherungsrecht haben. In einer Klausur reicht ein Hinweis aus, dass es derartige Ansprüche im SGB VII gibt, so dass letztlich keine große Lücke im System der Entschädigungsleistungen besteht.

d) als Verantwortlicher (Störer)

Derjenige, der aufgrund seines Verhaltens bzw. seiner Verantwortlichkeit für den Zustand einer Sache (Störer) Adressat einer rechtmäßigen Maßnahme der Polizei- bzw. Ordnungsbehörde ist und dadurch einen Schaden erleidet, kann grds. keinen Entschädigungsanspruch geltend machen. Ihm werden nur die **Grenzen seiner Handlungsfreiheit** bzw. die **Sozialpflichtigkeit seines Eigentums** aufgezeigt.[30] Er wird lediglich in die Schranken seines Rechts verwiesen.[31] **349**

Ausnahmsweise bestehen gleichwohl gesetzlich normierte Entschädigungsansprüche des Verantwortlichen (Störers).[32] Diese Bestimmungen sind wegen ihres Ausnahmecharakters abschließender Natur und deshalb nicht auf andere Fälle übertragbar.

e) als Anscheins- bzw. Verdachtsverantwortlicher (Anscheins- bzw. Verdachtsstörer)

aa) Problemstellung

Schließlich stellt sich die Frage nach einer Entschädigung im Falle einer rechtmäßigen Gefahrenabwehrmaßnahme in zwei weiteren Konstellationen. **350**

Zum einen in dem Fall, dass eine Maßnahme zur Gefahrenabwehr ergriffen wird und sich im Nachhinein herausstellt, dass objektiv zu keinem Zeitpunkt eine Gefahrenlage bestanden. Der Adressat dieser Maßnahme hat dennoch einen durch diese Maßnahme verursachten Schaden zu tragen.

Zum anderen der Fall, in dem unklar ist, ob überhaupt eine Gefahrenlage vorliegt, oder ihr weiterer Verlauf unsicher ist. Die Polizei- oder Ordnungsbehörde ergreift deshalb Aufklärungs- sprich Gefahrerforschungsmaßnahmen. Der Adressat erleidet infolge dieser Maßnahmen einen Schaden.

Da sich die Rechtmäßigkeit der in beiden Fallkonstellationen getroffenen Maßnahmen aus der **ex-ante-Sicht** beurteilt, hat es auf ihre Rechtmäßigkeit keinen Einfluss, wenn sich später herausstellt, dass **objektiv keine Gefahr oder Gefahrenverdacht** gegeben war. Die jeweils getroffene Maßnahme war und bleibt rechtmäßig. Allerdings ist der jeweilige **Adressat objektiv zu Unrecht herangezogen** worden. Hat er dadurch auch noch einen Schaden zu tragen, so stellt der sich als Sonderopfer wie bei der Inanspruchnahme eines Nichtverantwortlichen (Nichtstörers) dar.

30 *BGHZ* 45, 23 ff.; 55, 366, 369; *BVerwGE* 38, 209 ff.; *Sydow* Jura 2007, 7, 9.
31 *Götz* § 15 Rn. 2.
32 So in §§ 66–72d TierSG; 56 Abs. 1 S. 1 IfSG.

Beispiel 1 Aus der Wohnung des A dringen laute Schreie, die auf einen heftigen und zu eskalieren drohenden Streit schließen lassen. Nachbar B alarmiert daraufhin die Polizei. An Ort und Stelle öffnet die Polizei die Wohnungstür des A gewaltsam, nachdem er auf Klingeln und Aufforderung, die Tür zu öffnen, nicht reagiert hatte. A war infolge übermäßigen Alkoholgenusses tief und fest eingeschlafen, hatte aber vergessen, den Fernseher, in dem ein Actionfilm lief, auszuschalten. A verlangt nunmehr Ersatz für die beschädigte Wohnungstür.

Anhaltspunkte für einen Amtshaftungsanspruch bestehen nicht. Da die Polizeimaßnahme aus ex-ante-Sicht rechtmäßig war, kommen nur Entschädigungsansprüche wegen einer rechtmäßigen Maßnahme in Frage. ■

Beispiel 2[33] Landwirt L hatte 300 Kälber von einem Betrieb erworben, bei dem die Verwendung verbotener Mastmittel festgestellt worden war. Die Ordnungsbehörde verfügte zunächst Schlachtung von fünf dieser Kälber, da der Verdacht bestand, dass auch sie mit verbotenen Substanzen behandelt sein könnten. Weder bei diesen Tieren noch bei den Tieren des später getöteten Restbestandes ergaben die Untersuchungen Hinweise auf den Einsatz verbotener Mastmittel. L verlangt Entschädigung für die getöteten Tiere.

Da es sich nicht um eine Tierseuche handelt, scheidet der spezialgesetzliche Entschädigungsanspruch gemäß § 66 TierSG aus. Ein Fall der Amtshaftung liegt ebenfalls nicht vor. Die Maßnahme war aus ex-ante-Sicht rechtmäßig, so dass wie im *Beispiel 1* nur eine Entschädigung wegen einer rechtmäßigen Maßnahme in Betracht kommt. ■

bb) Lösung des Problems

351 Nach einer älteren Ansicht wird ein Entschädigungsanspruch in den vorgenannten beiden Fallgestaltungen abgelehnt. Zur Begründung wird darauf hingewiesen, dass der Anscheins- bzw. Verdachtsverantwortliche allein durch die Begründung der Anscheinsgefahr bzw. des Gefahrenverdachts die Ursache für das polizei- bzw. ordnungsbehördliche Handeln gesetzt habe. Damit sei aber zugleich ein Grund für eine Entschädigung entfallen.[34]

Dieser Position ist indessen nicht zu folgen. Sie mag aus der Sicht der Gefahrenabwehr etwas für sich haben. Jedoch geht es bei der hier vorliegenden Problemstellung vorrangig um einen Ausgleich für einen erlittenen Nachteil. Bei einer Entschädigung hat der Aspekt der materiellen Gerechtigkeit im Vordergrund zu stehen. Dem trägt die ältere Ansicht nicht genügend Rechnung.

352 In beiden Fallgestaltungen gilt es daher, das erbrachte **Sonderopfer auszugleichen**. Gesetzliche Regelungen für eine solche Entschädigung fehlen.

Eine Entschädigung nach den Regeln, die für die Inanspruchnahme eines Nichtverantwortlichen gelten, scheidet aus. Der Adressat einer auf einer Anscheinsgefahr oder einen Gefahrenverdacht gestützten Maßnahme wird gerade wegen seiner vermeintlichen Verantwortlichkeit herangezogen. Die Ausgangssituation ist daher eine ganz andere als bei der Heranziehung eines Nichtverantwortlichen. Der Nichtverantwortliche wird schon aus der ex-ante-Sicht mit einem Sonderopfer belastet. Die ihn betreffende Entschädigungsregelung erfasst

33 Nach *BGHZ* 117, 303 ff. – Kälberfall.

34 *Drews/Wacke/Vogel/Martens* S. 668; *Gerhard* Jura 1987, 521, 526.

keine später, ex-post eingetretenen Umstände oder Kenntnisse. Genau das wäre aber im Falle einer Anscheins- oder Verdachtsverantwortlichkeit für eine Lösung der Entschädigungsfrage erforderlich.

Die Rechtsprechung greift in diesen Fällen dennoch auf die Entschädigungsregelungen **353**
zugunsten des Nichtverantwortlichen[35] zurück. Sie legt sie so aus, dass es für die Frage einer Entschädigung nicht auf die ex-ante-Sicht ankommen solle, da es um einen gerechten Ausgleich für ein erbrachtes Opfer gehe und deshalb der Gefahrenabwehraspekt, für den allein die ex-ante-Sicht maßgeblich sei, zurücktrete.[36]

Die Literatur stimmt diesem Ergebnis zu, begründet es aber nicht mit einer Auslegung der vorhandenen Normen über die Inanspruchnahme des Nichtverantwortlichen. Sie wählt stattdessen den Weg einer Analogie zu diesen Vorschriften.[37]

Im Ergebnis besteht somit ein Entschädigungsanspruch.

Eine wichtige **Einschränkung dieses Anspruchs** ist aber zu beachten. Er entfällt nämlich **354**
dann, wenn der Anscheins- bzw. Verdachtsverantwortliche **in zurechenbarer Weise Umstände gesetzt** hat, die den **Anschein bzw. den Verdacht einer Gefahr begründet haben.** Die bloße Verursachung reicht dafür aber nicht aus. Vielmehr muss der Anscheins- bzw. Verdachtsverantwortliche darüber hinaus erkennen können, welche Rolle die von ihm gesetzten Umstände für die Annahme einer Gefahrenlage spielen könnten.[38]

JURIQ-Klausurtipp

1. Die Klausurfrage, ob ein Schaden des Anscheins- bzw. Verdachtsverantwortlichen auszugleichen ist, stellt sich allein bei einer rechtmäßigen Gefahrenabwehrmaßnahme. Nur wenn die inzidente Prüfung dieser Maßnahme deren Rechtmäßigkeit ergibt, kann die eingangs genannte Klausurfrage wichtig werden.
   Die Klärung der Rechtmäßigkeit kann natürlich auch bereits in einem zuvor separat gestellten Aufgabenteil erfolgt sein.
2. Wenn die Rechtmäßigkeit der Maßnahme geklärt ist, knüpfen Sie mit der Feststellung an, dass gesetzliche Regelungen für diese Fallkonstellation fehlen, um sodann über die Darstellung des Weges der Rechtsprechung schließlich dem in der Literatur favorisierten Weg einer Analogie zu den Normen über die Entschädigung eines Nichtverantwortlichen (Nichtstörers) zu folgen. Im Ergebnis ist der Entschädigungsanspruch grds. zu bejahen.
3. Diese Ergebnis ist von Ihnen aber dann zu korrigieren, wenn der Anscheins- bzw. Verdachtsverantwortliche zurechenbare Umstände gesetzt hat, die seinen Schaden begründen.

Dieser Punkt kann bereits bei den Anspruchsvoraussetzungen und nicht erst im Rahmen eines Anspruchsausschlusses unter dem Aspekt eines Mitverschuldens erörtert werden. Dafür spricht, dass die zurechenbaren Umstände gerade verschuldensunabhängig sind. Gleichwohl ist auch vertretbar, diesen Punkt bei den Ausschluss- bzw. Einschränkungsgründen, Punkt V des Prüfungsschemas, zu behandeln.

---

35 S.o. zu den einzelnen gesetzlichen Bestimmungen Rn. 346 mit Fn. 14 – Länder – u. 15 – Bund.

36 *BGHZ* 117, 303, 307 f., dazu *Schoch* JuS 1993, 724 ff. u. *Erichsen* JK 93, OBG NRW § 39 I / 3; *BGHZ* 126, 279 ff.; *BGH* NJW 1996, 3151, 3152.

37 *Ossenbühl/Cornils* S. 508; *Götz* § 15 Rn. 15; *Schoch* JuS 1993, 504, 510; *Sydow* Jura 2007, 7, 10.

38 *BGHZ* 117, 303, 308 – zu verantwortende Umstände; *Ossenbühl/Cornils* S. 509 f.; *Götz* § 15 Rn. 15; *Schoch* JuS 1993, 504, 510.

4. Kausaler Schaden

355 Weitere Voraussetzung ist, dass ein Schaden vorliegt. Schäden sind dabei Körper- und/oder Sachschäden.[39] Der Schaden muss durch die rechtmäßige Maßnahme verursacht worden sein. Es muss mithin eine entsprechende Kausalität bestehen.

5. Ausschluss- oder Einschränkungsgründe

356 Schließlich ist zu untersuchen, ob eine Entschädigung entfällt oder eingeschränkt wird.

Ein Ausschluss ist zum Teil ausdrücklich vorgesehen, wenn die Maßnahme gerade zum Schutz des Betroffenen, also desjenigen, der den Entschädigungsanspruch geltend macht, ergriffen worden ist.[40] Soweit solche Regelungen fehlen, ist dieser Aspekt bei der Bemessung der Entschädigung zu berücksichtigen.[41] Die Haftungsausschlüsse gehen in den einzelnen Gesetzen unterschiedlich weit. Als Maßstab hierfür reicht es weit überwiegend aus, dass der **Schutz des Betroffenen** beabsichtigt war und in seinem Interesse[42] lag.[43]

357 Eine Entschädigung ist zum Teil ausgeschlossen, wenn der Betroffene **anderweitig Ersatz** erlangt hat[44] oder nur gegen Abtretung des Anspruchs, den der Betroffene gegen einen Dritten hat.[45]

358 Eine Einschränkung des Entschädigungsanspruchs ergibt sich daraus, dass ein **Mitverschulden** zu berücksichtigen sein könnte.[46] Der Umfang des Mitverschuldens hängt wiederum davon ab, ob der Geschädigte als Nichtverantwortlicher, unbeteiligter Dritter, Polizeihelfer, Verantwortlicher, Anscheinsverantwortlicher oder Verdachtsverantwortlicher in Anspruch genommen worden oder betroffen ist.[47]

JURIQ-Klausurtipp

Der Aspekt eines Mitverschuldens kann auch bereits bei den Voraussetzungen der Entstehung des Anspruchs geprüft werden, s.o. Juriq-Klausurtipp bei Rn. 354. Beide Wege sind im Ergebnis gut vertretbar, so dass Sie sich bitte um dieses Aufbauproblem keine Gedanken machen sollten. Sie wählen an diesem Punkt Ihren Aufbau ohne weitere Erläuterung und setzen ihn um.

---

39 Näheres zum Inhalt und Umfang des Schadens findet sich unter D (Rn. 370 ff.).

40 § 52 Abs. 5 S. 1 BPolG; Art. 70 Abs. 4 PAG Bay, Art. 11 LStVG Bay; §§ 55 Abs. 1 S. 2 PolG BW; 70 PolG Bbg, 38 Abs. 2 b) OBG Bbg; 10 Abs. 3 S. 2 SOG Hamb; 64 Abs. 2 SOG Hess; 72 Abs. 2 Nr. 2 SOG MV; 81 Abs. 5 S. 2 SOG Nds; 67 PolG NRW, 39 Abs. 2 b) OBG NRW; 52 Abs. 1 PolG Sachs; 69 Abs. 2 SOG SachsAn.

41 §§ 60 Abs. 5 S. 1 ASOG Berl; 57 Abs. 4 S. 1 PolG Brem; 69 Abs. 5 S. 1 POG RP; 69 Abs. 5 S. 1 PolG Saar; 221 Abs. 2 Nr. 2 LVwG SH; 69 Abs. 5 S. 1 PAG Thür, 52 OBG Thür.

42 Anders § 39 Abs. 2 b) OBG NRW, der auf den Schutzerfolg abstellt – „worden ist"; bei einer Minderung des Entschädigungsanspruchs muss grds. ein tatsächlicher, feststellbarer Vorteil gegeben sein.

43 *Ossenbühl/Cornils* S. 525; *Pieroth/Schlink/Kniesel* § 26 Rn. 31; *Götz* § 15 Rn. 8.

44 §§ 70 PolG Bbg, 38 Abs. 2 a) OBG Bbg; 72 Abs. 2 Nr. 1 SOG MV; 67 PolG NRW, 39 Abs. 2 a) OBG NRW.

45 §§ 52 Abs. 4 BPolG; 60 Abs. 4 ASOG Berl; 70 PolG Bbg, 38 Abs. 3 OBG Bbg; 57 Abs. 3 PolG Brem;65 Abs. 4 SOG Hess; 74 Abs. 3 SOG MV; 81 Abs. 4 SOG Nds; 67 PolG NRW, 40 Abs. 3 OBG NRW; 69 Abs. 4 POG RP; 69 Abs. 4 PolG Saar; 53 Abs. 4 PolG Sachs; 70 Abs. 4 SachsAn; 223 Abs. 3 LVwG SH; 69 Abs. 4 PAG Thür, 52 OBG Thür; in Bayern ist die Subsidiarität des Entschädigungsanspruchs ausdrücklich angeordnet, Art. 70 Abs. 1 PAG Bay.

46 § 52 Abs. 5 S. 2 BPolG; Art. 70 Abs. 7 S. 3 PAG Bay, Art. 11 LStVG Bay; §§ 55 Abs. 1 S. 3 PolG BW; 60 Abs. 5 S. 2 ASOG Berl; 70 PolG Bbg; 39 Abs. 4 OBG Bbg; 57 Abs. 4 S. 2 PolG Brem; 65 Abs. 5 S. 3 SOG Hess; 74 Abs. 4 SOG MV; 81 Abs. 5 S. 3 SOG Nds; 67 PolG NRW, 40 Abs. 4 OBG NRW; 69 Abs. 5 S. 2 POG RP; 69 Abs. 5 S. 2 PolG Saar; 53 Abs. 5 S. 2 PolG Sachs; 70 Abs. 5 S. 2 SOG SachsAn; 223 Abs. 4 LVwG SH; 69 Abs. 5 S. 2 PAG Thür, 52 OBG Thür.

47 *Pieroth/Schlink/Kniesel* § 26 Rn. 10.

II. Entschädigung wegen rechtswidriger Maßnahmen der Polizei- und Ordnungsbehörden

Wenn schon eine Entschädigungsregelung für die Inanspruchnahme eines Nichtverantwortlichen vorgesehen ist, so muss es erst recht einen Entschädigungsanspruch für die Fälle rechtswidriger Maßnahmen der Polizei- und Ordnungsbehörden geben.[48] 359

PRÜFUNGSSCHEMA

Entschädigung wegen rechtswidriger Maßnahmen

I. Nennung der Rechtsgrundlage

II. Rechtswidrige Maßnahme einer Polizei- bzw. Ordnungsbehörde Rn. 361

III. Betroffener einer rechtswidrigen Maßnahme

IV. Kausaler Schaden

V. Ausschluss- oder Einschränkungsgründe Rn. 367

1. Rechtsgrundlagen

Liegt ein rechtswidriges hoheitliches handeln vor, so ist der dadurch Geschädigte nach dem allgemeinen Staatshaftungsrecht zu entschädigen. Neben einem Anspruch aus Amtshaftung kommen Ansprüche auf Entschädigung nach Maßgabe des enteignungsgleichen Eingriffs und des Aufopferungsanspruchs in Betracht.[49] 360

Vor diesem Hintergrund finden sich neben spezialgesetzlichen Sonderregelungen zur Datenverarbeitung[50] in den meisten Polizei- und Ordnungsgesetzen vorrangige Normierungen[51] oder Teilregelungen[52] der Entschädigung für eine rechtswidrige Gefahrenabwehrmaßnahme.

Fehlt eine Regelung,[53] so gilt das allgemeine Staatshaftungsrecht in Form der Ansprüche aus enteignungsgleichem Eingriff oder aus Aufopferung, so dass keine Haftungslücke entsteht.[54]

Hinweis

Die nachfolgenden Ausführungen beziehen sich nur auf den polizei- bzw. ordnungsrechtlichen Entschädigungsanspruch, soweit er gesetzlich geregelt ist. Hinsichtlich der allgemeinen staatshaftungsrechtlichen Ansprüche gilt das hierzu in den entsprechenden Abschnitten diese Skriptes Ausgeführte.

48 *Pieroth/Schlink/Kniesel* § 26 Rn. 20.

49 *Schoch* JuS 1995, 504, 509; zu diesen Ansprüchen s.o. Rn. 6 ff., Rn. 220 ff. und Rn. 258 ff.

50 §§ 48 PolG BW, 21 DSG BW; 76 SOG MV.

51 §§ 51 Abs. 2 Nr. 1 BPolG; 52 Abs. 2 ASOG Berl; 70 PolG Bbg, 38 Abs. 1 b) OBG Bbg; 56 Abs. 1 S. 2 PolG Brem; 64 Abs. 1 S. 2 SOG Hess; 80 Abs. 1 S. 2 SOG Nds; 67 PolG NRW, 39 Abs. 1 b) OBG NRW; 68 Abs. 1 S. 2 POG RP; 68 Abs. 1 S. 2 PolG Saar; 69 Abs. 1 S. 2 SOG SachsAn; 68 Abs. 1 S. 2 PAG Thür, 52 OBG Thür.

52 Art. 70 Abs. 2 PAG Bay, Art. 11 LStVG Bay; §§ 73 SOG MV; 222 LVwG SH.

53 So in Baden-Württemberg, Hamburg und Sachsen.

54 *Ossenbühl/Cornils* S. 512; *Baldus/Grzeszick/Wienhues* Rn. 260; *Götz* § 15 Rn. 24.

2. Rechtswidrige Maßnahme einer Polizei- bzw. Ordnungsbehörde

361 Der Begriff der rechtswidrigen Maßnahme ist weit zu verstehen, so dass er rechtliches wie tatsächliches Handeln, also Verwaltungsakte wie Realakte, Eingriffe, aber auch nicht eingreifendes Handeln umfasst. Kurz gesagt, **jede nach außen wirkende Handlung** einer Polizei- bzw. Ordnungsbehörde.[55]

Beispiel 1[56] Eine Verkehrsampel zeigt Grün, obwohl der kreuzende Verkehr seinerseits ebenfalls Grün angezeigt bekommt (sog. „feindliches" Grün). ■

Beispiel 2[57] Die Bitte einer Gesundheitsbehörde, dass der Hersteller eines Arzneimittels mit dem Namen „diclo 75" geeignete Maßnahmen treffen möge, da der Verdacht einer Kontamination mit Schadstoffen bestehe. ■

In beiden *Beispielen* wurde eine Maßnahme angenommen.

Trotz eines weiten Begriffsverständnisses fällt nicht jede behördliche Tätigkeit unter den Begriff „Maßnahme". Als Kriterium einer Eingrenzung wird vorgeschlagen, ob die Maßnahme als eine **Verlässlichkeitsgrundlage** für Dispositionen des von ihr Betroffenen angesehen werden kann.[58] Das Kriterium der Verlässlichkeit ist dabei jedoch abhängig von den Umständen des konkreten Einzelfalles.

Beispiel[59] Die Bitte einer Behörde an den Gemüselandwirt L nach einem Brandereignis in der Nähe seines Betriebes, von der Verwertung seiner Produkte vorläufig abzusehen, da der Boden möglicherweise infolge des Brandereignisses mit Schadstoffen kontaminiert sein könnte, und deshalb das Gemüse seines Betriebes nicht verzehrt werden sollte. Diese Bitte wurde als eine erste Reaktion angesichts einer völlig unklaren Sachlage ausgesprochen. Die vorgenommene Bodenuntersuchung bestätigte den Verdacht einer Kontamination hingegen nicht. L verlangt nun Ersatz des Schadens, der ihm wegen des Ernteausfalls entstanden ist.

Anders als in den vorherigen *Beispielen* wurde hier das Handeln der Behörde nicht als Maßnahme qualifiziert. Die ausgesprochene Bitte erfolgte in einer Situation, in der die Sachlage völlig unklar, und L selbst für die Lage in keiner Weise verantwortlich war. Bei der Bitte handelte es hier vielmehr um einen Appell an die Eigenverantwortlichkeit des L, sich situationsgerecht zu verhalten, sprich sich unaufgefordert aus eigener Einsicht und eigenem Entschluss im Sinne der Bitte der Behörde zu verhalten. ■

362 Die Maßnahme muss rechtswidrig sein. Das ist sie, wenn sie im Ergebnis sachlich falsch ist und gegen die objektive Rechtslage verstößt.[60] Dabei kommt es allein auf die Maßnahme selbst und nicht auf das Verhalten des von ihr Betroffenen an. Die Rechtswidrigkeit beurteilt

55 *BGHZ* 99, 249, 251 f.; 138, 15, 20; *Pieroth/Schlink/Kniesel* § 26 Rn. 22; *Götz* § 15 Rn. 25; *Ossenbühl/Cornils* S. 517 f.

56 *BGHZ* 99, 249 ff.; *OLG Karlsruhe* NVwZ – RR 2014, 331; dazu Bespr.: *Waldhoff* JuS 2014, 1055 f.

57 *BGH* NJW 1996, 3151 f. mit Bespr. *Osterloh* JuS 1997, 663 f.

58 *Ossenbühl/Cornils* S. 518; *Götz* § 15 Rn. 25.

59 *BGHZ* 138, 15 ff.

60 *BGHZ* 123, 191, 197.

sich wie schon im Falle einer rechtmäßigen Maßnahme nach den allgemeinen Maßstäben auf der Grundlage der einschlägigen Polizei- und Ordnungsgesetze.[61]

Nicht erfasst wird der Fall, dass das von der Behörde zutreffend angewandte Gesetz verfassungswidrig ist, also legislatives Unrecht darstellt. Das gilt auch, wenn die Behörde nationales Recht für sich genommen richtig ausführt, das aber für die Verwaltung nicht ohne weiteres erkennbar mit dem Recht der Europäischen Union nicht vereinbar ist.[62] **363**

3. Betroffener einer rechtswidrigen Maßnahme

Als Anspruchsberechtigter einer Entschädigung wegen einer rechtswidrigen Maßnahme zur Gefahrenabwehr ist der von ihr Beeinträchtigte anzusehen. Das kann der Adressat der rechtswidrigen Maßnahme, gleich ob Verantwortlicher (Störer), Anscheins- oder Verdachtsverantwortlicher (Anscheins- oder Verdachtsstörer) oder Nichtverantwortlicher (Nichtstörer) sein. Darüber hinaus gehören auch gänzlich Unbeteiligte zu diesem Kreis.[63] **364**

4. Kausaler Schaden

Der kausale Schaden besteht in der durch die Rechtswidrigkeit der Gefahrenabwehrmaßnahme verursachten Beeinträchtigung (Rechtswidrigkeitszusammenhang).[64] Näheres zum Inhalt und Umfang des Schadens wird unter Rn. 369 dargelegt. **365**

5. Ausschluss- und Einschränkungsgründe

Hinsichtlich der Ausschluss- und Einschränkungsgründe gilt das für die Entschädigung im Falle einer rechtmäßigen Maßnahme Ausgeführte.[65] **366**

Zu beachten ist aber eine Besonderheit, die nur bei einer rechtswidrigen Maßnahme eine Rolle spielt. Wegen ihrer Rechtswidrigkeit stellt sich die Frage nach der **Vorrangigkeit eines Rechtsschutzes gegen die rechtswidrige Maßnahme selbst**. Wird er nicht wahrgenommen, so kann das dazu führen, dass der Entschädigungsanspruch wegfällt. Diese Überlegung folgt aus dem **Nassauskiesungsbeschluss des BVerfG**.[66] **367**

Das Thema eines vorrangigen Rechtschutzes gegen eine rechtswidrige Maßnahme wird nach der Rechtsprechung und einem Teil der Literatur über den Gedanken des Mitverschuldens berücksichtigt.[67] Nach anderer Ansicht ist diese Frage über § 839 Abs. 3 BGB analog zu behandeln.[68]

61 S.o. Rn. 344.
62 *BGH* NVwZ 2015, 1309; *Kingreen* Jura (JK) 2016, 329.
63 *Pieroth/SchlinkKniesel* § 26 Rn. 21.
64 *Ossenbühl/Cornils* S. 522.
65 S.o. Rn. 356 ff.
66 *BVerfGE* 58, 300, 322; s.o. Rn. 169 f.
67 *BGHZ* 90, 17, 31 f.; *Ossenbühl/Cornils* S. 526.
68 *Schoch* Jura 1990, 140, 149 f.; *Sydow* Jura 2007, 7, 11.

JURIQ-Klausurtipp

Mit welchem Entschädigungsanspruch – wegen einer rechtmäßigen oder einer rechtswidrigen Maßnahme zur Gefahrenabwehr – Sie beginnen, hängt von der Aufgabenstellung in einer Klausur ab.

1. Besteht die Aufgabe nur in der Frage, ob ein Entschädigungsanspruch besteht, so ist mit einem Anspruch wegen einer rechtswidrigen polizei- bzw. ordnungsbehördlichen Maßnahme zu beginnen. Der Kreis der möglichen Anspruchsberechtigten ist in diesem Fall umfassend, da es allein auf die Rechtswidrigkeit der Maßnahme ankommt. Stellt sich hingegen heraus, dass die Maßnahme rechtmäßig ist, ist die Prüfung dieses Entschädigungsanspruchs zu beenden. Sodann ist ein Anspruch auf Entschädigung wegen einer rechtmäßigen Maßnahme zu erörtern. Dabei kann auf die zuvor festgestellte Rechtmäßigkeit der in Rede stehenden Maßnahme verwiesen werden, so dass keine doppelte Prüfung erfolgt.
2. Besteht die Klausuraufgabe aus zwei Teilen, deren erster Teil sich mit der Rechtmäßigkeit der Gefahrenabwehrmaßnahme beschäftigt (Erfolgsaussichten eines Rechtsbehelfs) und im zweiten Teil fragt, ob Entschädigung verlangt werden kann, so ist die Anspruchsgrundlage bereits vorgegeben. Sie richtet sich nämlich nach dem Ergebnis zum ersten Teil. Bei dem Punkt der Rechtmäßig- bzw. Rechtswidrigkeit der Maßnahme ist auf den ersten Teil dann zurückzugreifen.

C. Verjährung

368 Der polizei- bzw. ordnungsrechtliche Entschädigungsanspruch verjährt aufgrund ausdrücklicher gesetzlicher Bestimmungen[69] oder durch entsprechende Verweisung[70] oder in analoger Anwendung des § 195 BGB[71] in drei Jahren. Eine kürzere einjährige Verjährungsfrist besteht in Mecklenburg-Vorpommern und Schleswig-Holstein.[72]

D. Inhalt des Anspruchs

369 Der Inhalt des polizei- bzw. ordnungsrechtlichen Entschädigungsanspruchs besteht in einem Wertausgleich für die Vermögensnachteile – Sonderopfer –, die dem Geschädigten infolge einer Maßnahme zur Gefahrenabwehr entstanden sind. Art und Umfang des Wertausgleichs entsprechen den allgemeinen Grundsätzen einer Entschädigung aus enteignungsgleichem Eingriff bzw. wegen Aufopferung.[73] Er ist damit auf einen Ausgleich in Geld gerichtet.[74]

---

69 §§ 54 BPolG; 62 ASOG Berl; 70 PolG Bbg, 40 OBG Bbg; 59 PolG Brem; 67 SOG Hess; 83 SOG Nds; 71 POG RP; 71 Polg Saar; 55 PolG Sachs; 72 SOG SachsAn; 71 PAG Thür, 52 OBG Thür.

70 § 67 PolG NRW, § 41 OBG NRW.

71 So in Baden-Württemberg, Bayern und Hamburg; vgl. dazu auch: *Ossenbühl/Cornils* S. 527; *Heselhaus* DVBl. 2004, 411 ff.; *Sydow* Jura 2007, 7, 12.

72 §§ 74 Abs. 5 S. 1 SOG MV; 223 Abs. 5 S. 1 LVwG SH.

73 *Götz* § 15 Rn. 5; s.o. auch Rn. 252 und Rn. 269.

74 § 52 Abs. 3 S. 1 BPolG; Art. 70 Abs. 7 S. 4 PAG Bay, Art. 11 LStVG Bay; §§ 60 Abs. 3 S. 1 ASOG Berl; 70 PolG Bbg, 39 Abs. 2 S. 1 OBG Bbg; 57 Abs. 2 PolG Brem; 10 Abs. 3 S. 1 SOG Hamb; 65 Abs. 3 S. 1 SOG Hess; 74 Abs. 2 S. 1 SOG MV; 81 Abs. 3 S. 1 SOG Nds; 67 PolG NRW, 40 Abs. 2 S. 1 OBG NRW; 69 Abs. 3 S. 1 POG RP; 69 Abs. 3 S. 1 PolG Saar; 53 Abs. 3 S. 1 PolG Sachs; 70 Abs. 3 S. 1 SOG SachsAn; 223 Abs. 2 S. 1 LVwG SH; 69 Abs. 3 S. 1 PAG Thür, 52 OBG Thür; in Baden-Württemberg fehlt eine ausdrückliche Regelung. Jedoch folgt aus der Natur des Anspruchs als Entschädigung, dass sie in Geld erfolgt.

Der Ausgleich beschränkt sich allerdings auf den **erlittenen Vermögensschäden**.[75] Der Vermögensschadens bestimmt sich im Kern nach dem materiellen Wertverlust, d.h. der Einbuße beim Verkehrswert. Entgangener Gewinn, der über den Ausfall des gewöhnlichen Verdienstes oder Nutzungsausfall hinausgeht, und mittelbare Schäden werden dabei nicht berücksichtigt.[76] Zum Teil ist die nähere Bestimmung des Umfangs der Entschädigung auch ausdrücklich gesetzlich geregelt.[77] In einigen Polizei- und Ordnungsgesetzen wird darüber hinaus Schmerzensgeld für immaterielle Schäden gewährt.[78] **370**

Soweit keine oder nur eine teilweise gesetzliche Regelung zur näheren Bestimmung des Inhalts des Entschädigungsanspruchs vorliegt, ist im Übrigen auf die allgemeinen Grundsätze der Aufopferungsentschädigung zurückzugreifen. In diesem Zusammenhang ist umstritten, inwieweit entgangener Gewinn ausgeglichen wird. Es besteht aber eine restriktive Tendenz.[79] Hinsichtlich immaterieller Nachteile gilt, dass sie grundsätzlich ausgeglichen werden.[80] **371**

JURIQ-Klausurtipp

In einer Klausur bedarf es hinsichtlich des Inhalts und Umfangs der Entschädigung keiner vertieften Kenntnisse. Wichtig ist, dass Sie die entsprechende Norm als Aufhänger finden, sie auslegen und mit einer auf den Fall bezogenen Begründung subsumieren.

Existiert keine Norm, so gelten die allgemeinen Grundsätze, die mit entsprechender Begründung anzuwenden sind.

Das Ergebnis ist letztlich nachrangig, sobald das Problem skizziert und mit einer Begründung versehen wird, die sich auf den zugrundeliegenden Sachverhalt stützen lässt.

75 § 52 Abs. 1 S. 1 BPolG; Art. 70 Abs. 7 S. 1 PAG Bay, Art. 11 LStVG Bay; §§ 60 Abs. 1 S. 1 ASOG Berl; 70 PolG Bbg, 39 Abs. 1 S. 1 OBG Bbg; 57 Abs. 1 S. 1 PolG Brem; 10 Abs. 3 S. 1 SOG Hamb; 65 Abs. 1 S. 1 SOG Hess; 74 Abs. 1 S. 1 SOG MV; 81 Abs. 1 S. 1 SOG Nds; 67 PolG NRW, 40 Abs. 1 S. 1 OBG NRW; 69 Abs. 1 S. 1 POG RP; 69 Abs. 1 S. 1 PolG Saar; 53 Abs. 1 S. 1 PolG Sachs; 70 Abs. 1 S. 1 SOG SachsAn; 223 Abs. 1 S. 1 LVwG SH; 69 Abs. 1 S. 1 PAG Thür, 52 OBG Thür; in Baden-Württemberg heißt es in § 55 Abs. 1 S. 1 PolG BW nur „Schaden", womit aber wegen der Anspruchsnatur der Vermögensschaden gemeint ist.

76 *Schenke* Rn. 689; *Götz* § 15 Rn. 5; *Ossenbühl/Cornils* S. 526.

77 §§ 52 Abs. 1 S. 2 BPolG; 60 Abs. 1 S. 2 ASOG Berl; 70 PolG Bbg, 39 Abs. 1 S. 2 OBG Bbg; 57 Abs. 1 S. 2 PolG Brem; 65 Abs. 1 S. 2 SOG Hess; 74 Abs. 1 S. 2 SOG MV; 81 Abs. 1 S. 2 SOG Nds; 67 PolG NRW, 40 Abs. 1 S. 2 OBG NRW; 69 Abs. 1 S. 2 POG RP; 69 Abs. 1 S. 2 PolG Saar; 53 Abs. 1 S. 2 PolG Sachs; 70 Abs. 1 S. 2 SOG SachsAn; 223 Abs. 1 S. 2 LVwG SH; 69 Abs. 1 S. 2 PAG Thür, 52 OBG Thür.

78 § 52 Abs. 2 BPolG; Art. 70 Abs. 7 PAG Bay, Art. 11 LStVG Bay; 60 Abs. 2 ASOG Berl; 57 Abs. 2 S. 1 PolG Brem; 65 Abs. 2 SOG Hess; 81 Abs. 2 SOG Nds; 69 Abs. 2 POG RP; 69 Abs. 2 PolG Saar; 53 Abs. 2 PolG Sachs; 70 Abs. 2 SOG SachsAn; 69 Abs. 2 PAG Thür, 52 OBG Thür.

79 *Götz*, § 15 Rn. 6; *Pieroth/Schlink/Kniesel*, § 26 Rn. 29; *Sydow*, Jura 2007, 7, 11.

80 *BGH* NJW 2017, 3384; *Kingreen* Jura (JK) 2018, 427; siehe auch Rn. 269.

E. Prozessuale Fragen

I. Anspruchsgegner

372 Anspruchsgegner ist die Körperschaft, bei der derjenige beschäftigt ist, der den Anspruch durch sein Handeln begründet hat,[81] oder die Körperschaft, die Träger der polizeilichen bzw. ordnungsbehördlichen Kosten ist.[82]

II. Rechtsweg

373 Für polizei- bzw. ordnungsgesetzliche Entschädigungsansprüche ist der Rechtsweg zu den **ordentlichen Gerichten** gegeben.[83] Hinsichtlich etwaiger Ansprüche aus Aufopferung ergibt sich der Rechtsweg zu den ordentlichen Gerichten aus § 40 Abs. 2 S. 1 VwGO.

III. Voraussetzungen einer Leistungsklage

374 Aufgrund der Eröffnung des Rechtsweges zu den ordentlichen Gerichten, ist der polizei- bzw. ordnungsgesetzliche Entschädigungsanspruch mittels einer zivilrechtlichen Leistungsklage geltend zu machen. Ein Rückgriff auf die Klagearten und Vorschriften der VwGO scheidet aus.

Vor Erhebung der zivilrechtlichen Leistungsklage muss kein Antrag auf Entschädigung gestellt werden. Gleichwohl empfiehlt sich eine vorherige Antragstellung bei der Behörde, um einer Kostentragungspflicht nach § 93 ZPO im Falle einer erfolgreichen Klage zu entgehen.[84]

IV. Konkurrenzen

375 Der polizei- bzw. ordnungsgesetzliche Entschädigungsanspruch geht als lex specialis einem Anspruch aus enteignungsgleichem bzw. enteignendem Eingriff sowie einem allgemeinen Aufopferungsanspruch vor.[85]

Da es bei den hier in Rede stehenden Ansprüchen um Entschädigung, für die ein Verschulden nicht erforderlich ist, geht, können die auf Schadensersatz gerichteten Amtshaftungsansprüche daneben geltend gemacht werden.[86] Sie setzen aber ein Verschulden voraus.

---

81 §§ 55 Abs. 1 S. 1 BPolG; 56 S. 1 PolG BW; Art. 70 Abs. 6 PAG Bay, Art. 11 LStVG Bay; §§ 63 Abs. 1 ASOG Berl; 60 Abs. 1 PolG Brem; 10 Abs. 3 SOG Hamb; 68 Abs. 1 SOG Hess; 75 Abs. 1 SOG MV; 84 Abs. 1 SOG Nds; 72 Abs. 1 POG RP; 72 Abs. 1 PolG Saar; 56 S. 1 PolG Sachs; 73 Abs. 1 SOG SachsAn; 224 LVwG SH; 72 Abs. 1 PAG Thür, 52 OBG Thür.

82 §§ 70 PolG Bbg, 41 Abs. 1 OBG Bbg; 67 PolG NRW, 42 Abs. 1 OBG NRW.

83 §§ 56 BPolG; 58 PolG BW; Art. 73 PAG Bay, Art. 11 LStVG Bay; §§ 65 ASOG Berl; 70 PolG Bbg, 42 Abs. 1 OBG Bbg; 62 S. 1 PolG Brem; 70 SOG Hess; 77 SOG MV; 86 SOG Nds; 67 PolG NRW, 43 OBG NRW; 74 POG RP; 74 PolG Saar; 58 PolG Sachs; 75 SOG SachsAn; 226 LVwG SH; 74 PAG Thür, 52 OBG Thür.

84 *Sydow* Jura 2007, 7, 12.

85 *BGHZ* 72, 273, 276; *Maurer* § 27 Rn. 102 f.; s.o. Rn. 238, 255 und 261, 273.

86 *Schenke* Rn. 683; *Pieroth/Schlink/Kniesel* § 26 Rn. 37.

F. Regressanspruch des Hoheitsträgers gegen den Verantwortlichen

Soweit ein polizei- bzw. ordnungsgesetzlicher Entschädigungsanspruch gegenüber einem Nichtverantwortlichen oder einem unbeteiligten Dritten erfüllt worden ist, können diese Leistungen von demjenigen zurück verlangt werden, der die für diese Entschädigung ursächlichen Gründe als Verantwortlicher gesetzt hat. Die hierfür sowohl auf Bundes- als auch auf Länderebene vorhandenen gesetzlichen Grundlagen[87] sind auf die ausdrücklich im Gesetz genannten Fälle beschränkt. Sie können wegen des Vorbehalts des Gesetzes nicht zu Lasten des Betroffenen auf weitere Fälle erstreckt werden. 376

Der Regressanspruch ist öffentlich-rechtlicher Natur unabhängig davon, ob in einigen landesrechtlichen Regelungen auf die entsprechende Anwendung der Vorschriften des BGB über die Geschäftsführung ohne Auftrag verwiesen wird.[88] 377

Online-Wissens-Check

Kann jemand, der als Anscheins- bzw. Verdachtsverantwortlicher in Anspruch genommen worden ist und dadurch einen Schaden erlitten hat, Entschädigung verlangen?

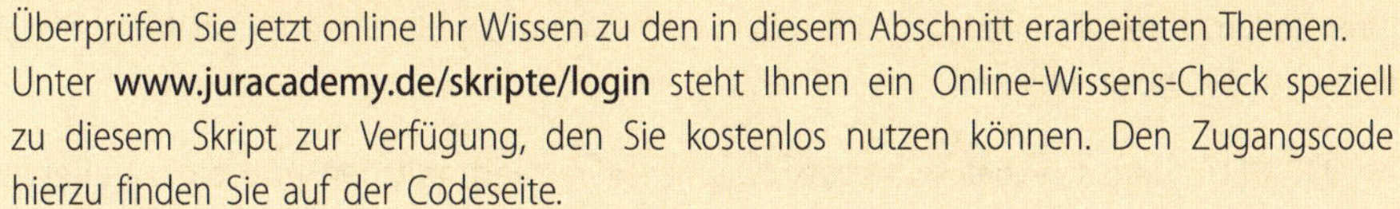

Überprüfen Sie jetzt online Ihr Wissen zu den in diesem Abschnitt erarbeiteten Themen. Unter **www.juracademy.de/skripte/login** steht Ihnen ein Online-Wissens-Check speziell zu diesem Skript zur Verfügung, den Sie kostenlos nutzen können. Den Zugangscode hierzu finden Sie auf der Codeseite.

87 §§ 55 Abs. 2 BPolG; 57 PolG BW; Art. 72 PAG Bay, Art. 11 LStVG Bay; §§ 64 ASOG Berl; 70 PolG Bbg, 41 Abs. 2 OBG Bbg; 61 PolG Brem; 10 Abs. 4 SOG Hamb; 69 Abs. 1 SOG Hess; 75 Abs. 2 SOG MV; 85 SOG Nds; 67 PolG NRW, 42 Abs. 2 OBG NRW; 73 POG RP; 73 PolG Saar; 57 PolG Sachs; 74 SOG SachsAn; 224 Abs. 2 LVwG SH; 73 PAG Thür, 52 OBG Thür.

88 *Götz* § 15 Rn. 11.

9. Teil
Staatshaftung auf europarechtlicher Grundlage

A. Grundlagen

378 Die Bundesrepublik Deutschland hat infolge ihrer Mitgliedschaft Hoheitsrechte auf die Europäische Union (EU) übertragen. Soweit Hoheitsrechte übertragen sind, duldet die Bundesrepublik Deutschland auch insoweit die Ausübung der Hoheitsgewalt durch die EU und deren Organe. Es ist mithin eine eigenständige Rechtsordnung auf europarechtlicher Basis begründet worden, die neben die bis dahin ausschließlich geltende nationale Rechtsordnung getreten ist.[1] Diese europäische Rechtsordnung hat unmittelbare Geltung in den Mitgliedstaaten. Sie gilt also für sie und in ihnen, so dass sie auch natürliche und juristische Personen in den Mitgliedstaaten berechtigen und verpflichten kann.[2]

Davon ausgehend stellt sich die Frage einer unionsrechtlichen Haftung für Schäden, die durch die europäische Rechtsordnung begründet werden. Die Antwort wird auf **zwei Ebenen** gegeben.

379 Zum einen besteht eine **Haftung für ein Fehlverhalten der EU und ihrer Organe sowie ihrer Bediensteten**. Es handelt sich um die Eigenhaftung der EU. Diese Amtshaftung der EU findet ihre Rechtsgrundlage in Art. 340 AEUV.

Art. 340 AEUV unterscheidet seinerseits zwischen einer **vertraglichen und einer außervertraglichen Haftung**, Art. 340 Abs. 1 bzw. Abs. 2 AEUV. Die vertragliche Haftung der EU beruht auf den Verträgen, die sie selbst als Rechtspersönlichkeit mit natürlichen und juristischen Personen abschließt. Diese Verträge können privat- wie öffentlich-rechtlicher Natur sein.

Nach Art. 340 Abs. 1 AEUV richtet sich die vertragliche Haftung der EU nach dem Recht, das auf den konkreten Vertrag anzuwenden ist. Grundsätzlich wird im Vertrag selbst hierzu eine Festlegung getroffen, andernfalls dürfte das nationale Recht des Vertragspartners der EU gelten.

Im Bereich der außervertraglichen (deliktischen) Haftung ersetzt die EU den durch ihre Organe oder Bediensteten in Ausübung ihrer Amtstätigkeit verursachten Schaden nach den allgemeinen Rechtsgrundsätzen, die den Rechtsordnungen der Mitgliedstaaten gemeinsam sind, Art. 340 Abs. 2 AEUV. Weitere Regelungen bestehen nicht. Die EU hat damit kein eigenes unionsrechtlich normiertes Staatshaftungsrecht. Die in Art. 340 Abs. 2 AEUV angesprochenen allgemeinen Rechtsgrundsätze entwickelt der gemäß Art. 268 AEUV zuständige Gerichtshof der Europäischen Union im Wege einer wertenden Rechtsvergleichung. Daraus ergeben sich als materielle Voraussetzungen für einen Haftungsanspruch nachfolgende Punkte:[3]

- Verhalten eines Organs oder Bediensteten der EU;
- dieses Verhalten muss rechtswidrig sein und eine Norm verletzen, die den Geschädigten schützen soll, sprich, eine drittschützende Rechtspflicht muss verletzt sein;

1 *BVerfGE* 31, 145, 173 f.; 58, 1, 28; 73, 339, 374.

2 *Schweitzer/Dederer* Rn. 574.

3 *Maurer* § 31 Rn. 2; zu den Voraussetzungen auch in prozessualer Hinsicht im einzelnen: *Ehlers* Jura 2009, 187, 192 ff.

- das rechtswidrige Verhalten ist kausal für den entstandenen Schaden.
- Ein Verschulden ist nicht erforderlich.

Hinweis

1. Ein Haftungsanspruch aus Art. 340 Abs. 1 AEUV dürfte äußerst selten sein. Wenn er dennoch als Rarität auftauchen sollte, so dürfte sich im Sachverhalt ein Hinweis auf das anzuwendende nationale Recht enthalten sein.
2. Näheres zum Anspruch aus Art. 340 Abs. 2 AEUV findet sich aus Gründen der Sachnähe im Skript „Europarecht" Rn. 269 ff.

Zum anderen besteht eine für **Haftung ein Fehlverhalten der Mitgliedstaaten** aufgrund der Anwendung des Rechts der EU. Durch den Anknüpfungspunkt „Anwendung des Rechts der EU" wird deutlich, dass die Haftung auf dem Verhalten des Mitgliedstaates beruht, nicht dagegen auf einem Rechtsfehler der anzuwendenden EU-Norm selbst, für den den Mitgliedstaat gerade keine Verantwortung trifft.[4] Es ist mithin darauf zu achten, was Gegenstand der Prüfung ist, eine fehlerfreie Anwendung einer fehlerhaften EU-Norm oder eine fehlerhafte Anwendung einer fehlerfreien EU-Norm. In der ersten Variante ist an eine Haftung nach Art. 340 Abs. 2 AEUV zu denken, in der zweiten Variante an einen mitgliedsstaatlichen Haftungsanspruch. Diese mitgliedsstaatliche Haftung ist auf der europäischen Rechtsebene nicht normiert. **380**

B. Anspruchsvoraussetzungen einer Haftung der Mitgliedstaaten

Eine Haftung der Mitgliedstaaten gegenüber dem Einzelnen wegen fehlerhafter Anwendung des Rechts der EU ist unter nachfolgenden Voraussetzungen möglich. **381**

PRÜFUNGSSCHEMA

Staatshaftung wegen Verletzung des EU-Rechts durch einen Mitgliedsstaat

I. Nennung der Rechtsgrundlage Rn. 382 ff.

II. Verletzung einer individualschützenden Norm des EU - Rechts

III. Hinreichend qualifizierter Verstoß Rn. 386 f.

IV. Kausal verursachter Schaden

I. Rechtsgrundlage

Wie bereits erwähnt gibt es **keine normierte Haftungsgrundlage** für einen Schadensausgleich wegen der Verletzung des EU-Rechts durch einen Mitgliedstaat im Bereich des euro- **382**

4 *EuGH* NVwZ 1992, 1077; *BGHZ* 125, 27, 37 f.; *Maurer* § 31 Rn. 5.

päischen Rechts. Die vorhandenen nationalen Anspruchsgrundlagen beziehen sich auf Rechtsverletzungen des Staates, die im nationalen und nicht im europäischen Recht wurzeln. Da das Recht der EU aber dem Einzelnen Rechte gewährt, bedarf es auch einer Regelung für den Fall, dass ein Mitgliedstaat diese Rechte missachtet. Andernfalls besteht eine Rechtsschutzlücke.

Vor diesem Hintergrund entwickelte der ***EuGH* im Wege richterlicher Rechtsfortbildung** den Grundsatz, dass im Falle eines mitgliedsstaatlichen Verstoßes gegen das EU-Recht auch eine Haftung für die daraus resultierenden Schäden seitens des Mitgliedstaates folgt, der das EU-Recht missachtet hat. Wesentlicher Anlass, den Grundsatz der Staatshaftung kraft EU-Rechts[5] bzw. einen gemeinschaftsrechtlichen Staatshaftungsanspruch[6] zu entwickeln, war die unterlassene, verspätete oder fehlerhaft erfolgte Umsetzung einer EU-Richtlinie.[7]

Beispiel 1 – Francovich –[8] Nach der EU-Konkursausfallrichtlinie sind die Mitgliedstaaten verpflichtet, im Falle des Konkurses eines Arbeitgebers Garantieeinrichtungen vorzusehen, die sicherstellen, dass offene Ansprüche der Arbeitnehmer aus Arbeitsverträgen oder Arbeitsverhältnissen erfüllt werden. Italien hatte diese Richtlinie nicht umgesetzt. Nachdem ihr Arbeitgeber zahlungsunfähig geworden war, konnten Francovich und einige andere Arbeitnehmer ihre noch offenen Lohnforderungen nicht mehr realisieren. Sie verklagten nunmehr den italienischen Staat auf Schadensersatz wegen der nicht erfolgten Umsetzung der entsprechenden EU-Richtlinie. ■

Beispiel 2 – Dillenkofer –[9] Nach der EU-Pauschalreiserichtlinie sind Pauschalreisende davor zu schützen, dass sie im Falle einer Insolvenz ihres Reiseveranstalters die Kosten einer Rückreise selbst tragen müssen. Eine entsprechende Umsetzung der Richtlinie in nationales Recht erfolgte in der Bundesrepublik Deutschland nicht fristgerecht. Als nach Ablauf der Umsetzungsfrist ein Pauschalreiseveranstalter zahlungsunfähig wurde, musste der Reisende Dillenkofer seine Rückreise selbst bezahlen und verlangte anschließend von der Bundesrepublik Deutschland Ersatz dieser Kosten. ■

Weitere Anlässe waren die unmittelbare Verletzung des EU-Rechts infolge widersprechender nationaler Rechtsvorschriften bzw. der Unterlassung, nationale Rechtsvorschriften an das EU-Recht anzupassen,[10] und Verwaltungsmaßnahmen, die gegen das EU-Recht verstoßen[11] sowie letztinstanzliche gerichtliche Entscheidungen, die das EU-Recht verletzen.[12]

Beispiel – Brasserie du Pêcheur –[13] Nach dem deutschen Biersteuergesetz war die Einfuhr von Bier verboten, das nicht dem deutschen Reinheitsgebot entsprach. Der *EuGH* entschied 1987 in einem Vertragsverletzungsverfahren, dass dieses Verbot gegen die Grundfreiheit des Warenverkehrs, Art. 28 EGV, heute Art. 34 AEUV, verstößt. Die französi-

---

5 So *Schoch* Jura 2002, 837, 838.

6 So *Ossenbühl/Cornils* S. 596; *Wolff/Bachof/Stober/Kluth* § 70 Rn. 1.

7 Unterlassene Umsetzung, *EuGH* Slg. 1991, I-5357 ff. = NJW 1992, 165 ff. = *Erichsen* JK 92, EGV Art. 189 III/2 – Francovich –; verspätete Umsetzung, *EuGH* Slg. 1996, I-4845 ff. = NJW 1996, 3141 ff. – Dillenkofer –; fehlerhafte Umsetzung, *EuGH* Slg. 1996, I-1631 ff. – British Telecom –.

8 *EuGH* Slg. 1991, I-5357 ff. = NJW 1992, 165 ff. = *Erichsen* JK 92, EGV Art. 189 III/2 – Francovich –.

9 *EuGH* Slg. 1996, I-4845 ff. = NJW 1996, 3141 ff. – Dillenkofer –.

10 *EuGH* Slg. 1996, I-1029 ff. – Brasserie du Pêcheur und Factortame –.

11 *EuGH* Slg. 1996, I-2553 ff. – Hedly Lomas –.

12 *EuGH* Slg. 2003, I-10239 ff. = NJW 2003, 3539 ff. – Köbler –.

13 *EuGH* Slg. 1996, I-1029 ff. – Brasserie du Pêcheur und Factortame –.

sche Brauerei – Brasserie du Pêcheur – verlangte anschließend Schadensersatz von der Bundesrepublik Deutschland wegen der Umsatzeinbußen, die sie infolge der Nichtanpassung des nationalen Biersteuergesetzes an die europarechtliche Vorgabe aus Art. 28 EGV, heute Art. 34 AEUV, und des damit verbundenen Einfuhrverbots erlitten hatte. ■

Der *EuGH* **begründet den gemeinschaftsrechtlichen Staatshaftungsanspruch mit vier Punkten:**[14] 383

- der Gewährleistung der vollen Wirksamkeit des EU-Rechts (effet utile),
- mit dem Schutz der durch das EU-Recht verliehenen Individualrechte,
- dem aus Art. 10 EGV, heute Art. 4 Abs. 3 EUV, abgeleiteten Prinzip der Gemeinschaftstreue[15] und
- dem in Art. 288 Abs. 2 EGV, heute Art. 340 Abs. 2 AEUV, wurzelnden allgemeinen Grundsatz der Haftung öffentlicher Stellen für Schadensverursachungen in Ausübung der Amtstätigkeit.[16]

Das Verhältnis zwischen dem in richterrechtlicher Rechtsfortbildung entwickelten Haftungsanspruch auf europarechtlicher Ebene und den jeweils bestehenden nationalen Haftungsansprüchen wurde zunächst kontrovers diskutiert. Einerseits handelt es sich um eigenständige Ansprüche, die nebeneinander stehen,[17] andererseits verbleibt es bei der nationalen Haftungsgrundlage, die aber im Sinne der *EuGH*-Rechtsprechung zur Staatshaftung auszulegen ist.[18] 384

Für die Einordnung der *EuGH*-Rechtsprechung als Modifikation nationaler Haftungsansprüche wird angeführt, dass dieses Verständnis einer Integration gemeinschaftsrechtlicher Staatshaftung in das nationale Recht diene, zugleich aber dem nationalen Gesetzgeber Spielräume der Ausgestaltung belasse und so dem Subsidiaritätsprinzip der Europäischen Union, Art. 5 Abs. 1 S. 2; Abs. 3 EUV, Rechnung trage.[19] Dagegen sprechen für die Annahme eines eigenständigen gemeinschaftsrechtlichen Staatshaftungsanspruchs zwei Gründe. Erstens wird eine Verformung nationaler Haftungsansprüche vermieden und zweitens wird klar herausgestellt, dass es sich bei dem gemeinschaftsrechtlichen Staatshaftungsanspruch eben nicht um einen national, sondern um einen europarechtlich begründeten Anspruch handelt.[20] Die Rechtsprechung vertritt ebenfalls diese Position.[21]

Auch wenn es sich bei dem **gemeinschaftsrechtlichen Staatshaftungsanspruch um ein eigenständiges** neben den nationalen Haftungsansprüchen bestehendes **Rechtsinstitut** handelt, so bleibt es gleichwohl bei einem **Zusammenspiel zwischen EU-Recht und nationalem Recht**. Das EU-Recht setzt die Haftungsvoraussetzungen, das nationale Recht gilt grds. hinsichtlich der Ausgestaltung dieses Anspruchs, sprich seines Inhalts und seiner Durchsetzung. Die nationale Ausgestaltung des gemeinschaftsrechtlichen Anspruchs darf jedoch nicht ungünstiger sein als die der originär nationalstaatlichen Ansprüche (Diskriminierungs-

14 Zur Begründung näher: *Ossenbühl/Cornils* S. 600 f.
15 *EuGH* Slg. 1991, I-5357 Rn. 32, 33, 36.
16 *EuGH* Slg. 1996, I-1029 Rn. 29.
17 *BGHZ* 134, 30, 32 ff.; 146, 153, 158 ff.; 156, 294, 297 ff.
18 *LG Bonn* NJW 1994, 2489, 2490; *Maurer* § 31 Rn. 9; *Ehlers* JZ 1996, 776, 777.
19 *Maurer* § 31 Rn. 9.
20 *Ossenbühl/Cornils* S. 628 f.; im Ergebnis ebenso *Wolff/Bachof/Stober/Kluth* § 70 Rn. 5.
21 Vgl. zum Nebeneinander der Haftungsansprüche: *EuGH* Slg. 1996, I-1029 Rn. 66; Rechtsprechung des *BGH*: *BGHZ* 134, 30, 32 ff.; 146, 153, 158 ff.; 156, 294, 297 ff.

verbot, Art. 18 Abs. 1 AEUV) und die Erlangung eines Schadensersatzes nicht übermäßig erschweren oder gar unmöglich machen (Effektivitätsprinzip[22]).[23]

JURIQ-Klausurtipp

1. In einer Klausur sollte mit den nationalen Haftungsansprüchen – Amtshaftung, § 839 BGB i.V.m. Art. 34 GG, oder Entschädigung aus enteignungsgleichem Eingriff – begonnen werden. Unabhängig von deren Ergebnissen ist sodann gesondert der gemeinschaftsrechtliche Staatshaftungsanspruch zu erörtern.

2. Die Prüfung des gemeinschaftsrechtlichen Staatshaftungsanspruchs beginnt mit der Feststellung, dass es um die fehlerhafte Anwendung des EU-Rechts durch einen Mitgliedstaat geht und hierfür keine normierte Anspruchsgrundlage vorhanden ist, so dass auf die richterliche Rechtsfortbildung des *EuGH* abzustellen ist. An dieser Stelle können Sie auf die Francovich u.a. Entscheidungen des *EuGH* hinweisen, die zur Entwicklung des gemeinschaftsrechtlichen Staatshaftungsanspruchs geführt haben. Allerdings sollten Sie nicht deren konkreten Inhalt nacherzählen. Zwingend darzulegen ist aber die rechtliche Herleitung des Anspruchs, s.o. Rn. 383.

3. Schließlich erläutern Sie kurz das Verhältnis des gemeinschaftsrechtlichen Staatshaftungsanspruchs zu den bereits zuvor geprüften nationalen Ansprüchen und stellen seine Eigenständigkeit im Sinne der Rechtsprechung des *BGH* fest.

4. Danach prüfen Sie die einzelnen Punkte des Anspruchs, s.o. Rn. 381.

II. Verletzung einer individualschützenden Norm des EU-Rechts

385 Erste Voraussetzung einer gemeinschaftsrechtlichen Staatshaftung ist, dass der Mitgliedstaat gegen eine EU-Rechtsnorm oder Rechtsakt verstößt, die nicht nur den Zweck hat, der Allgemeinheit zu dienen bestimmt sind, sondern zumindest auch im Interesse des einzelnen Bürgers ergangen sind, ihm mithin Rechte verleihen. Als EU-Rechtsnormen und -akte kommen das primäre Unionsrecht, d.h. der EUV und der AEUV samt Anhängen und Protokollen, und das sekundäre Unionsrecht, d.h. das auf der Grundlage des primären Unionsrechts, Art. 288 AEUV, geschaffene Recht, also Verordnungen, Richtlinien und Beschlüsse, in Betracht.

Das Erfordernis eines **individuellen Schutzzwecks** des in Rede stehenden Rechts ist **sehr weit zu verstehen**. Es ist nicht vergleichbar mit dem insoweit engen subjektiv-öffentlichen Recht des nationalen deutschen Verwaltungsrechts. Der individuelle Schutzzweck muss zudem lediglich bezweckt sein, das individualschützende Recht selbst mithin noch gar nicht existent sein.[24]

22 Das Effektivitätsprinzip beinhaltet, dass durch die Anwendung mitgliedsstaatlicher Verfahrensrechte die Ausübung der durch das EU-Recht verliehenen Rechte nicht praktisch unmöglich oder übermäßig erschwert werden darf, *EuGH* Slg. 1997, I-6783 ff., Rn. 47 – Fantask u.a. –; *Schweitzer/Dederer* Rn. 989.

23 *Maurer* § 31 Rn. 8; *Ossenbühl/Cornils* S. 619 f.

24 *Ossenbühl/Cornils* S. 607; *Baldus/Grzeszick/Wienhues* Rn. 307 ff.; vgl. auch *Thomale* JuS 2010, 339, 345 zur Frage, ob Art. 267 AEUV – Vorlagepflicht – einen individualschützenden Charakter hat, der im Falle seiner Missachtung einen gemeinschaftsrechtlichen Staatshaftungsanspruch auslösen könnte, was im Ergebnis zu verneinen ist.

JURIQ – Klausurtipp

Nicht jede Verordnung oder Richtlinie der EU weist einen individualschützenden Aspekt auf. Ein solcher Aspekt ist bei der Umsetzung einer Richtlinie nur anzunehmen, wenn sie den Zweck verfolgt, dem einzelnen Bürger ein Recht einzuräumen. Das ist durch Auslegung der in Rede stehenden Norm oder Aktes zu ermitteln. Dabei reicht ein erkennbarer Individualzweck aus.

Die Verletzungshandlung kann durch jedes Verhalten des Mitgliedstaates erfolgen. Die Handlungsform und das handelnde Organ des Mitgliedstaates spielen dabei keine Rolle. Erfasst werden Handlungen und Unterlassungen der Legislative, der Exekutive und Judikative.[25]

III. Hinreichend qualifizierter Verstoß

Die Verletzung einer individualschützenden EU-Norm muss einen hinreichend qualifizierten Verstoß darstellen, so dass die Verletzung für sich genommen gerade nicht ausreicht. Die Rechtsprechung des *EuGH*[26] hat hierzu einige Gesichtspunkte genannt:[27] 386

- das Maß an Klarheit und Genauigkeit der verletzten Vorschrift,
- der Umfang des Ermessensspielraums, den die verletzte Norm den nationalen Behörden belässt,
- vorsätzlicher oder nicht vorsätzlicher Verstoß bzw. vorsätzliche oder nicht vorsätzliche Schadenszufügung,
- Entschuldbarkeit oder Unentschuldbarkeit eines etwaigen Rechtsirrtums,
- die Verhaltensweisen eines Unionsorgans, das möglicherweise dazu beigetragen hat, dass nationale Maßnahmen oder Praktiken in unionswidriger Weise unterlassen, eingeführt oder aufrechterhalten wurden.

Bei der **Anwendung** der genannten Kriterien besteht ein **erheblicher Spielraum**. 387

Die Rechtsprechung des *EuGH* ist dabei eher großzügig, wenn es um die Auslegung einer EU-Rechtsnorm geht. In diesem Bereich lehnt sie einen qualifizierten Verstoß schon dann ab, wenn die Auslegung und Anwendung einer Richtlinie nicht völlig von der Hand zu weisen sind.[28] Umgekehrt formuliert muss für die Annahme eines qualifizierten Verstoßes eine vorsätzliche Rechtsverletzung bzw. Willkür vorliegen.[29]

Im Bereich der Gesetzgebung liegt ein qualifizierter Verstoß vor, wenn die Ermessensgrenzen offenkundig und erheblich überschritten sind.[30]

Ein qualifizierter Verstoß gegen das Unionsrecht ist unabhängig von den vorstehenden Ausführungen in jedem Fall gegeben, wenn der Verstoß bereits in einem Urteil des *EuGH* festgestellt worden ist.[31] Ebenso liegt der Fall, wenn der Mitgliedstaat keine Wahl hinsichtlich der gesetzgeberischen Umsetzung einer Richtlinie hat.[32]

25 *Baldus/Grzeszick/Wienhues* Rn. 311 f., 316 ; vgl. hierzu auch oben Rn. 382 mit Hinweisen auf die Rechtsprechung des *EuGH*.
26 *EuGH* Slg. 1996, I-1029 ff. Rn. 56.
27 Ebenso *Ossenbühl/Cornils* S. 608; *Wolff/Bachof/Stober/Kluth* § 70 Rn. 45; *Maurer* § 31 Rn. 11.
28 *EuGH* Slg. 1996, I-1631 ff. Rn. 43.
29 *Ossenbühl/Cornils* S. 608.
30 *EuGH* Slg. 1996, I-1029 ff. Rn. 55; *BGH* NVwZ 2015, 1309; *Maurer* § 31 Rn. 11.
31 *EuGH* Slg. 1996, I-1029 ff. Rn. 57.
32 *EuGH* Slg. 1996, I-4845 ff. Rn. 25; Slg. 1996, I-2553 ff. Rn. 28.

Liegt der Frage, ob ein qualifizierter Verstoß vorliegt, judikatives Unrecht zugrunde, so muss die in Rede stehende letztinstanzliche Gerichtsentscheidung offenkundig gegen das geltende Recht verstoßen haben.[33] Anders als in den zuvor dargestellten Konstellationen geht es bei dem judikativen Unrecht nicht um die Wahrung der Ermessensgrenzen, sondern um die Beachtung des geltenden Rechts. Die Veränderung des Anknüpfungspunktes, um einen qualifizierten Verstoß festzustellen, berücksichtigt einerseits die Belange der Rechtssicherheit sowie andererseits die Besonderheit der richterlichen Funktion, sprich die richterliche Unabhängigkeit.[34]

Die Feststellung, ob ein hinreichend qualifizierter Verstoß vorliegt, wird durch die nationalen Gerichte vorgenommen.[35]

IV. Kausal verursachter Schaden

388 Der eingetretene Schaden muss unmittelbar kausal auf dem Verstoß gegen das EU-Recht beruhen.[36] Es gilt die Adäquanztheorie,[37] d.h., es ist zu fragen, ob der eingetretene Schaden objektiv vorhersehbar war.

Ein Verschulden ist nicht erforderlich. Allerdings ist zu beachten, dass Elemente des Verschuldens bei dem Punkt, ob ein hinreichend qualifizierter Verstoß vorliegt, mit einfließen.[38]

C. Verjährung

389 Der gemeinschaftsrechtliche Staatshaftungsanspruch verjährt nach den nationalen Regelungen. Insoweit ist es nach der Rechtsprechung des *EuGH*[39] Sache der Mitgliedstaaten, die Verjährung auszugestalten. Die nationale deutsche Verjährungsregelung ist danach mit dem Recht der EU vereinbar,[40] so dass sich die Verjährung nach den §§ 194 ff. BGB richtet. Sie beträgt regelmäßig drei Jahre.

D. Inhalt des Anspruchs

390 Der Inhalt und Umfang des zu leistenden Ersatzes bemisst sich im Grundsatz nach den nationalen Vorgaben. An diesem Punkt ist jedoch an die Eigenständigkeit der gemeinschaftsrechtlichen Staatshaftung zu denken. Deshalb ist im Gegensatz zur nationalen Beschränkung der Amtshaftung auf Geldersatz bei einer europarechtlich begründeten Staatshaftung auch eine Naturalrestitution möglich.[41]

33 *EuGH* Slg. 2003, I-10239 ff. Rn. 53.
34 *Wolff/Bachof/Stober/Kluth* § 70 Rn. 48; *Baldus/Grzeszick/Wienhues* Rn. 318.
35 *BGH* NVwZ 2015, 1309; *Schlick* NJW 2015, 2703 ff.
36 *EuGH* Slg. 1996, I-1029 ff. Rn. 51, 65.
37 *Maurer* § 31 Rn. 12; *Ossenbühl/Cornils* S. 609.
38 *Ossenbühl/Cornils* S. 610; *Wolff/Bachof/Stober/Kluth* § 70 Rn. 51; *Maurer* § 31 Rn. 13.
39 *EuGH* NVwZ 2009, 771, 772 ff.
40 *EuGH* NVwZ 2009, 771, 774.
41 *Ossenbühl/Cornils* S. 624; *Maurer* § 31 Rn. 16.

Die Ersatzleistung muss den Schaden voll ersetzen. Dazu gehört auch der entgangene Gewinn, zumindest darf er nicht vollständig ausgeschlossen werden.[42] Insgesamt muss die Ersatzleistung angemessen sein, deren Konturen die Mitgliedstaaten festlegen dürfen.[43] 391

Ein Mitverschulden, § 254 BGB, und ein Haftungsausschluss im Falle der Versäumung der zur Verfügung stehenden Rechtsschutzmöglichkeiten, § 839 Abs. 3 BGB, sind zu berücksichtigen.[44]

E. Prozessuale Fragen

I. Anspruchsgegner

Anspruchsgegner ist der Mitgliedstaat selbst. Damit ist aber noch offen, wer innerhalb des Mitgliedstaates für die fehlerhafte Anwendung des EU-Rechts haftet. Da dies der mitgliedsstaatlichen Regelung überlassen bleibt, ist Anspruchsgegner derjenige Hoheitsträger, der sich den Verstoß zurechnen lassen muss. Anspruchsgegner können daher die Bundesrepublik Deutschland selbst, die Bundesländer oder die Gemeinden und Kreise sein. Eine kumulative Haftung der Bundesrepublik Deutschland neben einem anderen Hoheitsträger besteht nicht.[45] 392

II. Rechtsweg

Für den gemeinschaftsrechtlichen Staatshaftungsanspruch ist der Rechtsweg zu den **ordentlichen Gerichten** gegeben, Art. 34 S. 3 GG, § 40 Abs. 2 S. 1 VwGO. 393

III. Konkurrenzen

Der gemeinschaftsrechtliche Staatshaftungsanspruch ist im Verhältnis zu den nationalen Haftungsansprüchen ein eigenständiges Haftungsinstitut, so dass er mit ihnen konkurriert und neben ihnen bestehen kann.[46] 394

Online-Wissens-Check

Welche Rechtsgrundlage hat der Entschädigungsanspruch wegen eines Fehlverhaltens eines EU-Mitgliedstaates bzgl. der fehlerhaften Anwendung des EU-Rechts?

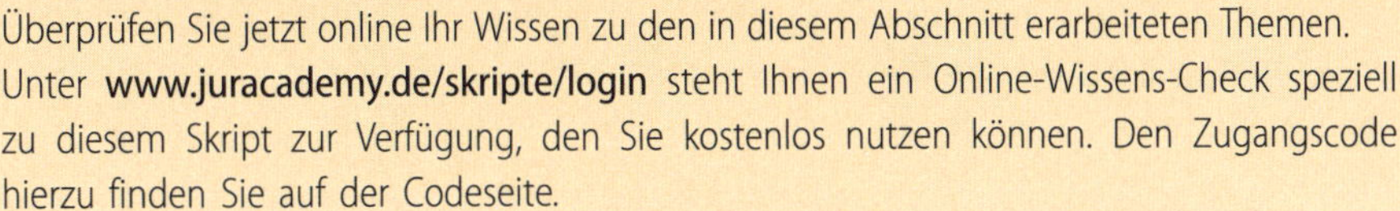

Überprüfen Sie jetzt online Ihr Wissen zu den in diesem Abschnitt erarbeiteten Themen. Unter **www.juracademy.de/skripte/login** steht Ihnen ein Online-Wissens-Check speziell zu diesem Skript zur Verfügung, den Sie kostenlos nutzen können. Den Zugangscode hierzu finden Sie auf der Codeseite.

42 *EuGH* Slg. 1996, I-1029 ff. Rn. 87.
43 *EuGH* Slg. 1996, I-1029 ff. Rn. 90.
44 *EuGH* Slg. 1996, I-1029 ff. Rn. 84; Slg. 1996, I-4845 ff. Rn. 72.
45 *BGHZ* 161, 224, 236.
46 *EuGH* Slg. 1996, I-1029 ff. Rn. 66.

Prozessuale Fragen

Sachverzeichnis

Die Zahlen verweisen auf die Randnummern.